영남대학교

인문학

육성총서

• • • 35

이 책은 湖南科技大學 湖南省語言資源研究基地의 支援을 받아 遂行된 成果이다.
This publication was supported by the Hunan Language Resources Research Center of Hunan University of Science and Technology.

한자 속의 중국

초판 1쇄 2024년 7월 22일
지은이 张素风, 宋春淑, 娜红
옮긴이 한가준, 이춘영
디자인 정재완
펴낸이 최외출
펴낸곳 영남대학교출판부
출판등록 1975년 9월 5일 경산 제16-1호
주소 경북 경산시 대학로 280
전화 053-810-1802~3
팩스 053-810-4722
홈페이지 book.yu.ac.kr

ISBN 978-89-7581-960-5 93720

값은 표지 뒷면에 있습니다.
잘못 만들어진 책은 바꾸어 드립니다.

한자 속의 중국

字里中国

차례

1장 한자로 본 중국 고대사회 계층

1. 최고 통치자 | 11
2. 귀족, 관료와 평민 | 24
3. 노예 | 35

2장 한자로 본 중국 고대 행정구역

1. 제후국과 봉지 | 41
2. 행정구역의 등급 | 43

3장 한자로 본 고대 중국인의 신앙세계

1. 길흉을 판단하는 근거 | 53
2. 자연신 숭배 | 55
3. 조상신 숭배 | 57
4. 제물의 종류 | 59
5. 제사의 방법 | 66
6. 귀신과 요괴에 대한 태도 | 69
7. 마음 속의 성인 | 71

4장 한자로 본 중국 고대 예절과 풍속

1. 고대의 혼례 풍속 | 77
2. 고대의 장례 풍속 | 90
3. 기타 예법과 풍속 | 96

5장 한자로 본 중국 고대 생산활동

1. 고대의 수렵 | 101
2. 고대의 목축 | 109
3. 고대의 농업 | 114
4. 한자와 의료 | 129
5. 옥석 가공 | 137
6. 천재와 인재 | 148

6장 한자로 본 중국 고대 의식주와 교통

1. 고대의 복식 | 153
2. 고대의 음식과 조리법 | 179
3. 고대의 건축 | 208
4. 고대의 교통 | 220

7장 한자로 본 중국 고대 병기와 형법
1. 고대의 병기 | 237
2. 고대의 형법 | 257
3. 고대의 오형 | 261
4. 기타 형법 | 266

8장 한자로 본 단위 명사
1. 기년 명사 | 273
2. 계절 명사 | 274
3. 시간 명사 | 277
4. 길이 명사 | 279
5. 중량 명사와 용적 명사 | 283

9장 한자에서 인체까지: 고대인이 인식한 인체
1. 한자와 인체 | 289
2. 질병 | 300

참고문헌 | 302
찾아보기 | 307

1장

한자로 본 중국 고대사회 계층

중국 고대사회의 위계질서는 매우 엄격하였다. 왕공대신(王公大臣)부터 지방 관료까지, 귀족부터 평민·노예까지, 각 계층마다 다양한 직위가 정해졌다. 그리고 지위마다 특징을 나타내는 고유한 명칭이 있었다. 직위의 명칭과 의미는 시대의 흐름에 따라 달라졌고, 같은 직위라도 시대마다 명칭이 달라졌다. 예를 들면, 최고 계층인 통치자를 가리키는 명칭은 시대에 따라 후(后), 왕(王), 제(帝), 천자(天子), 국군(國君), 원수(元首) 등 다양하게 나타났다. 그중 후(后), 왕(王), 제(帝) 등의 명칭은 시대마다 다른 의미를 나타낸다. 제1장에서는 지위와 관직을 가리키는 한자의 고문자 형체에 포함된 문화적인 함의와 각 관직의 의미 및 고금(古今)의 변화를 정리한다. 이를 통해 중국 고대사회 각 계층의 분포와 변화를 알아보고자 한다.

1. 최고 통치자

后
후 hòu

한자 后는 오늘날 드라마에서 보던 아리따운 황후, 태후, 후궁 등의 여인을 나타내는 문자로 인식되어 있다. 그러나 초기의 后는 여성의 자태를 나타내지 않았었다. 이 글자는 마법처럼 두 번의 변신(變身)을 거쳐서 황후, 태후, 후궁 등의 의미를 나타내게 되었다.

后: 아이를 낳은 여자

后의 갑골문은 , , 등의 형태로 나타난다. 의 왼쪽 부분은 가슴 앞으로 팔짱을 낀 형태를 나타낸다. 이것은 갑골문 女이다. 의 왼쪽 부분을 첫 번째 글자 와 비교하면, 머리에 장식품이 있고 가슴 부분에 유두를 나타내는 두 점이 더해졌다. 즉 의 형태이며, 이는 갑골문 母이다. 의 왼쪽 부분은 인체의 측면을 나타내고, 이것은 갑골문 人이다. 이 세 글자의 오른쪽 밑부분은 머리가 거꾸로 놓인 아이를 나타내는데, 갑골문 子를 뒤집은 형태이다. 는 뒤집은 子의 아래에 점이 있다. 이 점은 아이를 낳을 때 흘러나오는 양수를 가리킨다. 즉, 后의 초기 형태는 부녀가 출산하는 모습을 표현한 것이다. , 의 해서체(楷書體)는 육(毓), 혹은 육(育)이며, 본의(本義)는 생육(生育)이다. 의 해서체는 后이다.

그렇다면 아이를 낳은 모든 여자를 后라고 칭하였을까? 그렇지 않다. 后자는 글자를 만들 때부터 높은 지위의 여성을 나타냈다. 이 글자는 모계사회에서 지위가 가장 높은 여성 우두머리를 가리켰다. 아이를 낳은 여자에게 왜 이런 숭고한 지위를 부여하였을까? 모계사회였던 중국 상고시대의 사람들은 자신의 모친이 누군지는 알았지만, 부친은 누군지를 몰랐다. 이것이 바로 군혼제(群婚制)의 특징이다. 씨족사회의 최고 권력자는 바로 여성이었다. 당시 여성의 가장 중요한 임무는 씨족의 번식이었다. 그러므로 생육(生育)하는 모습을 나타내는 后가 씨족 최고 권력자를 가리키는 문자였다.

后의 변성(變性)

역사의 발전에 따라 부계사회가 결국은 모계사회를 대체하였고, 권력은 남성에게 넘어갔다. 后가 장기간 존칭을 나타내었기 때문에, 남성 통치자도 이 호칭의 의미를 포기하지 않고 계승하였다. 이에 后는 '최고 권력을 가진 여성'에서 '최고 권력을 가진 남성'의 의미로 바뀌게 된다. 하(夏)나라에 이르러서도 后는 여전히 최고 통치자를 가리켰다. 고문헌에서는 흔히 하후(夏后), 상후(商后)라는 단어로 하(夏)나라와 상(商)나라의 임금을 가리킨다. 예를 들면, 『상서(尙書)』「중훼지고(仲虺之誥)」에서 "상(商)나라 탕(湯)이 동쪽을 정벌하면 서쪽 오랑캐들이 원망하고, 남쪽을 정벌하면 북쪽 오랑캐들이 원망하며 이르기를, '어찌하여 오로지 우리나라를 뒤에 정벌하는가?'라고 하였다. 임금이 도달하시는 곳의 백성들은 온 집안이 서로 경축하며 이르기를, '우리 임금님을 기다렸다. 우리 임금님께서 오셔서 우리를 다시 살려 주셨다'라고 하였다[東徵, 西夷怨; 南徵, 北狄怨. 曰: '奚獨後予?' 攸徂之民, 室

家相慶. 曰: '徯予后, 后來其蘇']" 이 문헌에서 '徯予后'와 '后來其蘇'의 后는 상(商)나라 탕(湯) 임금을 가리키는 것이다.

后의 여성으로 복귀

역사가 흐르면서 后라는 호칭은 다양한 도전을 받게 된다. 상(商)나라에 이르면, 최고 통치자에게 왕(王)이라는 새로운 호칭이 생기게 된다. 당시 后라는 호칭도 여전히 사용하고 있어서, 왕(王)과 后는 동시에 사용되었다. 주(周)나라에 이르면, 최고 통치자를 后라고 칭하지 않고 왕(王)이나 천자(天子) 등의 호칭으로 대체된다. 주(周)나라 때 后는 다시 한번 변신을 거쳐 여성을 가리키는 호칭으로 복귀된다. 즉, 여성 중에 지위가 가장 높은 왕후(王后)나 태후(太后) 등을 가리키게 된다.

后는 처음에는 지위가 가장 높은 여자, 나중에는 지위가 가장 높은 사람(주로 남성)을 가리키다가, 마침내 제왕의 아내나 어머니, 즉 여성 중 지위가 가장 높은 사람을 가리키게 된 것이다. 현대 중국 사회에서는 영화계·드라마계·가요계에서 상당한 영향력을 가진 여성들을 后라고 존칭한다. 예를 들어, 영후(影后)[1], 가후(歌后)[2], 천후(天后)[3] 등이 있다.

后와 後의 차이

后와 後는 본래 다른 글자였지만, '한자간략화방안(漢字簡化方案)'이 공포되면서 后와 後의 두 글자는 后로 통일되었다. 서로 다른 두 글자가 하나의 글자로 표기되는 것이다. 오늘날 일부 번체

1) 영후(影后): 영화제에서 최우수 여우주연상을 받은 자를 일컫는 말.
2) 가후(歌后): 여성 가수왕을 일컫는 말.
3) 천후(天后): 연예계 한 분야에서 최고 실력을 갖춘 여성을 일컫는 말.

자를 즐겨 쓰는 사람이 번체자와 간체자의 관계를 잘 모르고 영후(影后)를 영후(影後)로 쓰는 웃지 못할 상황이 발생하기도 한다.

王
왕 wáng

王: 도끼 한 자루

상(商)나라 금문(金文)의 王은 의 형태로 나타난다. 갑골문 형태는 , 이다. 서주(西周)시대 금문에는 , 의 형태가 나타난다. 王의 형태는 모두 고대 도끼의 측면 모양을 나타낸다. 글자 아래의 폭이 넓은 부분은 도끼의 날이며, 위의 가로획은 도끼의 등이며, 중간 가로획은 도끼자루를 넣은 곳이다.

王의 무공(武功)

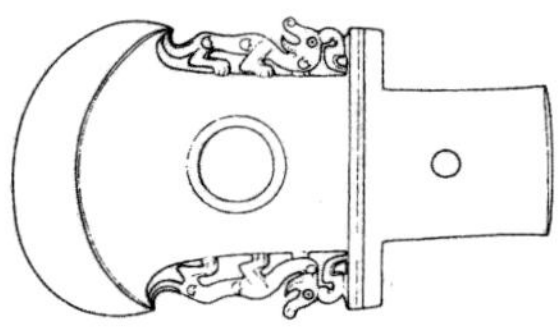
鉞(월): 도끼의 일종

고대사회의 도끼는 살벌한 무기였다. 외형이 두껍고 매우 위협적이었기 때문에 최고 군사 통솔자는 종종 도끼를 손에 쥐었다. 『사기(史記)』의 기록에 의하면, 상(商)나라 탕왕(湯王)이 곤오(昆吾)와 하걸(夏桀)을 정벌할 때 손에 든 것은 도끼였다. 주(周)나라 무왕(武王)이 상(商)나라 주왕(紂王)을 정벌할 때도 손에 도끼를 들었다. 그러므로 왕은 장수에게 군사권을 준다는 의미로 도끼를 주었다. 예를 들면, 『회남자(淮南子)』「병략훈(兵略訓)」에서 "임금이 친히 큰 도끼를 들어, 도끼날 부분을 쥐고 손잡이 부분을 장수의 손에 쥐여주며 '지금부터 하늘에 이르기까지 모두 장군의 명령에 따르라'고 명하고, 임금은 다시 작은 도끼를 들고,

도끼날 부분을 쥐고 손잡이 부분을 장수의 손에 쥐여주며 '이제부터 심연까지 모두 장군의 지휘에 따르라'고 명하였다[主親操鉞, 持頭, 授將軍其柄, 曰: '從此上至天者, 將軍制之' 復操斧, 持頭, 授將軍其柄, 曰: '從此下至淵者, 將軍制之']" 임금이 장군에게 군사권을 부여할 때의 의식이며, 최고 군사권의 상징물인 도끼를 장군에게 넘겨주는 행위를 구체적으로 기록하고 있다.

王은 고대 중국인의 마음 속에서 최고 군사 통솔자였기 때문에, 王을 도끼의 형상으로 표현한 것이다. 상(商)나라 때 이르면, 국가에서 권력과 지위가 가장 높은 사람을 王이라고 부르게 된다. 王의 최초의 문자 형태를 근거할 때, 王이라 지칭한 이유는 주로 무공이 뛰어났기 때문임을 알 수 있다.

문치(文治)로써 무공(武功)을 대체함

한자의 형체가 발전하면서 王의 소전체(小篆體) 형태는 상형(象形)의 기능이 상실되었고, 동시에 王의 이미지도 최고 군사 통솔자가 아닌 '어진 정치를 실행하고 민심을 얻으며, 백성의 부모와 같은 통치자'로 바뀌었다. 동한(東漢)시대 문자학자 허신(許愼)은 『설문해자(說文解字)』에서 王에 대해 "왕은 천하가 귀의하는 곳이다. 동중서(董仲舒)가 말하기를, '옛날에 문자를 만드는 자가, 세 획을 긋고 그 가운데를 이어서 '왕'이라고 하였다. '세 획'은 하늘·땅·사람을 의미하며, 이 세 가지를 관통하는 것이, 곧 왕이다'라고 하였다. 공자도 말하기를, '하나로써 세 가지를 관통하는 것이 왕이다'라고 하였다[天下所歸往也. 董仲舒曰: '古之造文者, 三畫而連其中謂之王. 三者, 天地人也. 而參通之者, 王也' 孔子曰: '一貫三爲王']"고 해석하였다 즉, 王은 천하의 모든 사람이 귀순을 원하고 동경하는 사람이고, 형태의 세 획은 각각 하늘, 땅, 사람을 뜻하며, 가운데 세로선은 관통함을 나타내며, 왕은 하늘, 땅, 사람을 꿰뚫는 자이다. 유가(儒家)에서 王의 주요 공적은 무공(武功)이 아니라 문치(文治)이다.

동주(東周) 시대에 王은 가장 숭고한 칭호였고, 오직 주(周)나라 천자(天子)만이 가질 수 있는 칭호였다. 만약에 제후(諸侯)가 스스로 王이라고 말한다면, 이 제후국(諸侯國)은 이미 주(周)나라 천자(天子)의 지배를 인정하지 않는다는 의미이다. 춘추오패(春秋五霸) 중 가장 유명한 제(齊)나라 환공(桓公)과 진(晉)나라 문공(文公)은 대외적으로 주(周)나라 천자(天子)를 존중하였기 때문에 王이라 하지 않았다. 처음 스스로를 王이라 한 임금은 초(楚)나라 무왕(武王) 웅통(熊通)이었다. 그는 자신의 자작(子爵)만으로는 제후들 사이에서 힘을 얻기 어렵다고 판단하여, 기원전 704년에 주(周)나라 천자(天子)에게 그의 작위(爵位)를 올려달라고 진언하였다. 주나라의 대신들은 초나라가 천자를 호시탐탐 노리고 있으니, 작위를 올려주면 호랑이에게 날개를 달아주는 격이라며 말렸다. 이에 초나라 무왕의 계획은 수포로 돌아갔다. 초나라 무왕은 천자가 작위를 올려주는 것을 거부한 사실을 알고 화가 나서 스스로를 王이라 자칭하였다. 초나라에서 왕을 자칭한다는 소식이 전해지자, 주나라 천자를 따르는 소수의 제후국만이 맹렬히 비난하였고, 일부 선비들은 '사회의 기풍이 날로 나빠지고 인심은 옛날 같지가 않다[世風日下, 人心不古]'·'예법과 음악이 붕괴되었다[禮樂崩壞]'는 비난을 쏟아내었다. 그러나 각 제후국의 반응은 초나라 무왕의 예상보다 더 컸다.

이후에 '왕'이라고 자칭하는 강대국이 잇달아 출현했다. 전국시대(戰國時代)에는 진(秦)나라 소양왕(昭襄王)이 주나라 천자를 상징하는 9개 정(鼎)을 진(秦)나라 수도로 옮겼고, 동주(東周)가 멸망하면서, 제후들은 더욱 거리낌이 없어졌다. 몇몇 제후국들이 스스로 왕으로 자칭하게 되면서, 다른 제후국들도 이를 따랐다.

天子

천자 tiānzǐ

天子는 '천신(天神)의 아들'이다.

天은 은상(殷商)시기의 금문(金文)에 , 의 형태로 나타난다. 정면으로 서 있는 사람의 형상으로 머리가 돌출되어 있는 모습이다. 이 글자의 본의(本義)는 머리이다. 그러므로 사람의 머리부위를 나타내는 일부 어휘에는 天이 들어간다. 예를 들면, '천정(天庭: 양미간)'이나 '천령개(天靈蓋: 두정골)' 등이다. 중국 고대 신화에 출현하는 천제(天帝)와 싸운 영웅은 목이 잘린 후에도 두 젖꼭지로 눈을 만들고 배꼽을 입으로 삼았다. 양손에는 간(干: 방패)과 척(戚: 도끼)의 두 무기를 쥐고 끝없이 싸웠다. 이 실패한 비극적인 영웅을 '형천(刑天)'이라고 부른다. 그가 '형천(刑天)'으로 불리게 된 이유는 그의 '天(머리)'이 잘렸기 때문이다. 머리는 사람의 몸에서 가장 높은 곳에 있으므로 天은 '천궁(天宮: 하늘)'·'상천(上天: 하나님)'·'천신(天神)' 등의 의미로 전의(轉義)된다. 子는 어린아이를 뜻한다. 그러므로 天子는 '천신(天神)의 장자(長子) 혹은 후계자'라는 의미이다.

주(周)나라 통치자를 天子라고 불렀다. 즉 '천신의 아들'을 뜻한다. '천자'라는 명칭은 중국의 전설에서 비롯된 것이다. 전설에 유태씨(有邰氏)의 딸인 강원(姜嫄)이 아들을 구하기 위해 종종 제사를 지냈다고 한다. 한 번은 교외에 제사를 지내러 갔다가 커다란 발자국을 발견한다. 유태씨가 그 발자국을 밟았더니 임신하게 되었고, 남자아이를 낳게 된다. 강원은 이 아이를 불길한 징조라고 생각하여, 그를 버리려고 하였다. 먼저 아이를 좁은 골목으로 내던졌으나 지나가는 소와 말이 모두 아이를 피하면서 밟지 않았다. 또한 아이를 산속에 버리려 하였는데, 마침 많은 사람이 그곳에서 벌목하고 있어서 얼어붙은 도랑 위로 던졌더니 새가 날개로 덮어 아이를 보호하였다. 이 아이를 세 번이나 버렸지만 모두 죽지 않자, 강원은 이것을 신령의 가호로 여기고 아이를 기르게 된다. 이 아이는 버림받은 적이 있으니 이름을 '기(棄: 버리다)'라고 지었다. 이 아이가 바로 주(周)나라의 시조 후직(后稷)이다. 전설 중에 나타난 거대한 발자국은 천신의 발자국이었고, 후직(后稷)은 천신의 아이였다. 그러므로 주나라의 최고 통치자는 天子로 불리었다. 그는 천신의 후대이며, 그의 권력은 천신에게 받은 것이며, 하늘이 천자를 인간 세상에 보내 세상을 다스린 것을 의미한다. 이후 봉건 사회에 이르면, 황제의 성지(聖旨)에는 흔히 '봉천승운(奉天承運: 하늘의 뜻을 받듬)'이라는 말로 시작하는데, 이는 황제가 하늘에게서 권력을 받았다는 점을 강조하기 위해서다.

帝
제 dì

帝: 제사의 대상이 된 모초(茅草: 띠)

帝는 문헌에서 '제왕(帝王)'을 가리키거나 '천신(天神: 하느님)'을 가리킨다. 즉 帝는 사람을 가리킬 수도 있고 신을 가리킬 수도 있다. 帝는 왜 신과 인간 모두를 가리킬 수 있을까? 그 답은 帝의 고문자 형태에서 찾을 수 있다.

帝의 갑골문은 이다. 사람 형상으로 묶은 모초(茅草)의 형상

이다. 이 모초(茅草)는 참새를 쫓아내는 허수아비가 아니고, 귀신을 대표하여 제사를 지내는 대상이다. 중국 고대에 제사를 지낼 때는 사람 형상을 한 모초(茅草) 위에 술을 따랐는데, 술이 모초(茅草)에 스며드는 것을 제사의 대상이 마신 것으로 여겼기 때문에, 이 의식을 '축주(縮酒)'라고 하였다. '축주(縮酒)'에 쓰인 모초(茅草)는 주로 중국 남쪽 초(楚)나라 등지에서 생산되었다. 『동주열국지(東周列國志)』에 "초나라는 오랫동안 남방에 있었는데, 주(周)나라 왕(王)의 교화를 받지 못하였다. 주(周)나라 선왕(宣王)이 남방의 제후국을 징벌하여 그들을 신하국으로 삼았으며, 이때부터 초나라는 매년 주나라 왕실에 모초(茅草)를 한 수레씩 진상하였다. 다른 공물은 요구하지 않았으니, 변경 소수민족 국가에 대한 관용 정책을 펼친 것이다[蠻荊久在化外, 宣王始討而服之. 每年止貢菁茅一車, 以供祭祀縮酒之用, 不責他物, 所以示羈縻之意]"라는 기록이 있다. 이후 초나라가 이런 모초(茅草)를 제때 바치지 않아서 제(齊)나라 환공(桓公)이 천자를 대신해서 초나라를 정벌하기도 하였다. 『좌전(左傳)』「희공 4년(僖公四年)」에 '그대들이 진상해야 하는 모초(茅草)를 바치지 아니하여, 주나라 왕실 제사에 공급되지 못하니, 축주(縮酒)를 지내지 못하였다. 과인이 이로써 정벌한다[尔貢包茅不入, 王祭不共, 無以縮酒, 寡人是徵]'라는 기록이 있다.

모초(茅草: 띠)의 '신기(神氣)'

사람 모양을 묶은 이런 모초(茅草)는 제사의 대상이 되는 신을 의미하기 때문에, 문자를 만들 때 사람의 형상으로 묶은 모초(茅草)의 형태를 빌려 제사의 대상을 표현했다. 일반적인 모초(茅草)도 신의 '흠차(欽差: 파견한 관리)'가 되고 '신기(神氣)'를 나타낸다. 초기 복사(卜辭)에서 帝는 일반적으로 자연계의 신령(神靈)을 가리켰고 인간과는 아무런 관계도 없었다. 그러나 상(商)나라 무정(武丁) 이후 帝는 상(商)나라 왕(王)의 선조도 포함하기 시작하였다. 중국 고대에 자연신(自然神)과 조상신(祖上神)은 모두 신이었다. 그러므로 帝의 본래 의미는 神이며, 제사의 대상을 나타낸다. 중국 고대 문헌의 용례를 보면, 전설상의 '오제(五帝)'는 화하민족(華夏民族)에 뛰어난 공헌을 세운 선조의 칭호이며, '천제(天帝)'는 자연신이었다. 帝는 원래 최고 통치자의 칭호가 아니라 제사의 대상이 되었던 신령이었음을 알 수 있다.

'인간'을 가리키게 되다: 아부의 결과

나중에 帝가 최고 통치자의 칭호가 된 것은 공덕을 칭송한 결과이다. 『사기(史記)』「진시황본기(秦始皇本紀)」의 기록에 의하면, 진시황은 승상(丞相) 왕관(王綰), 어사대부(御史大夫) 풍겁(馮劫), 정위(廷尉) 이사(李斯) 등을 불러 제호(帝號)를 의논하였다. 여러 신하들이 모여 논의하기를, "영정(嬴政: 진시황의 이름)이 육국(六國)을 멸망시키기 전에 이미 '진왕(秦王)'이라 불렀다. 지금 육국을 멸망시켰으니, 한 나라만의 왕은 아니게 되었다"고 하였다. 그가 통치하는 구역은 진(秦)나라보다 훨씬 크다. 그렇다면, 칠국(七國)을 다스리는 지위를 지니게 된 영정에게는 과연 어떤 존호가 적당할까? 어느 정도의 권력을 가져야 하는가? 한 신하가 말하기를, "고대 중국에는 천황(天皇)·지황(地皇)·진황(泰皇)이 있어 '삼황(三皇)'으로 불렸다. 그 중 진황(泰皇)이 가장 고귀하기 때문에 태황으로 불리어야 한다"고 제안하였다. 한 신하는 또한 말하기를, "옛날부터 오제(五帝)가 있었는데, 황제(黃帝)·전욱(顓頊)·제곡(帝嚳)·당요(唐堯)·우순(虞舜)이다. 오제도 영정(嬴政)의 공적을 따라가지 못한다"고 하였다. 영정(嬴政)은 결국 '삼황(三皇)'의 '황

(皇)'과 '오제(五帝)'의 '제(帝)'를 합쳐 '황제(皇帝)'라는 칭호로 만들었다. 영정(嬴政)은 첫 번째 황제이기 때문에 '시황제(始皇帝)'라고 부른다. 이때부터 '帝'는 '천하를 다스리는 왕의 칭호'가 되면서, 사람 통치자를 가리키는 호칭이 되었다.

君

군 jūn

중국 고대 최고 통치자를 가리키는 호칭에는 후(后), 왕(王), 천자(天子), 제(帝) 외에도 君이라는 호칭도 있다. 최고 통치자를 왜 君이라고 부르는가? '군자(君子)'는 왜 '덕이 있는 사람'에 대한 존칭으로 바뀌었을까?

君: 호령하는 집권자

君의 갑골문은 이며,소전체(小篆體)는 이다. 갑골문에 나타나는 구건(構件) 은 권력을 상징하는 지팡이를 손에 쥔 모습이다. 권력을 쥐고 사무를 관장하는 사람을 가리킨다. 이 구건(構件)을 단독으로 쓰면 '윤(尹)'이다. '윤(尹)'은 고대 관직의 이름이다. 예를 들면, '경조윤(京兆尹)'은 오늘날 중국의 수도인 베이징시의 시장(市長)에 해당하는 명칭이다. 갑골문 아랫부분 구건(構件)은 口이며, 호령하는 것을 나타낸 것이다. 君의 본의는 지위가 높은 권력자이며, 최고 통치자는 한 나라에서 가장 지위가 높은 사람이기 때문에 '국군(國君)'이라고 한다.

'미덕(美德)'이 '높은 지위'를 대체하다

君은 '지위가 높은 권력자'라는 의미에서 사람에 대한 경칭으로 전의(轉義)된다. 현대 중국에서도 다른 사람을 부를 때 상대방의 이름 뒤에 君을 붙여 존중을 나타낸다.

君은 '지위가 높은 권력자'라는 의미에서 '완벽한 인격과 고결한 품덕을 지닌 자', 즉 '미덕이 있는 자'로 전의(轉義)되었다.

'군자(君子)'의 의미에 대한 오해

춘추전국시대에 '군자(君子)'라는 단어는 이미 두 가지 의미를 나타냈다. 이 두 가지 의미가 공존하였기 때문에 오해를 일으키기도 하였고 패전을 하기도 하였다. 『좌전(左傳)』에는 '군자(君子)'의 의미를 오해하여 패전한 사건을 기록하고 있다. 바로 '제나라와 진나라의 안(鞌)지역 전투[齊晉鞌之戰]'이다. 병하(邴夏)는 제(齊)나라 임금을 태운 전차(戰車)를 몰아 달아났고, 그 뒤에 진(晉)나라 귀족 한궐(韓厥)의 전차가 뒤쫓고 있었다. 당시 전차는 지위가 높은 사람이 왼쪽에 앉는 규칙이 있었다. 한궐(韓厥)의 지위가 가장 높았기 때문에 마땅히 왼쪽에 앉아야 했다. 그러나 전날 밤 한궐은 자신의 아버지가 전차의 좌우 자리를 피하라고 부탁하는 꿈을 꾸었다. 그래서 중간에 자리에 앉아 전차를 몰고 있었다. 제(齊)나라의 병하(邴夏)는 상대방 전차 가운데에 있는 사람이 한궐이라는 것을 알아보고, "중간에 있는 운전자를 쏴라, 지위가 제일 높은 사람이다[射其御者, 君子也]"라고 말하였다. 그러나 이 말을 들은 제(齊)나라 제후는 '君子'를 어진 사람의 의미로 오해하여, "그를 덕이 있는 사람이라고 하면서, 쏘는 것은 예의가 아니다[謂之君子而射之, 非禮也]"라고 하면서, 한궐(韓厥)을 쏘지 않고 양쪽에 있던 사람을 쏘았다. 결국 한궐이 제(齊)나라 임금의 전차를 따라잡았다. '군자(君子)'라는 단어에 두 가지 의미가 있었음을 잘 보여주는 이야기이다. 즉, '지위가 높은 권력자'와 '미덕이 있는 사람'의 의미를 나타내었다.

오늘날 중국에서는 '군자(君子)'의 본의(本義)인 '지위가 높은 권력자'가 쓰이지 않고, 전의(轉意)되어 '미덕이 있는 자'의 의미로 쓰이게 되었다.

元首

원수 yuánshǒu

현대 국가의 최고지도자는 일반적으로 元首로 통칭(統稱)한다. 元首라는 단어가 왜 '최고 지도자'라는 의미를 갖게 되었을까? 이 의미와 元, 首 두 글자의 의미는 어떤 관계가 있을까?

元의 상(商)나라 금문(金文) 는 옆으로 서 있는 사람을 나타내며, 머리 부분이 돌출되어 있는 형태이다. 본의(本義)는 머리이다. 元의 이 의미는 고대 문헌에서 비교적 흔하게 나타난다. 『좌전(左傳)』「희공33년(僖公三十三年)」에서 "선진(先軫)은 갑옷을 입지 않고 적인(狄人)의 전진(前陣)에 침입하여 그곳에서 전사(戰死)하였다. 적인(狄人)은 그의 머리를 돌려주었는데, 선진(先軫)의 얼굴이 살아 있을 때와 같았다[免胄入狄師, 死焉. 狄人歸其元, 面如生]"라는 기록이 있다. 여기서 元은 머리라는 뜻이다.

首의 갑골문은 이다. 그 형상은 사람의 머리 모양을 본뜬 것이다. 윗부분이 머리카락이고, 본의(本義)는 머리이다. 중국어 '부수(俯首: 머리를 숙이다)'와 '앙수(仰首: 머리를 들다)'의 首는 '머리'를 뜻한다.

그러므로 元과 首는 같은 의미이며, 병렬식 합성어(合成語) 元首로 조합하여 새로운 의미인 '최고 지도자'를 나타내게 되었다.

2. 귀족, 관료와 평민

侯

후 hóu

중국 역사를 배울 때 흔히 '제후(諸侯)'란 말을 듣게 된다. 제후는 무엇인가? 이 문제에 대한 답을 찾으려면, 侯의 글자 형태를 알아야 한다.

侯: 화살의 과녁

侯의 갑골문 혹은 는 화살촉을 나타내는 구건(構件) 矢와 구건 厂(또는 거꾸로 된 형태)으로 구성되어 있다. 厂은 이 문자에서 무엇을 표시하는가? 중국 고대에는 대사례(大射禮)를 거행할 때, 항상 짐승 가죽이나 천으로 과녁을 만들었다. 厂은 가죽이나 천으로 만든 과녁을 표시한다. 전체 형태는 화살촉으로 과녁을 향해 쏘는 모양을 나타낸다. 그러므로 侯자의 본의(本義)는 화살의 과녁이다. 예를 들면, 『시경(詩經)』「제풍(齊風)」「의차(猗嗟)」에서 "하루종일 과녁을 쏘시는데 정곡을 벗어나지 아니하였다[終日射侯, 不出正兮]"의 '사후(射侯)'는 '과녁을 쏘다'의 의미이다.

과녁에서 명사수(名射手)까지

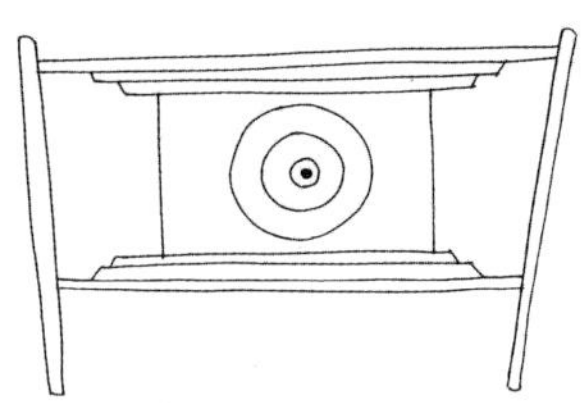

원시사회의 인류는 다른 부족의 침범도 막아야 하고 다른 동물의 침입도 막아야 했다. 그러므로 활은 매우 중요한 무기였고, 과녁을 한 번에 적중하는 것이 매우 유용하고 사람

들에게 인정받는 것이었기에 활을 잘 쏘는 명사수를 侯라고 부르기도 했다.

뛰어난 사수(射手)를 侯에 봉하다

원시사회에서 활을 잘 쏘는 명사수는 부락을 보호할 수 있기 때문에, 흔히 우두머리로 추대되었다. 侯는 점차 작위(爵位)의 이름으로 인신(引申)되었고, 나중에 글자형태에 구건(構件) 人을 붙이면서 소전체(小篆體)에서는 矦로 고정된다. 문헌의 기록에 따르면, 최초의 봉후(封侯: 侯의 작위를 봉함)는 활 쏘는 기술과 밀접한 관련이 있었다. 『예기(禮記)』「사의(射義)」에 "천자가 거행한 대사례(大射禮)를 사후(射侯)라고 한다. 사후는 활을 쏘아서 侯가 된다는 뜻이다. 과녁을 맞힌 자는 후(侯)로 봉하고 그렇지 못한 자는 후(侯)로 봉해지지 않았다[故天子之大射, 謂之射侯. 射侯者, 射爲諸侯也. 射中則得爲諸侯, 射不中則不得爲諸侯]"라는 기록이 있다.

이후 제후(諸侯)는 고대 중앙정권이 봉한 각 국가의 국군을 통칭하는 말이 되었다. 주(周)나라 시기에 제후(諸侯)는 공(公), 후(侯), 백(伯), 자(子), 남(男)의 다섯 등급으로 나누었다. 문헌 기록에 의하면, 주(周)나라 공(公), 후(侯), 백(伯), 자(子), 남(男)의 다섯 등급 작위의 봉지(封地)는 크기에 대한 명확한 규정이 있었다. 즉 공작(公爵)과 후작(侯爵)의 봉지는 백 리(里)이며, 백작(伯爵)의 봉지는 칠십 리(里)이고, 자작(子爵)과 남작(男爵)의 봉지는 오십 리(里)이다. 주공(周公)이 섭정(攝政)할 때는 각 작위의 봉지를 넓혔다. 공작의 봉지는 오백 리로 하고, 후작의 봉지는 사백 리, 백작의 봉지는 삼백 리, 자작의 봉지는 이백 리, 남작의 봉지는 백 리로 넓혔다.

保

보 bǎo

保는 상(商)나라 금문(金文) 는 사람이 아이를 등에 업은 모양을 나타낸다. 『상서(尙書)』「소고(召誥)」의 “처와 아이를 안고 업어 보호한다[保抱携持婦子]”의 保는 ‘업다’의 의미를 나타낸다. 保는 ‘업다’의 의미에서 ‘보호한다’라는 의미로 인신(引申)된다. 훗날 신하들은 왕을 보좌하고 보호할 책임이 있다고 하여 ‘보(保)’ 혹은 ‘태보(太保)’라고 부르기도 했다. 예를 들면, 서주(西周) 시기 성왕(成王) 때의 삼공(三公) 중 한 사람인 소공석(召公奭)이 태보(太保)를 지냈다.

傅

부 fù

傅는 保처럼 오래된 관직이다. 또한 ‘보(輔)’로 쓰기도 한다. 輔의 부수는 車이며, 원래는 바퀴 바깥에 묶어 바퀴에 중력을 싣는 직목 두 개를 가리키는 것이었다. 바퀴의 보조 역할을 하기 때문에 ‘보조하다’는 의미로 인신(引申)된다. 관직 輔는 제왕(帝王) 곁에서 제왕을 보좌하는 신하이며, 나중에 관직 명칭으로 人을 부수로 하는 傅를 새로 만들었다. 傅의 본의는 ‘보좌하다’이다. 전설에 의하면 상(商)나라에 부열(傅說)이라는 사람이 무정(武丁)의 승상(丞相)을 지냈다고 하여, 군주를 보살피는 관직을 ‘부(傅)’나 ‘상(相)’으로 불렀다고 한다. 『주례(周禮)』에서 ‘태사(太師)’·‘태부(太傅)’·‘태보(太保)’를 합쳐 ‘삼공(三公)’이라 부른다. ‘삼공(三公)’은 당시 조정에서 가장 높은 세 관직을 합친 말이다.

丞

승 chéng

丞의 갑골문 는 함정에 빠진 사람을 두 손으로 잡아당기는 것을 나타낸다. '구원하다' 혹은 '구조하다'의 의미를 나타낸다. 문자 형태가 변화하면서 함정을 나타내던 부분이 사람 다리 부분과 합쳐져서 '산(山)'과 비슷한 형태로 변하게 된다. 소전체(小篆體)는 이며, 후에 글자 형태는 더욱 간소화되어 해서체(楷書體)는 丞으로 나타난다. 丞은 '구조하다' 혹은 '보좌하다'의 의미를 나타내기 때문에, 중국 고대 제왕을 보좌하고 천하를 다스리던 관직을 丞이라 불렀다. 상주(商周) 시대에는 이른바 '사보(四輔)'가 있었다고 하는데, 그중 하나가 丞이다. 나중에 최고 행정장관을 승상(丞相)이라 불렀다. 丞은 또한 '보좌하다'의 의미에서 '보좌관'으로 인신(引申)된다. 예를 들면, 한(漢)나라 어사대부(御史大夫)의 보조를 '어사중승(御史中丞)'이라고 하였으며, 군수(郡守) 아래에 군승(郡丞)이 있었고, 현령(縣令) 아래에는 현승(縣丞)이 있었다.

宰

재 zǎi

宰의 갑골문 는 宀과 辛의 두 구건(構件)으로 이루어진다. 宀은 집을 가리키며, 辛은 고대의 칼이다. 고대 중국인들은 조상에게 종족(宗族) 단위로 제사를 지냈고, 소, 양, 돼지 등을 제물(祭物)로 삼았다. 제사를 마친 후에는 제물을 종족의 구성원들에게 나누어 주어 선조의 보호를 받들겠다는 의미를 표현했다. 그러므로 宰의 갑골문 형태는 집 안에서 소와 양을 칼로 자른다는 의미를 나타낸다.

문헌 기록에 의하면, 한(漢)나라 시기에 이르기까지, 宰의 중요한 직책 중의 하나가 칼을 들고 제물로 바쳤던 고기를 나누는 것이다. 『한서(漢書)』「진평전(陳平傳)」에서 "마을에서 토지신에게 제사를 지낼 때, 진평(陳平)이 宰로서 고기를 잘랐는데, 그는 고기를 균등하게 잘랐다. 그래서 마을의 어르신이 '진평이 宰를 맡은 것이 좋았다'라고 칭찬하였다. 진평이 말하기를 '아! 내가 천하의 宰가 된다면, 이 고기를 자르는 것처럼 균등하게 할 수 있을 텐데!'라고 대답하였다[里中社, 平爲宰, 分肉食甚均. 父老曰: '善, 陳孺子之爲宰!'平曰: '嗟乎! 使平得宰天下, 亦如是肉矣!']"라는 기록이 있다.

제물(祭物)을 자르는 자는 함부로 지명하는 것이 아니라, 반드시 종족 내에서 어느 정도 신망(信望)이 있는 자이며, 종족 내에서 족장(族長)을 보조하던 관리자였다. 그래서 왕후(王侯)나 대부(大夫)의 일을 보조하던 최고 관직을 宰라고 한다. 국군의 정무를 보조하는 최고 관직은 '재상(宰相)'이며, 대부의 정무를 보조하던 최고 관직은 '가재(家宰)'라고 불렀다. 후에 '천하의 宰'가 된 진평(陳平)은 "재상이 된 사람은 위로는 천자를 보좌하며 음양을 다듬고 계절을 순종하며, 아래로는 만물의 이치를 취하고, 밖에서는 사방 오랑캐 및 제후를 위로하고, 안으로 백성을 가까이 하며 경대부로 하여금 각각의 직책을 이행하게 해야 한다[宰相者, 上佐天子, 理陰陽, 順四時; 下遂萬物之宜, 外鎮撫四夷諸侯; 內親附百姓, 使卿大夫各得任其職也]"라 하였다. 宰의 최초 직책은 소와 양 등의 제물을 자르는 것이었기 때문에 '가축을 잡다'라는 뜻도 있다.

卿

경 qīng

卿의 갑골문 은 가운데 부분은 음식이 담긴 식기, 양쪽은 식

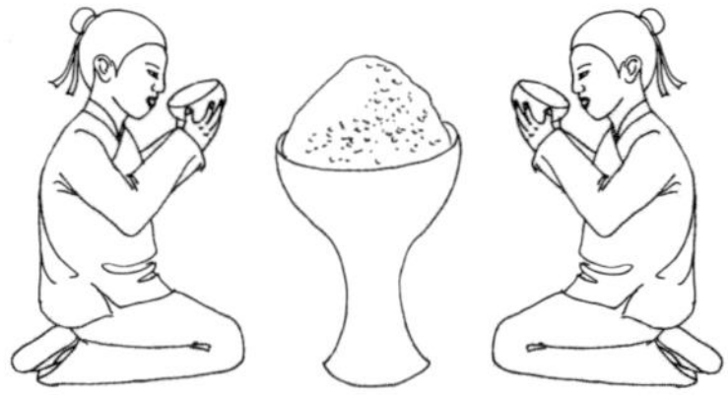

기를 마주하고 앉은 두 사람이 마주 앉아 식사를 함께하는 모습이다. 이 글자는 '마을 사람이 밥을 함께 먹는(鄉人共食)' 이미지를 표현한 것이다. 이 글자는 또한 饗의 최초 글자 형태이기도 하다. '자신과 같이 음식을 먹는 씨족 부락'을 가리키는 의미도 있는데, 鄉의 최초 글자형태이기도 하다.씨족의 '향로(鄉老: 한 마을의 대표자)'를 가리킬 수도 있다. 계급 사회가 되면, '향로(鄉老)'는 향(鄉)의 장관이 되고, 이 사람을 卿이라 불렀다. 그러므로 이 글자는 卿의 최초 형태이기도 하다. 후에 '구경(九卿)'이라는 말이 생겨났는데, 고대 중앙정부의 고급 관료를 가리키는 말이다. 황제는 흔히 이들을 '애경(愛卿)'이라고 불렀다.

臣

신 chén

臣의 갑골문 는 눈을 세운 형태이다. 사람이 고개를 숙이고 눈을 위로 올려다 볼 때 눈이 이렇게 세워진다. 중국 고대사회는 계급의 질서가 엄격하여 신하·하인·노예는 주인이나 윗사람 앞에서 고개를 숙여 순종하고, 감히 고개를 들어 자신의 주인이나 윗사람을 똑바로 바라볼 수 없었다. 그래서 주인이나 윗사람은 이들의 눈을 똑바로 세운 것을 볼 수 있다. 그러므로 이 글자는 똑바로 세운 눈으로 '신(臣)'를 표시하였다. 국군(國君)의 신하는 국군을 모셔야 할 책임이 있다. 그러므로 『설문해자

(說文解字)』의 소전체 는 "임금님을 섬기는 것이다. 굴복의 모습을 나타낸 것이다[事君也. 象屈服之形]"라고 해석되었다.

牧

목 mù

牧의 갑골문은  혹은 이다. 손에 막대기를 들고 소와 양을 쫓는 것을 나타낸다. 본의(本義)는 '가축을 방목한다'이다. 사자성어 '소무목양(蘇武牧羊)'의 牧이 바로 이러한 의미를 나타낸다. 牧은 관직 명칭이며, 처음 의미는 '여섯 가지 가축을 방목하는 관직'이었다. 『열자(列子)』「황제(黃帝)」에 "주선왕의 목정(牧正)이다[周宣王之牧正]"라고 하였는데, '목정(牧正)'은 가축을 방목하는 관리 중의 우두머리이다. 가축을 방목하는 것이 가축을 관리하는 것이기 때문에 牧은 '관리자'라는 의미로 인신(引申)되었다. 『주례(周禮)』의 '사도(司徒)' 아래에 '목인(牧人)'이라는 관직이 있다. 전설에 의하면, 순(舜)임금이 천하를 12(州)로 나누고, '주목(州牧: 혹은 주백(州伯))'이라는 관직을 만들었다고 한다. 여기서 牧은 '관리자'의 의미이다. 즉, 각 주(州)의 행정장관을 가리킨다. 하(夏)나라는 천하를 9주(州)로 나누었고, '주목(州牧)'이라는 관직도 있었는데, 직책은 순임금 때와 같다. 상주(商周)시기에 이르면, 牧은 여전히 지방 장관이었다. 계력(季歷)[4]도 목사(牧師)를 지낸 적이 있다. 당시의 牧은 지방에서 근무하지 않았다. 『예기(禮記)』「곡례하(曲禮下)」에서 "구주(九州)의 장관은 천자의 나라로 들어가면 목이라고 부른다[九州之長, 入天子之國, 曰牧]"라는 기록이 있다. 그러므로

4) 계력(季歷): 성은 희(姬)이며, 이름은 력(歷)이다. 주(周)나라 태왕(太王)의 막내아들이며, 문왕(文王)의 아버지이자, 무왕(武王)의 조부(祖父)이다.

牧은 팔명(八命)[5]처럼 지방에서 출세하여, 조정에 들어가서 천자를 보좌하고, 제후들을 감찰하고 감독하는 사람임을 알 수 있다. 서한(西漢)시대 이후 牧은 다시 주급(州級) 장관의 전문 명칭이 되었다. 즉 관직 자사(刺史)의 명칭을 주목(州牧)으로 바꾸었다.

令
령 lìng

令의 갑골문 의 위쪽 삼각형은 口의 변형으로 '명령을 내리는 사람'을 나타내고, 아래 구건(構件)은 무릎 꿇고 명령을 받는 사람을 나타낸다. 본의(本義)는 '명령'이다. 令은 관직을 나타내며, '명령을 내리는 사람'이라는 의미에서 생성되었다. 예를 들면, 전국시대(戰國時代) 초(楚)나라 최고 행정장관을 '영윤(令尹)'이라 불렀고, 한(漢)나라에는 '낭중령(郎中令)', '상서령(尙書令)', '악부령(樂府令)' 등의 관직이 있었다.

'현령(縣令)'이라는 명칭은 진(秦)·한(漢)시기에서 청(淸)나라에 이르기까지, 2천 년 동안 사용되었다. 중국에서는 지금도 군대 최고 관직을 '사령(司令)'이라고 한다.

士
사 shì

士의 금문 는 도끼의 모양이다. 도끼는 중국 고대사회에서 대외적으로 정벌을 위한 무기이며, 대내적으로는 형벌의 도구이

5) 팔명(八命): 주(周)나라 관작(官爵)은 9등급으로 나누어 '구명(九命)'이라 하였는데, 이 중 '팔명(八命)'은 왕의 '삼공(三公)'과 '주목(州牧)'이다. 조정의 중신(重臣)을 가리킨다.

다. 그러므로 상주(商周)시대 고문자에서 도끼는 최고 군사 통솔자인 왕(王)을 기록하기도 하고, 형벌을 책임지던 벼슬아치를 士로 기록하기도 한다. 士는 王과 구분하기 위해 가장 위쪽 가로선을 없앴다. 후에 士는 일정한 신분적 지위를 가진 특정 사회 계층을 가리키는 의미로 인신(引申)된다. 전국시대(戰國時代) 士에는 서적을 저술한 학사(學士), 지기(知己)를 위해 죽은 용사(勇士), 음양과 역법을 공부한 방사(方士), 사람을 위해 책략을 설계하는 책사(策士) 등이 있었다. 그러므로 허신(許愼)은 『설문해자(說文解字)』에서 士를 '일을 잘하는 사람(事也)'으로 해석한다. 현대사회에서 士는 흔히 '지사(志士)', '용사(勇士)', '모사(謀士)' 등 품성이 좋고 학식이 있거나 기예가 있는 사람을 일컫는 말이다.

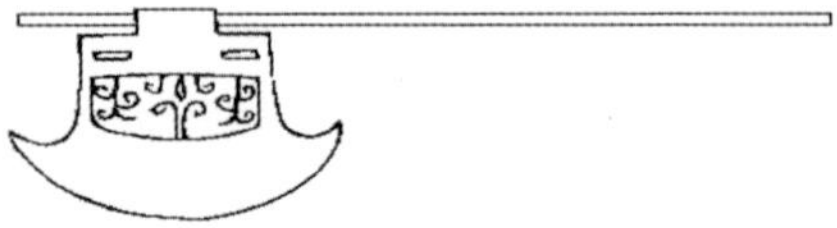

斧(부): 도끼의 일종

工

공 gōng

工의 갑골문 혹은 는 곡척(曲尺: 굽은 모양의 자)을 나타낸다. 곡척은 장인의 중요한 노동 도구이다. 한자(漢字) 제작방법 중의 하나가 도구로 신분이나 직업을 표시하는 것이다. 곡척은 장인의 자주 쓰는 도구이기 때문에 장인이란 직업을 뜻하는 말로 쓰인다. 工의 본의(本義)는 장인(匠人)이나 공인(工人)이다. 『논어(論語)』의 "工欲善其事, 必先利其器[장인이 일을 잘

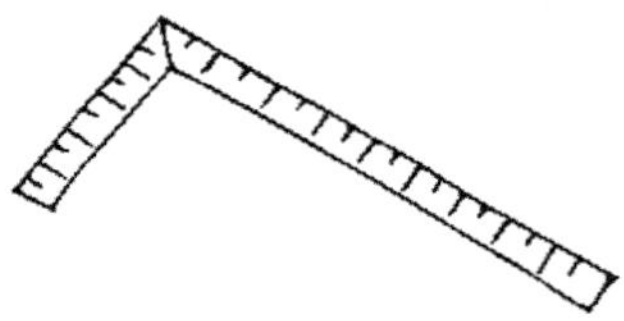

曲尺(곡척): ㄱ모양의 자

하려면, 반드시 그 도구를 먼저 잘 손질해야 한다]", '목공(木工)', '전공(電工)'의 工이 바로 장인(匠人)이나 공인(工人)을 의미한다.

男

남 nán

男의 갑골문 는 田과 力의 두 구건(構件)으로 이루어진다. 田은 밭이고, 力은 중국 원시시대에 흙을 파내는 농기구이다. 力의 갑골문 의 짧은 횡선은 발을 디디던 가로목이다. 그러므로 갑골문 男은 力이라는 '농기구를 사용하여 밭을 갈고 있다'는 의미이다. 농기구로 밭을 가는 이미지로 男을 표현하였으므로, 당시 남자들의 주된 업무가 농업생산이었음을 알 수 있다. 이후에 力이라는 농기구는 훨씬 복잡하고 효율적인 '뢰(耒)'로 대체되었다. 力은 농기구로서의 역사적 사명이 끝나면서 인신(引申)되어 '힘'의 의미를 나타내게 되었다. 그러므로 허신(許愼)은 男의 소전체(小篆體) 형태에 근거하여, 『설문해자(說文解字)』에서 "男은 장부이다. 田과 力으로 이루어진다. 남자가 밭에서 힘을 쓰는 것을 말한다[男,丈夫也. 从田从力. 言男用力于田也]"라고 설명하였다. 이외에도 앞 내용에서 언급하였듯이 '男'은 고대 작위인 '공후백자남(公侯伯子男)' 중의 하나가 되었다.

婦

부 fù

오늘날 우리는 婦라는 글자를 보면 '아낙네'라는 의미가 떠오를 것이다. 그러나 고대의 婦는 일반 여성이 아니라 귀신과 소통하는 특수 신분을 가진 여성이었다. 갑골문 복사(卜辭)에서 를 종종 볼 수 있는데, 해서체(楷書體) 帚이다. 이 형태는 오늘날의 불자(拂子: 승려들이 벌레를 쫓을 때 쓰는 먼지 털이 모양의 물건)나 빗자루와 생김새가 비슷한 '탁혼수(托魂樹)'6)이다. 중국 고대인들은 '탁혼수(托魂樹)'를 '귀신을 맞이하거나 보내고 소통하는 도구'로 사용했다. 그러므로 '탁혼수(托魂樹)'는 무속인의 상징이다. 帚는 복사(卜辭)에서 조상신과 직접 소통하는 도구를 가리킨다. 중국 민간에서 무속인은 일반적으로 부녀자이며, 간혹 남성 무속인이 생겨도 반드시 부녀자로 분장해야 한다. 예를 들면, 동북아시아와 캄차카지역의 남성 샤먼이 종교의식을 주재할 때 여성으로 변장하며, 평소에도 여자의 말과 행동을 흉내 내기를 좋아한다. 이처럼 남자 무속인이 여장한 것은 『태평광기(太平廣記)』나 『중국풍속사(中國風俗史)』에 자세히 기록되어 있다. 무속은 항상 부녀자의 특권이었기 때문에, '帚'는 점차 기혼 여성의 통칭으로 변하였고, 부수 女를 덧붙여 의미를 보충하게 되었다. 중국 여성은 봉건 사회에서의 지위가 비교적 낮았다. '삼강오상(三綱五常)'의 '삼강(三綱)'에서는 신하(臣下)·자녀·아내가 되는 자는 반드시 군주·부친·지아비에게 복종해야 한다고 하였다. 그러므로 허신(許愼)은 『설문해자(說文解字)』에서 婦자를 '복종한다[服也]'의 의미로 설명하고 있다.

6) 탁혼수(托魂樹): 중국 고대의 제사 도구이며, 고인의 망령을 맞이하는 도구로 쓰였다.

3. 노예

僕　隷

복 pú　　례 lì

僕의 갑골문 은 머리 장식품과 꼬리 장식품을 하고, 손으로 쓰레받기를 들고 막일을 하는 사람의 모양이다. 隷의 갑골문 는 한 손이 꼬리를 잡은 모습으로 꼬리가 잡힌 사람을 나타낸다. 주인이 부리는 노예를 나타낸다. 僕와 隷의 갑골문 형태 모두 꼬리 장식품을 강조한다. 꼬리 장식품이 고대에는 지위가 낮은 僕과 隷의 상징이 되고 있다. 왜일까? 이것의 배경은 중원(中原)지역이 농업 위주의 사회로 접어들면서 수렵시대에 머물러 있는 변두리 소수민족의 복장이 화하(華夏) 민족과 큰 차이를 보인 것이다. 일부 소수민족은 꼬리 장식품을 다는 습관이 있었다. 꼬리 장식을 한 소수민족 병사들은 전쟁에서 포로가 되면 노예로 전락하였는데, 후에 꼬리 장식품을 착용하면 낙후되고 개화되지 않았다는 표지가 되었다. 그러므로 한자를 만들 때, 꼬리 장식품을 한 사람의 형태를 僕과 隷의 상징으로 삼았다.

奚

해 xī

奚는 갑골문 , 금문(金文) 와 소전체(小篆體) 로 나타난다. 글자 아래 구건(構件)은 정면을 보는 사람의 형태이고, 가운데 구건은 밧줄의 모양이며, 위의 구건은 손의 모양이다. 이 문자가 나타내는 의미는 밧줄에 묶인 사람이다. 이 문자의 본의(本義)는 노예이고, 주로 여자 노예를 가리킨다. 『주례(周禮)』「천관

(天官)」「총재(冢宰)」의 “술을 담는 주인(酒人)은 내시 10명, 여성 관비 중 술을 담는 주사(酒師) 30명, 여자 노예 300명을 다스린다[酒人, 奄十人, 女酒三十人, 奚三百]”에서 奚는 바로 ‘여성 노예’를 의미한다. 奚는 다른 글자와 합쳐진 어휘에서도 노예의 의미를 나타낸다. 예를 들면, ‘해녀(奚女)’는 하녀이며, ‘해노(奚奴)’는 여성 노예이고(지금은 일반적인 노비를 가리킴), ‘해동(奚童)’은 미성년 남자 노예이며, ‘해예(奚隸)’는 남녀 노예이다.

民

민 mín

奚의 금문(金文) 는 날카로운 물체가 왼쪽 눈을 찌르는 것이다. 중국 고대시기에 포로를 노비로 삼을 때 왼쪽 눈을 찔러 노비의 표식으로 삼았다. 이후 民은 가장 하층의 무지몽매한 사람들을 가리키는 총칭이 되었다. 『논어(論語)』「태백(泰伯)」에 “民을 도를 따라 행하게 할 수는 있지만, 일일이 그 이유를 알게 할 수는 없다[民可使由之, 不可使知之]”라고 하였고, 『상군서(商君書)』「갱법(更法)」에서 “民은 처음부터 함께 일을 꾸밀 수 없고, 일이 이루어진 후에 함께 누릴 수는 있다[民不可與慮始, 而可與樂成]”고 하였는데, 이때의 民은 ‘어리석은 백성’을 나타낸다. 중국 고대 문헌에서는 民과 人의 차이가 매우 크다. 民은 일반적으로 ‘우(愚: 어리석다)’, ‘천(賤: 천하다)’, ‘완(頑: 완고하다)’, ‘조(刁: 교활하다)’, ‘간(奸: 간사하다)’ 등 부정적인 수식어로 수식되어, ‘우민(愚民)’, ‘천민(賤民)’, ‘완민(頑民)’, ‘조민(刁民)’, ‘간민(奸民)’ 등의 단어를 구성한다. ‘현(賢: 어질다)’, ‘철(哲: 밝다)’, ‘성(聖: 성스럽다)’, ‘위(偉: 위대하다)’, ‘능(能: 능하다)’ 등 긍정적인 수식어로 수식되지 않는다. 人은 긍정적인 수식어로 수식할 수 있다. 즉, '현인(賢人)', '철인(哲人)', '성인(聖人)', '위인(偉人)', '능인(能人)' 등의 단어를 구성한다.

2장

한자로 본 중국 고대 행정구역

현대 중국 사회의 행정구획은 매우 명확하다. 국가 다음 순서는 성(省), 시(市), 현(縣), 진(鎮, 또는 향(鄉)), 촌(村)이다. 이 명칭들은 대부분 고대부터 전해 내려온 것이다. 행정구역 명칭을 뜻하는 한자의 본래 의미는 무엇일까? 자형에 어떤 문화적 코드가 내포되어 있을까? 본 장에서 고대 중국 행정구역을 나타내는 방(邦), 국(國), 가(家), 주(州), 현(縣), 진(鎮), 사(社), 향(鄉), 촌(村), 리(里) 등의 고대 문자 형태를 분석하여, 그 속에 포함된 문화적 의미와 변화를 고찰하고자 한다. 중국 고대 문자 분석을 통해, 고대 중국 사회의 행정구역 특징과 변화를 이해할 수 있다.

1. 제후국과 봉지

邦

방 bāng

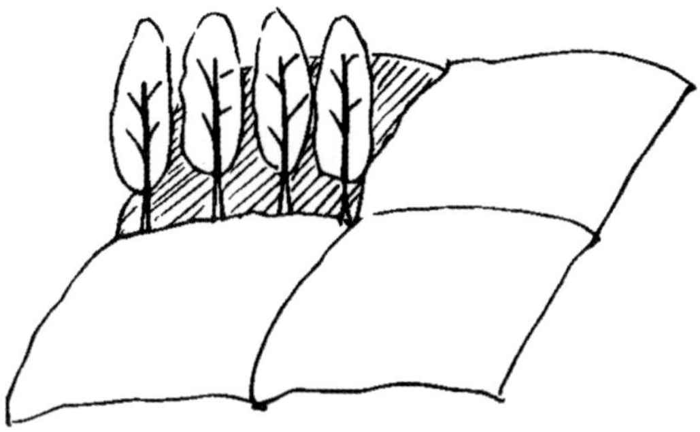

나무를 심는 것은 후대에게 이익이 되는 행동이다. 오늘날 나무는 환경 보호를 위해 심지만, 고대에 나무를 심는 것은 환경 보호뿐만 아니라 국경을 규정하는 용도로도 활용되었다. 邦의 갑골문은 이다. 밭에 나무를 심은 형태이며, 이 나무를 국경의 표시로 삼는다는 뜻이다. 고대 제후국은 邦이라고 칭하였다. 邦은 '국경 내의 봉지'라는 뜻이다. 이후에 이 형태에 사람들이 많이 사는 곳을 나타내는 구건(構件) 邑(우측에서는 阝로 간략화됨)이 추가된다. 나무를 심어서 경계를 정하는 이런 풍습은 오늘날까지도 전해진다. 현대 중국 농촌에서도 두 마을이 한 줄로 길게 늘어진 나무나 도랑을 경계로 삼는 경우가 많다. 이 외에도 이러한 풍습은 다른 한자에도 반영되어 있다. 예를 들면, 封이다. 封의 본의(本義)는 '경계를 확정하다'는 뜻이며, 갑골문은 이다. 흙더미에 나무를 심는 것을 나타낸다. 흙을 쌓아 나무를 심어서 경계로 삼는다는 것을 의미한다. 서주(西周)시대 금문(金文)에서는 손 모양을 더하여 가 되었다.

國

국 guó

國의 갑골문은 이며, 戈와 口 두 구건으로 이루어진다. 口는 일정한 경계를 표시하고, 戈는 무기이다. 전체 형태는 무기로 지키는 경계를 나타낸다. 이후에 국경의 특징을 부각하기 위해 바깥 둘레에 구건 口를 추가하여 國이 되었다. 간체자는 国이다. 國은 중국 고대 문언(文言)에서 '왕 및 제후의 봉지' 혹은 '도읍'의 뜻으로 사용해 왔다. '제국(齊國)', '노국(魯國)', '제후국(諸侯國)'과 같은 단어에서 國은 '왕과 제후의 봉지'라는 뜻이며, 범중엄(范仲淹) 『악양루기(岳陽樓記)』의 "도읍을 떠나서 고향을 그리워하고, 참소에 근심하고 비난을 두려워하다[去國懷鄉, 憂讒畏譏]"의 國은 '도읍'을 의미한다. 현대 중국어 國은 토지와 국민, 그리고 주권이 있는 정치적 실체이다.

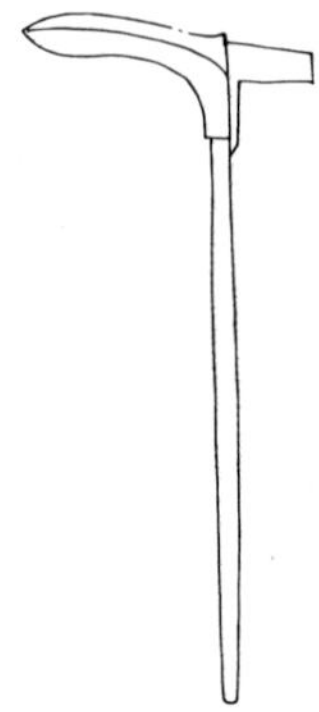

戈(과): 창

家

가 jiā

家의 갑골문은  혹은 이다. 가옥에 돼지가 있는 것이다. 가옥과 돼지는 사유재산을 공유한 혈연단체 '가정(家庭)'을 뜻한다. 고대 중국 봉건사회에서 國은 제후가 통치하는 곳과 경계를 가리키며, 家는 경대부(卿大夫)가 통치하는 곳과 경계를 가리킨다. 후에 두 글자

를 통칭하여 ‘국가(國家)’가 되었고, 현대 중국어 ‘국가’는 주로 나라를 가리킨다. ‘국가’는 장소와 시간에 따라 다르게 정의된다. 고대 그리스에서 국가는 ‘도시국가’를 가리킨다. 현대의 국가는 일반적으로 인구, 영토, 주권의 세 가지 요소를 포함한다. 家는 현대 중국에서 ‘함께 사는 가족’과 ‘가족이 사는 곳’을 가리킨다.

2. 행정구역의 등급

州

주 zhōu

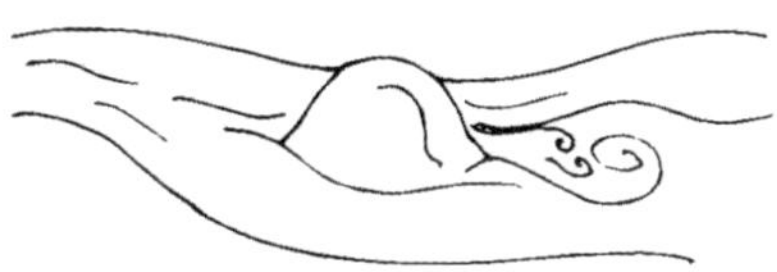

州의 갑골문은 혹은 이다. 넓은 강줄기 안에 드러난 땅이 있어서 사람이 살 수 있는 곳, 즉 작은 섬을 본뜬 것이다. 역사 기록에 의하면, 요(堯) 임금 때 화하(華夏)지역에는 큰 홍수의 재난이 있었다. 당시 “넘실거리는 홍수가 하늘까지 이르렀으며, 용솟음치는 물이 산을 둘러싸고 언덕을 잠기게 했다[湯湯洪水滔天, 浩浩懷山襄陵]”는 기록이 있다. 당시의 화하지역은 홍수에 잠겨, 높은 산봉우리만 수면 위로 드러났다. 우(禹) 임금이 물을 다스린 후에는 수위가 낮아지고, 많은 사람이 살 수 있는 장소가 높은 지역부터 점점 드러났다. 후에 우 임금은 드러난 땅을 행정구역으로 나누었는데, 이것이 바로 전설 중의 ‘구주(九州)’이다. 이때부터 화하지역은 ‘구주(九州)’ 또는 ‘신주(神州)’로 불렸다. 이후에 물속의 땅을 나타내는 글자에 다시 水(氵)를 덧붙여 洲가 되었다.

오늘날 '칠대주(七大洲)'의 洲도 '물 안쪽의 사람이 거주할 수 있는 땅'을 의미한다. 州는 주로 행정구역의 명칭으로 사용되며, 현대 지명 중 州자가 붙은 지명은 주로 고대의 행정구역 명칭에서 유래하였다. 예를 들면, '항주(杭州)', '광주(廣州)', '서주(徐州)' 등이다.

縣
현 xiàn

縣의 금문(金文)은 이며, 사람의 머리가 밧줄에 묶여 나무에 매달려 있는 모습을 나타낸 것이다. 이 한자의 본의(本義)는 '매달다'이며, 현대 중국어에서 xuán으로 발음한다. 縣은 어떻게 행정구역의 단위가 되었을까? 춘추시대 진(秦)나라, 진(晉)나라, 초(楚)나라 등 강력한 제후국들은 끊임없이 약소국을 침략하고 합병하여 자신의 영토를 확장하였다. 이 제후국들은 자신의 세력을 키우고 상대를 약화시키기 위해, 인근 나라와 친분을 쌓고, 먼 나라에는 무력을 행사하였다. 합병된 다른 나라가 자신들의 국토와 서로 연결되어 있지 않으면, 마치 먼 곳에 걸려 있는 것처럼 여겨졌기 때문에, 합병된 외딴 지역은 縣으로 설립하였다. 縣은 경대부(卿大夫)의 봉읍(封邑)과 달리 국군(國君)의 직속 지방 행정구역이다. 춘추시대 중기 이후에는 현을 설치한 제후국이 늘었고, 일부 제후국은 본토에도 현(縣)을 설치하면서 현(縣)은 지방 행정구역이 되었다. 춘추시대 말기에는 새로 얻은 변두리에 '군(郡)'을 설립한 제후국도 생겨났고, 전국시대에는 현(縣)을 관할하는 군(郡)과 같은 2급 지방 행정조직이 생겨났다.

鎭
진 zhèn

鎭은 金을 부수로 삼으며, 본의(本義)는 '눌러두는 물건'이라는 뜻이다. 일반적으로 '서진(書鎭)'과 '석진(席鎭)' 등으로 나눈다. 고증에 따르면, 위진(魏晉)시대 이전의 고대인들은 일반적으로 멍석 위에 앉았다고 한다. 왕실 귀족들은 낮은 침대를 사용하였고, 그 위에 돗자리를 깔아야 했는데, 이 돗자리의 모서리를 鎭으로 눌렀다. 침상에는 휘장을 치고 휘장의 네 귀퉁이도 鎭으로 눌렀다. 鎭은 '눌러두는 물건'에서 안정, 진정, 억제 등의 의미로 인신(引申)되었다. 북위(北魏)시대에는 군대가 주둔한 변방지역에 鎭을 설치하기 시작하였다. 후에 북쪽의 鎭은 모두 州로 바뀌었고, 당대(唐代)에는 진수(鎭戍)의 권력이 경감되었다. 당말(唐末)·오대(五代) 때, 절도사(節度使)는 자신의 경내에 鎭을 설치하고, 진사(鎭使)·진장(鎭將) 등을 두어, 관리나 방어의 역할 외에도 백성으로부터 군량과 급료를 징수하고 지방의 실권을 장악하였다. 송대(宋代) 초기에 이르러 중앙집권을 강화하기 위해 인구가 많고 상업이 번영한 鎭을 제외하고는 모두 진사(鎭使)와 진장(鎭將)을 파면하고, 그들의 권력을 지현(知縣)에 귀속시켰다. 송대 이후에는 현(縣) 아래의 소상업 도시를 진(鎭)이라고 불렀고, 현대 중국에서 진(鎭)은 현(顯) 아래에 설치된 행정 단위를 가리킨다.

社
사 shè

社의 갑골문은 이다. 흙을 쌓아 단을 만든 모습을 나타내며, 본의(本義)는 토지신이다. 영토가 너무 넓어서 모든 장소의 토지

신에게 제사를 지낼 수는 없었기 때문에, 토단을 만들어 토지신을 대신하여 제사를 지냈다. 한자를 만들 때 토단의 모양으로 토지신을 표시하였다. 社는 '토지신'의 의미에서 시작하여, '토지신에게 제사를 지내는 곳'으로 인신(引申)되었다.

토지신에게 제사지내는 토단(土壇)

『예기(禮記)』「제법(祭法)」에서 "왕은 천하 백성을 위해 태사(太社)를 세우고, 자신을 위해 왕사(王社)를 세우며, 제후는 본국의 백성을 위해 국사(國社)를 세우고, 자신을 위해 후사(侯社)를 세우고, 대부(大夫) 아래 거주지에 따라 공동으로 설립하는 사(社)를 치사(置社)라고 한다[王爲群姓立社曰大社, 王自爲立社曰王社, 諸侯爲百姓立社曰國社, 諸侯自爲立社曰侯社, 大夫以下成群立社曰置社]"라는 기록이 있다. 고대에는 천자부터 제후까지 땅이 있는 자라면 누구나 社를 세울 수 있었고, 향민들도 무리를 지어 社를 세울 수 있었다. 『주례(周禮)』에 "25개 가족마다 한 개의 社를 설립하고, 그곳의 토지에 생육하기에 적합한 각종 나무를 심는다[二十五家爲社, 各樹其土所宜之木]"라는 기록을 근거하면, 社는 '토지신에게 제사를 지내는 곳'을 가리킴을 알 수 있다.

사단(社壇) 주변에는 적합한 나무를 심어야 하였기 때문에, 나중에 社의 특징과 신성(神性)을 나타내기 위해 표의구건(表義構件) 示와 木을 추가하여 䄍를 만들었다. 소전체(小篆體)에는 구건(構件) 木을 생략하여 社가 되었다. 社는 '토지신에게 제사를 지내는 곳'에서 '토지신에게 제사를 지내는 행사'로 인신(引申)되었다. 예를 들면, '사일(社日: 토지신 제삿날)', '사희(社戲: 토지신 제사 때 하는 연극)', '사화(社火: 제삿날 놀이)' 등이다. 토지신에게 제사를 지내는 활동에 대중이 참여하기 때문에 일부 대중의 집단 조직 또는 국가 기관을 社라고도 한다. 예를 들면, '합작사(合作社: 협동조합)', '공사(公社)', '결사(結社)', '보사(報社: 신문사)', '통신사(通信社)', '출판사(出版社)', '사원(社員)' 등이다. '공(公)'과 '사(社)'의 두 글자를 연용한 것은 『예기(禮記)』의 "음력 시월에 … 천자는 천종(天宗: 日月星辰)에게 내년의 풍년을 기원하고, 송사(公社)와 궁문(宮門)에 대량 살생으로 제사를 지냈다[孟冬之月 … 天子乃祈來年於天宗, 大割祠於公社及門閭]"에서 가장 먼저 나타났다. 여기서 '공사(公社)'란 '상공(上公)이 제사를 지내던 곳'을 의미한다. 즉 중국 고대 관가(官家)에서 천지와 귀신에게 제사를 지냈던 곳이다.

나중에 중국에서 '중고 유럽 자치 도시공동체'라는 의미를 나타내는 영어 단어 'commune'을 '공사(公社)'로 번역하면서, '공사(公社)'는 '자치 도시'를 의미하게 되었다. 예를 들면, 인류 사회 역사상 가장 이른 단계의 사회 조직을 '원시공사(原始公社)'라고 불렀으며, 한때 중국에서 유행하던 정치 경제 통합 향급(鄕級) 조직을 '인민공사(人民公社: 1958-1978)'라고 불렀다.

鄕

향 xiāng

鄕의 갑골문은 이다. 가운데 음식이 담긴 식기가 있고, 양옆에는 식기를 마주 보고 앉은 사람이 서로 얼굴을 보며 식사하고 있다. 이 글자는 마을 사람들이 함께 먹는 장면을 표현한 것이며, '향(飨)'의 최초 글자 형태이다. 자신과 함께 음식을 먹는 씨족 마을을 나타내기 때문에 鄕의 최초 글자 형태이기도 하다. 또한 음식을 함께 먹는 씨족 마을의 ‘향로(鄕老: 한 마을의 대표)’를 지칭하기도 한다. 계급사회에 이르러, ‘향로(鄕老)’는 鄕의 우두머리가 되었고, 훗날 ‘경(卿)’으로 불리게 되었다. 이후 鄕은 ‘자신과 함께 음식을 먹는 씨족 마을’이라는 의미에서 ‘기초 행정구역 이름’으로 인신(引申)되었으며, 나중에는 현(縣) 아래의 농촌 행정 단위를 의미하고, 또한 도시 이외의 지역을 가리키게 되었다.

鄙

비 bǐ

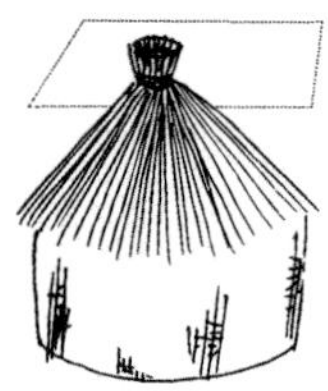

鄙의 갑골문은 이다. 위쪽 구건(構件) 口은 일정한 구역을 표시하며, 아래 구건(構件)은 창고의 형태를 나타낸다. 전체 형태는 ‘창고가 있는 곳’을 표현하고, 鄙의 본의(本義)는 ‘교외’이다. 후에 사람들이 많이 사는 곳을 나타내는 구건(構件) 邑(오른쪽 阝)을 추가하였다. 鄙는 원래 ‘교외’라는 의미에서 ‘변두리’라는 뜻으로 인신(引申)되었으며, 후에 행정구역의 명칭이 되었다. 『주례(周禮)』「수인(遂人)」의 “다섯 집은 린(鄰)이라고 하고, 다섯 린(鄰)은 리(里)라고 하고, 네 개의 리(里)는 찬(酇)이라고 하고, 다섯 찬(酇)은 비(鄙)라고 한다[五家爲鄰, 五鄰爲里, 四里爲酇, 五酇爲鄙]”라는 기록에 근거하면, 하나의 鄙는 500가구를 포함한다.

村 里

촌 cūn 리 lǐ

村은 원래 邨으로 쓴다. 阝와 屯 두 구건(構件)으로 구성되어 있다. 阝은 邑의 간략화된 변형체이며, ‘사람이 많이 사는 곳’을 의미한다. 屯은 '모인다'의 의미를 나타낸다. 그러므로 邨의 본의(本義)는 촌락이나 마을이며, 나중에 村으로 쓰였다. 里는 田과 土의 두 구건(構件)으로 이루어져 있다. 본의(本義)는 '시골의 오두막집'을 나타낸다. 나중에 '마을 주민이 모여 사는 곳'을 가리키게 되었고, 또한 '성읍의 골목'을 가리켰다. 『주례(周禮)』「수인(遂人)」의 내용에 근거하면, 하나의 리(里)는 약 25가구이며, 이장(里長)을 한 명 두었다.

3장

한자로 본 고대 중국인의 신앙세계

중국 고대인은 만물이 영성을 가지고 있다고 믿었다. 즉 하늘, 땅, 산, 강물, 풀, 나무, 돌과 각종 동물이 모두 영성이 가지고 있다고 생각하였다. 이들은 모두 '신(神)', 즉 '자연신(自然神)'이 될 수 있으며, 사람도 수련을 통해 신선이 되거나 신이 될 수 있고 죽은 후에는 귀신(조상신(祖上神))이 된다고 생각했다. 중국 고대인들은 인간 세상의 모든 것이 신과 귀신에 의해 결정된다고 여겼기 때문에, 일을 하기 전에 종종 귀신에게 점을 쳤다. 본 장에서는 신앙과 관련된 고문자의 글자 형태를 분석하여 고대인들의 신앙 세계를 알아보고자 한다. 길흉을 판단하는 근거, 자연신과 조상신에 대한 제사, 제물의 종류 및 제사 방법, 귀신과 요괴를 대하는 태도, 그리고 고대인 마음 속의 성인(聖人) 등의 내용이 포함된다.

1. 길흉을 판단하는 근거

卜 兆 禍

복 bǔ　　조 zhào　　화 huò

중국 고대인은 사물의 변화규칙에 대한 충분한 인식이 부족하였기 때문에, 자연계의 징조에 의지하여 행동을 결정하였다. 그렇지만 자연계의 징조는 흔하게 나타나는 것이 아니므로 인위적인 보충이 필요했다. 그러므로 점을 치게 되었다. 중국의 고대 점술에 사용된 재료는 주로 거북 껍데기와 소의 견갑골이다. 보통 점을 치기 위해 준비된 갑골의 뒷면에 둥근 홈과 긴 홈을 파는데, 갑골학자들은 이 구멍을 각각 '찬(鑽)'과 '착(鑿)'이라고 부른다. 점을 칠 때, 이 작은 홈의 구덩이를 가열하면 갑골 표면에 균열이 생긴다.

卜의 갑골문은 ⺊ 혹은 ㅓ이다. 고대 거북의 껍데기나 짐승의 뼈로 점을 칠 때 나타나는 균열을 본뜬 것이다. 발음도 갑골 터지는 소리와 같다. 卜의 본의(本義)는 '점치다'이다. 갑골의 균열은 '조(兆)'라고도 한다. 兆의 소전체는 𠔀이며, 卜과 兆의 두 구건(構件)으로 구성된다. 卜과 兆는 모두 갑골에 생긴 길흉을 상징하는 균열이다. 나중에 구건(構件) 卜을 생략하였다. 이 균열을 근거로 점쟁이가 길흉을 판단하였기 때문에 兆는 일이 일어나기 전의 징후(徵候), 즉 징조의 뜻으로 인신(引申)되었다.

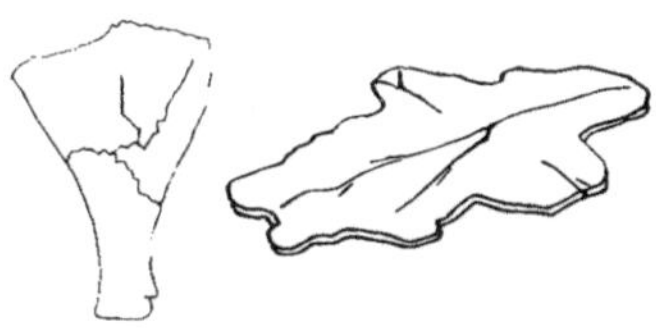

점 친 흔적이 있는 짐승뼈

禍의 갑골문은 [illegible]이다. 바깥쪽의 윤곽은 견갑골을 나타내며, 가운데 卜은 '이 견갑골이 점칠 때 사용하던 복골(卜骨)임'을 나타낸다. 중간 긴 사선(斜線)은 복골에 나타난 균열이다.

중국 고대인은 이러한 깨진 선을 불길한 징조로 여겼기 때문에, 깨진 선을 가진 복골로 재앙을 표시하였다. 중국 고대인들은 재앙이 하늘이나 귀신이 내린 것이라고 여겨서 禍에 표의구건(表義構件) 示를 추가하였다.

示

시 shì

示의 갑골문은 혹은 이다. 조상의 영혼이나 자연신이 거처하는 위패를 나타낸 것이다. 또한 '신주(神主)'라고 칭한다. 이 신주는 조상의 영혼이나 자연신을 대표하기 때문에 사람들이 제사를 지내거나 조의를 표하는 대상이 된다.

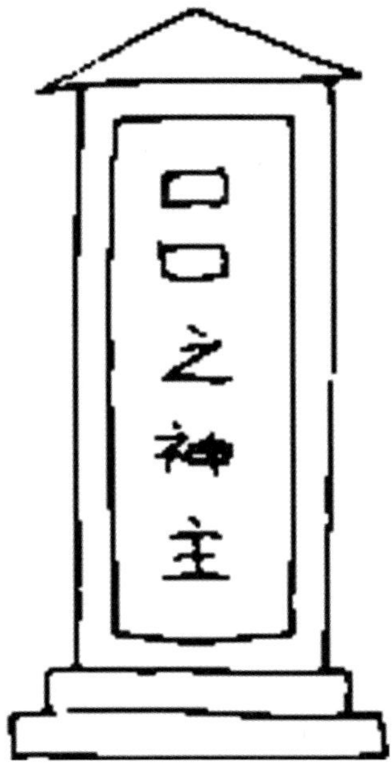

위패

나중에 示자가 변하여, 소전체에서 로 나타난다. 『설문해자(說文解字)』에 "하늘이나 귀신은 각종 징조를 보여서, 세상 사람들에게 길흉화복을 알리는 것이다. 二(고문 上)로 이루어진다. 세 개의 늘어뜨린 선은 해와 달, 그리고 별이다. 천문을 관찰하여 때의 변화를 살핀다. 示는 신의 일이다[天垂象見吉凶, 所以示人也. 從二[二古文上字], 三垂, 日月星也. 觀乎天文以察時變,示, 神事也]"라고 하였다. 후에 제사나 귀신과 관련된 많은 글자에 구건(構件) 示를 추가하였다.

2. 자연신 숭배

중국 고대인들은 자연 만물은 모두 영성이 있다고 생각하여 하늘, 땅, 해, 달, 별, 산, 돌, 바다, 호수, 강, 물, 불, 바람, 비, 천둥, 눈, 구름, 무지개 등 천체 만물과 자연현상을 숭배와 제사의 대상으로 삼았다.

神
신 shén

神의 금문(金文) 초기 형태는 이다. 번개가 눈부시게 굴절되고 격발하는 모습을 나타낸 것이다. 神의 본의(本義)는 '천신(天神)'이다. 천신과 번개는 어떤 관계일까? 중국 고대인들이 한자를 만들 때, 왜 번개 모양으로 천신을 나타냈을까? 고대인들의 눈에 번개라는 자연현상은 신비로운 현상이었고, 이 때문에 번개가 '신의 지배', 또는 '신의 화신'이라고 생각하였다. 그러므로 번개는 고대인들의 숭배와 제사의 대상이 되었다. 나중에 申(의 해서체(楷書體))이 간지(干支)를 나타내는 글자로 가차(假借)되면서, 표의구건(表義構件) 示가 추가되어 神이 되었다.

社
사 shè

社의 갑골문은 이다. 흙을 쌓아 단을 만드는 것을 나타내며, 본의(本義)는 토지신이다. 땅은 만물을 담고, 만물을 낳아 기르고, 백성을 키웠기 때문에 중국인들은 예로부터 하늘과 땅을 존중했다. 그러나 땅이 넓어서 모든 곳에 제사를 지낼 수 없었기 때문에 토단을 만들어 토지신을 대신해 제사를 지냈다. 『예기(禮記)』「제법(祭法)」에 "왕은 천하의 백성을 위해

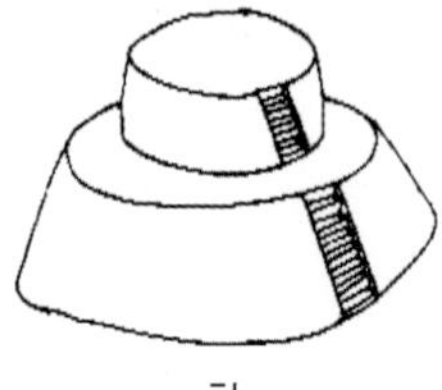

社

태사(太社)를 세우고, 자신을 위해 왕사(王社)를 세우며, 제후는 본국의 백성을 위해 국사(國社)를 세우고, 자신을 위해 후사(侯社)를 세우며, 대부(大夫) 아래는 거주지에 따라 공동으로 사(社)를 설립하였는데 치사(置社)라고 한다[王爲群姓立社曰大社, 王自爲立社曰王社, 諸侯爲百姓立社曰國社, 諸侯自爲立社曰侯社, 大夫以下成群立社曰置社]"라는 기록이 있다. 이를 근거할 때, 토지신에게 제사를 지내는 과정에 위계질서가 있었음을 알 수 있다. 한(漢) 무제(武帝) 때는 '후토황지기(后土皇地祇)'를 토지의 최고 신으로 모셨고, 지방에서는 여전히 각 지방의 토지신에게 제사를 지냈다. 후에 이 한자의 '신성(神性)'을 부각시키기 위해 표의구건(表義構件) 示를 추가하였다. 社의 자형에서 알 수 있듯이 토지신은 중국 선민들의 숭배와 제사의 대상이었다.

처음 전해진 사신(社神)은 두 분이다. 첫 번째는 '구룡(句龍)'이다. 『좌전(左傳)』「소공 29년(昭公二十九年)」에 "공공씨에게는 구룡이라는 아들이 있었는데, 그는 사신이다[共工氏有子, 曰句龍, 爲后土]"라는 기록이 있다. 또한 『예기(禮記)』「제법(祭法)」에 "공공씨는 천하를 제패하였다. 그의 아들을 후토(后土)라고 칭하고, 천하를 평정할 수 있어 토지신으로 제향하였다[共工氏之霸九州也, 其子曰后土, 能平九州, 故祀以爲社]"라는 기록도 있다. 두 번째는 '대우(大禹)'이다. 그는 천하를 위해 근면하게 일했다는 전설이 있고, 사후 토지신으로 모셔서 제향하였다. 동진(東晉) 이후 민간에서는 생전에 선을 행하거나 청렴했던 관리를 토지신으로 삼았고, 각지에도 각각의 토지신이 있었다.

稷

직 jì

稷의 『설문해자(說文解字)』에 수록된 고문은 [illegible]이다. 왼쪽 구건(構件)은 禾이며, 오른쪽 구건(構件)은 머리가 툭 튀어나온 사람의 모습이다. 한자의 전체 구의(構意)는 오곡신(五穀神)이다. 오곡신의 신성(神性)을 부각하기 위해 나중에 示를 부수로 덧붙여 禝이 되었고, 최종적으로 稷으로 자형이 통일되었다. 옛날 임금은 나라의 평안과 풍성한 곡식의 수확을 기원하기 위해 해마다 교외로 나가 토지신과 오곡신에게 제사를 지냈다. 오곡신은 고대인들의 숭배와 제사의 대상이었다. 사직단(社稷壇)은 토지신과 오곡신에게 제사를 지내던 곳이다. 나중에 사직은 국가의 상징이 되었고, 이후 사람들은 사직으로 나라를 대표하였다. 예를 들면, '社稷之危(국가의 위기)'·'社稷之患(국가의 근심)'·'社稷之危(국가의 위태)' 등의 어휘에서 '사직'은 모두 '국가'를 가리킨다. 그러나 '사직'이라는 단어는 현대 중국어 백화문에서는 거의 쓰이지 않는다.

3. 조상신 숭배

祖

조 zǔ

祖의 갑골문은 [illegible]이며, 신주(神主)의 모양을 나타낸 것이다. 신주는 옛날에 돌아가신 선조들을 위해 위패를 만들어 후손들이 공양하던 것이다. 중국 고대인들은 사람이 죽은 후 영혼은 사라지지 않고, 이 영혼은 초자연적인 힘을 가지고 있으며, 씨족 구성원을 보호할 능력이 있다고 여겼다. 이 때문에 원시사회의 가족 공동체 시절부터 조상신 숭배가 시작되었다. 오늘날에도 조상신에 대한 제사는 중국 민간의 전통 풍습이며, 사람들은 제사를 통해 조상에 대한 추모를 표하고, 조상에게 보호와 복을 기원한다. 조상신은 고대에 숭배와 제사의 대상이었음을 알 수 있다.

宗
종 zōng

宗의 갑골문은 이다. 안팎의 두 구건(構件)으로 이루어져 있는데, 바깥쪽 구건은 집을 나타내고, 안쪽 구건은 신주(혹은 위패)를 나타낸다. '宗'은 집 안에 있는 '조상의 위패를 모시고 제사 지내는 곳'을 뜻한다. 宗의 글자 형태는 고대인들에게 조상신을 숭배하고 제사를 지내는 풍습이 있었음을 보여준다.

帝
제 dì

帝의 갑골문은 이다. 제1장 '帝'자에서 언급한 것처럼, 고대 중국에는 모초(茅草)를 사람의 형상으로 묶고, 그 위에 술을 부어 술이 스며드는 것을 근거로 제사의 대상이 술을 즐긴 것으로 여겼으며, 이러한 의식을 '축주(縮酒)'라고 했다. 사람 형상의 모초(茅草)가 제사의 대상을 나타냈기 때문에, 한자를 만들 때도 사람 형상의 모초(茅草)로 제사의 대상을 표현하였다. 초기 복사(卜辭)에서 帝는 주로 자연계의 신령을 가리키는 말로 사용되었고, 사람과는 친인척 관계가 아니었다. 무정(武丁) 이후부터 帝는 상왕(商王)의 선조를 포함하기 시작하였다. 문헌에서의 용례를 보면,

전설 속의 '오제(五帝)'는 화하(華夏)민족에 공헌한 선조의 호칭이다. 요컨대 帝의 자형을 통해, 조상신이 중국 고대인들의 제사 대상이었음을 알 수 있다.

4. 제물의 종류

福 奠

복 fú 전 diàn

福의 갑골문은 이다. 양손으로 술병을 들고 신주 앞에서 제사를 지내는 모습을 나타낸다. 제사를 지내고 복을 비는 것을 나타내며 본의(本義)는 '복이 내려져 보호함'이다. 글자 형태는 제물이 술이었음을 나타내고 있다. 마찬가지로, 奠의 갑골문은  혹은 이다. 술병을 신주 앞에 놓고 제사를 지내는 것을 나타내고 있어, 술이 제물로 사용되었음을 알 수 있다.

禮

례 lǐ

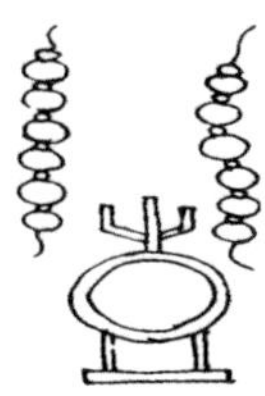

禮의 갑골문은 이며, 과 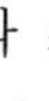의 두 구건(構件)으로 구성된다. 은 북의 모양이며, 은 두 꾸러미의 옥(玉)이다. 중국 고대의 제사 의례에서 옥백(玉帛)과 종고(鐘鼓)는 중요한 상징물이었기 때문에 '옥(玉)'과 '북(鼓)'의 조합으로 고대 제사의 '예(禮)'를 나타내었

다. 나중에 자형의 변천으로 인해, 자형의 이거(理據)가 점차 상실되면서 표의구건(表義構件) 示를 추가하게 되었다. 『설문해자(說文解字)』에서는 "신(履)이다. 신에게 제사를 올려 복을 부르는 의식이다[履也, 所以事神致福也]"라고 해석한다. 즉, '예(禮)'의 본의(本義)(本義)는 '제사를 지내 복을 기원하는 의식'이다. 본의(本義)는 이후에 '예의(禮儀)' 등의 의미로 인신(引申)되었다. '예(禮)'의 글자 형태는 옥기와 악기(북)도 고대 제사용품이었음을 보여준다.

牲 牷 犧

생 shēng 전 quán 희 xī

중국 고대의 제사 의례는 절차가 엄격하였고, 제사용품에 대한 요구사항도 철저한 규칙이 있었다. 우선 제물이 될 소는 완벽하고 흠이 없어야 했다. 이것은 고대인들의 牲에 대한 해석에서 증명될 수 있다. 허신(許愼)은 『설문해자(說文解字)』에서 牲을 "완벽한 소이다[牛完全]"라고 해석한다. 주준성(朱駿聲)은 『설문통훈정성(說文通訓定聲)』에서 한 걸음 더 나아가 "『주례(周禮)』「포인(庖人)」의 주석에 '사육을 시작할 때는 축(畜)이라고 하고, (제물로) 쓰려고 할 때는 생(牲)이라고 한다[時養之曰畜, 將用之曰牲. 是牲者, 祭祀用牛也]'라고 하였다. 생(牲)은 제사 때 (제물로) 쓰는 소이다. 제사를 지낼 길일이 정해지면, 제사의 제물로 쓸 소의 명칭이 牲으로 바뀌게 됨을 설명하고 있다. 제사에 쓸 소는 점의 결과에 따라 선택되며, 선택된 소의 신체에 결함이 있으면 희생으로 사용할 수 없다. 『좌전』「노 선공 3년(左傳·魯宣公三年)」의 "하늘에 제사를 지낼 때 사용할 소의 입이 손상되어 쓰지 않았다. 점복을 통해 소를 다시 선택하였으나 새로이 선택된 소가 죽었다. 이에 이번 제사를 포기하였다[郊牛之口傷, 改卜牛, 牛死, 不郊]"라는 기록이 있다. 노(魯)나라 성공(成公) 7년 봄에는 하늘에 제사 지낼 때 사용할 소의 뿔을 생쥐가 갉아 먹어서 다른 소로 바꾸었지만, "생쥐가 또다시 이 소의 뿔을 갉아먹었기 때문에, 이 소를 쓰지 않았고 하늘에 제사도 지내지 않았다[鼷鼠又食其角,乃免牛,不郊]" 희생으로 쓸 소가 완벽하지 않으면, 희생으로 사용하지 않았을 뿐만 아니라 하늘에 지내는 제사 교사(郊祀)도 포기하였음을 알 수 있다. 이처럼 중국 고대 제사에서는 제물인 소의 완벽함을 매우 중시하였다.

제사용 소는 몸이 온전해야 할 뿐만 아니라 털빛도 순수해야 한다. 이는 牷과 犧 두 글자의 해석에서 증명된다. 『설문해자(說文解字)』에서는 牷을 "순색의 소이다[牛純色]"라고 해석한다. 즉 제사에 쓰이는 소의 신체 색깔이 순수한 소이다. 犧의 본의(本義) 역시 '색깔이 순수한 소'이다. 시대마다 숭상하는 색깔은 달랐다. 하(夏)나라는 검은색을 숭상하였고, 은상(殷商)은 흰색을 숭상하였고, 서주(西周)는 붉은색을 숭상하였고, 진(秦)나라는 검은색을 숭상하기 때문에, 시대에 따라 제물용 소의 색도 달라진다. 『사기(史記)』「중니제자열전(仲尼弟子列傳)」의 기록에 따르면, 염옹(冉雍)의 부친은 지위가 천하고 품행이 단정하지 못하였지만, 공자(孔子)는 염옹이 "관리가 되는 것이 적합하다[可使南面]"고 여겼다. 공자는 일찍이 염옹에게 "농우가 낳은 송아지가 붉은 털이 나고 뿔도 가지런히 자라면, 제물로 바치지 않으려 해도 산천의 신이 이를 버리겠느냐?[犁牛之子, 騂且角, 雖欲勿用, 山川其舍諸?]"라고 하였다. 공자는 농우가 낳은 송아지와 비유하여, 염옹이 비록 출신이 비천해도 벼슬살이 할 재능이 있다면 벼슬을 할 수 있다는 뜻을 표현하였다. '성(騂)'은 붉은색이다. 주대(周代)는 붉은색을 숭상하여, 제사에 붉은 소를 사용하였다. 완벽한 소만이 희생으로 사용될 자격이 있었음을 알 수 있다.

牢

뢰 láo

중국 고대인들은 제사에 사용될 가축의 신체와 털색에 대한 요구가 엄격하였기 때문에, 제사에 사용된 희생은 특별한 사육과정을 거치는 경우가 많았다. 즉, “몸에 꽃무늬가 있는 견직물을 걸치고, 가장 정재된 사료를 먹인다[衣以文繡, 食以芻菽]” 희생(犧牲)으로 사용하기 위해 특별히 사육된 동물을 牢라고 한다. 예를 들면, ‘태뇌(太牢)’·‘소뇌(少牢)’와 같다. 牢는 은상(殷商) 시기에 이체자(異體字)가 많았다. 牛로 구성된 도 있고, 羊으로 구성된 도 있고, 馬로 구성된 도 있다. 바깥쪽 구건(構件)은 평지에 둘러친 울타리를 나타낸다. 牢는 ‘우리를 쳐서 가축을 기른다’는 의미를 나타내고, 갑골복사(甲骨卜辭)에서는 주로 제사의 제물로 사용하는 가축, 즉 희생을 나타낸다. 희생의 의미를 표현할 때는 牛가 아닌 牢를 사용하는 것이 더욱 성대한 느낌을 표현한다.

祭

제 jì

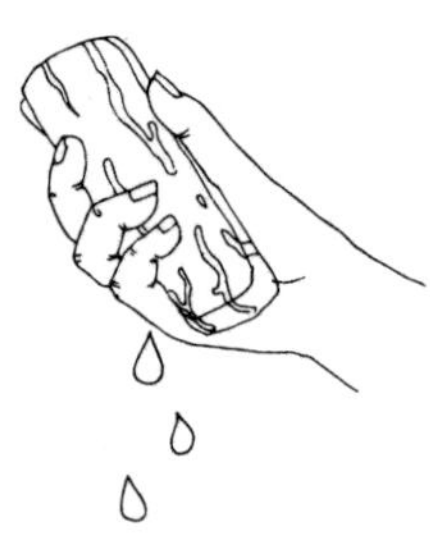

祭의 갑골문은 이다. 손에 고기를 들고 있는 모양이며, 아래쪽 작은 점들은 핏방울을 나타낸다. 본의(本義)는 ‘잔혹하게 죽이다[殘殺]’이다. 『대대례기(大戴禮記)』「하소정(夏小正)」과 『예기(禮記)』「월령(月令)」에 “수달은 항상 물고기를 잡은 후에 제물을 올리듯이 진열한다[獺祭魚]"는 기록과 "승냥이는 항상 야수를 잡은 후에 제물을 올리듯 진열한다[豺祭獸]"는 기록이 있다. 여기서 祭는 바로 '잔혹하게 죽이다[殘殺]'의 의미를 나타낸다. 고대에는 조상에게 제사를 지내기 위해 가축을 죽여야 했다. 즉, '제사'는 '잔혹하게 죽이다[殘殺]'와 의미가 통한다. 고대인들은 제사를 매우 중시하였기 때문에 '제사'란 의미가 상용의(常用義)가 되었다. 제사라는 의항(義項)을 부각시키기 위해, 서주(西周) 금문(金文)에 이르면, 祭에 표의구건(表義構件) 示가 추가된다. 祭의 고문자 자형과 그 용법을 살펴보면, 고대에는 제사를 지낼 때 희생으로 쓰이는 가축을 도살한 다음 그 고기를 제사에 사용하였음을 알 수 있다.

孟
맹 mèng

孟자의 상(商)나라 금문(金文)은 이다. 그릇 속의 어린이 모습을 나타낸 것이다. 이 어린이는 목욕하는 것이 아니라 살해된 뒤에 다른 사람의 먹이가 된 것이다. 이러한 해석은 오늘날 매우 끔찍하고 도저히 이해할 수 없다. 그러나 고대 문헌에 의하면 고대 시기에 첫째 아이를 죽여 나누어 먹던 풍습이 있었다고 한다. 이것은 남동생에게 가호가 있기를 바랐기 때문이다. 중국 고대인들이 이렇게 한 이유는 무엇일까?

이것은 당시의 종교 관념 및 제사 풍습과 연관이 있다. 고대인들은 자신의 수확을 안전하게 보존하여 먹고, 다음 해에도 계속 새로운 수확을 얻기위해, 첫 수확을 신에게 바쳐야 했다. 첫째 아이를 바친 것은 앞으로 낳을 더 많은 아이들이 무사히 자랄 수 있도록 기원한 것이다. 또한 제물로 바친 음식을 먹으면 복을 받는다고 믿었다. 그러므로 제사를 지내고 나면, '귀조(歸胙)'나 '귀복(歸福)'이 있는데, 즉 제물로 바친 술과 고기를 나누어 주는 의식이다. 이에 중국 고대인들은 첫째 아이를 죽여 여러 사람에게 나누어 주어야 한다고 여겼다. 孟자의 본의(本義)는 '첫번째'이고, '첫째 아이'라는 뜻이다. 선민들 이 글자를 만들 때 어린아이를 죽여 나누어 먹는 형태로 의미를 표현하여, 이러한 고대 풍속이 고문자 자형에 흔적을 남기게 되었다. 중국 고대인들의 첫째 아이가 제물로 쓰였음을 알 수 있다.

彝

이 yí

彝의 갑골문은 이다. 사람의 두 손이 뒤로 묶인 모습이다. 손을 묶은 곳에는 밧줄이 묶여 있고, 목 부분에는 머리가 없다. 일부 금문(金文) 자형에는 옆에 피가 튄 것을 나타내는 점도 있다. 글자 아랫부분의 손은 '예물을 바치다'의 의미를 나타낸다. 그러므로 彝는 머리가 잘리고 두 손을 뒤로 묶은 포로를 잡아 두 손을 바치는 모습이다. 본의(本義)는 포로를 학살하여 희생으로 조상에게 바치는 제사, 즉 살인(殺人) 제사이다. 갑골복사(甲骨卜辭)에서 彝는 주로 살인 제사를 나타낸다.

烄

교 jiǎo

烄의 갑골문은 이다. 불에 사람을 태우는 것을 나타낸다. 은상(殷商) 시대에는 사람을 태워 비를 기원하는 풍습이 있었다. 『여씨춘추(呂氏春秋)』「순민(順民)」에서 "상탕(商湯)이 하걸(夏桀)을 이

기고 천하를 빼앗은 후, 5년의 큰 가뭄을 만나자 상탕은 뽕나무 숲으로 가서 기도하고 … 머리카락을 자르고 손을 갈며, 자신을 제사의 희생으로 삼아 하늘에 복을 빌 준비를 하였다[昔者湯克夏而正天下, 天大旱, 五年不收, 湯乃以身禱於桑林 … 於是翦其髮, 其手, 以身爲犧牲, 用祈福於上帝]"라는 기록이 있다. 이처럼 사람을 희생으로 바치는 풍습은 춘추시대에도 이어졌다. 『좌전』「희공 21년(左傳·僖公二十一年)」에 "여름, 큰 가뭄에 왕은 비를 기원하는 무녀를 불태우려고 하였다[夏大旱, 公欲焚巫尪]"는 기록이 있는데, 바로 사람을 불태워 비를 기원하던 예이다. 갑골복사(甲骨卜辭)에서 烄의 의미는 기우제(祈雨祭)이다.

熯

한 hàn

熯의 갑골문은 이다. 불로 사람을 태우는 것을 나타낸다. 중국 고대에 가뭄이 들면 사람을 태워 비를 기원하던 풍습을 나타낸다. 갑골복사(甲骨卜辭)에서 熯의 의미는 기우제이다.

彝·烄·熯 세 글자의 본의(本義)는 모두 '사람을 희생으로 삼는 제사'이다. 갑골복사에서도 이 글자들의 본의가 여전히 사용되었다. 사람을 희생으로 삼아 지내는 제사가 당시에 흔한 일이었음을 보여준다. 이것은 고대 문헌에도 기록되어 있다. 인류문명이 발달하면서 사람을 희생으로 삼는 제사 방식이 많이 줄어들었고, 더 이상 흔한 제사방식이 아니게 되었다. 그러므로 이 글자들의 '사람을 희생하는 제사'라는 본의는 사용 빈도가 갈수록 떨어졌다.

5. 제사의 방법

祀
사 sì

祀의 갑골문은 이다. 조상을 대표하여 제사를 받는 어린아이를 나타낸다. 서주(西周)시기 금문(金文)은 이며, 제사를 주관하는 어른을 나타낸다. 모두 조상님께 제사 지내는 일을 의미한다. 후에 표의구건(表義構件) 示를 추가하여 소전(小篆)에서는 나 로 나타난다. 예서(隸書) 이후에는 획수가 적은 祀가 규범 자형이 되었다. 이 자형을 보면 고대에는 제사를 주관하는 사람이 있었을 뿐만 아니라 어린아이가 조상신을 대표하여 제사를 받기도 하였음을 알 수 있다. 조상신을 대표하여 제사를 받는 이 사람을 '시(尸)'라고 한다. 일반적으로 고인의 신하나 후배가 그 직무를 담당한다. '시(尸)'의 서주(西周) 시대 금문(金文)은  혹은 이다. 하체가 굽은 사람의 모습을 나타낸다. 아마도 '시(尸)'는 조상 대신 제사를 받을 때의 자세인 듯하다. '시(尸)'는 조상을 대표하여 제사를 받기 때문에, 나중에는 '시(尸)'가 '녹봉을 받지만 실제로 일은 하지 않은 자'를 비유하게 된다. '시위(尸位)'는 직위를 헛되이 차지하고 직무를 다하지 못한다는 뜻이다. 예를 들면, 『상서(尙書)』「오자지가(五子之歌)」≫에서 "태강(太康)은 왕좌에 올라 줄곧 놀고 게으름만 피워 덕을 망쳐 민심을 잃었다[太康尸位, 以逸豫滅厥德]"라는 기록이 있다. 나중에 '시위(尸位)'와 '소찬(素餐)'을 연용하여 '尸位素餐'라는 성어가 만들어졌고, '자리만 차지하고 일은 하지 않으면서 공짜 밥만 먹는 것'을 비유하게 되었다.

祝

축 zhù

祝의 갑골문은 혹은 이다. 사람이 무릎을 꿇고 기도하는 모습을 나타내고, 본의(本義)는 제사를 지낼 때 '제례를 주관하는 사람'이다. 나중에 이 자형이 '서 있는 사람'의 모습을 본뜬 '형(兄)'과 혼동되면서, 두 글자를 구별하기 위해 표의구건(表義構件) 示를 추가하였다. 이 글자 형태에서 알 수 있듯이 고대 제사는 귀신에게 여러 가지 제물을 바쳐야 했을 뿐만 아니라, 자신이 빌었던 내용을 귀신에게 알려주어야 했다.

埋

매 mái

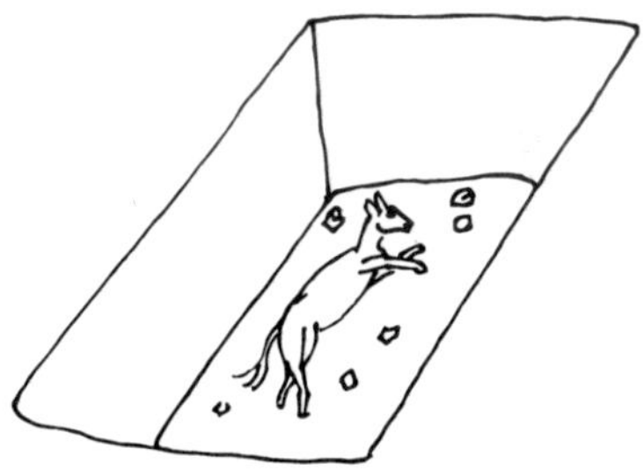

埋의 갑골문은 혹은 , 혹은 이다. 바깥쪽 구건(構件)은 '땅을 파서 만든 구덩이'를 나타내고, 안쪽 구건(構件)은 순서대로 소, 양, 개의 모양을 나타낸다. 구덩이 안의 작은 점은 물이나 흙을 나타내며, 전체 한자의 형태는 '제사에 쓰이는 희생을 구덩이에 묻은 것'을 나타낸다. 이것은 고대에 산천(山川)에 제사 지내던 방식이며, 복사에서 埋자의 주요 용법이기도 하다. 埋는 나중에 '묻다'라는 의미로 인신(引申)되었다. 예를 들면 '매장(埋葬)', '매장(埋藏)' 등이다.

沈

침 chén

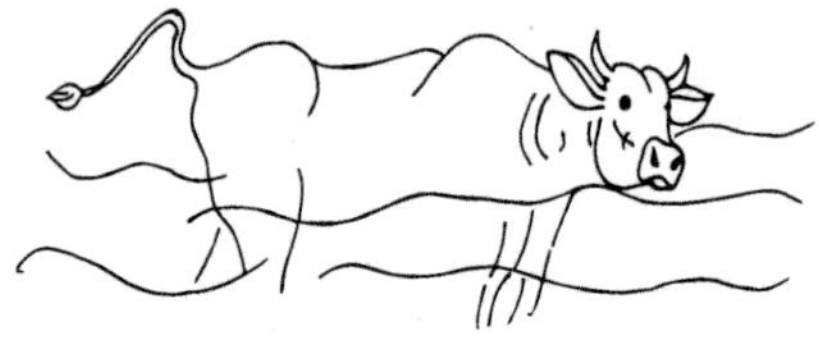

沈의 갑골문은  혹은 이다. 소나 양을 물에 담그는 것을 나타낸다. 또한 의 자형도 나타나는데, 牢(정성껏 키운 희생)를 물에 담근 것을 나타낸다. '소와 양 등으로 하천에 제사를 지낸다'는 뜻이다. 갑골복사에서도 주로 '소와 양을 가라앉혀 제사를 지낸다'는 의미를 나타낸다. 이 때문에 '침몰(沈沒)'이라는 뜻으로 인신(引申)되었다.

宜

의 yí

宜의 갑골문은 이다. 고기를 도마 위에 진열해 놓은 것을 나타낸다. 고기로 제사를 지낸다는 의미이다. 『주례(周禮)』「춘관(春官)」「종백(宗伯)」에 "의제(宜祭)로 조왕신(竈王神)에게 제사를 지내고, 조제(造祭)로 조상신에게 제사를 지낸다[宜於竈, 造於祖]"라는 기록이 있는데, 宜가 바로 이러한 제사 방식이다. 귀신에게 제사를 지내는 목적은 평안과 복을 기원하는 것이기 때문에 '안정(安定)'이라는 의미로 인신(引申)되었다. 『시경(詩經)』「도요(桃夭)」에 "이 아가씨는 시집가는구나. 그 가정을 화목하게 하리로다[之子於歸, 宜其室家]"라는 문구가 있는데, 宜는 바로 '안정'과 '화목'을 나타낸다.

雩

우 yú

雩의 갑골문은 雩이다. 소전(小篆)은 雩 혹은 䨞이다. 『설문해자(說文解字)』에서 "우(雩)는 고대 기우제이며, 우제(雩祭)는 여름에 지낸다. 제사는 적제(赤帝)를 대상으로 하며, 제사에서는 춤으로 신들을 즐겁게 한다. 雨로 구성되며 于는 성부(聲符)이다. 䨞는 羽로 구성된다. 雩는 깃털 춤이다[夏祭, 樂於赤帝, 以祈甘雨也. 從雨于聲. 䨞, 或從羽. 雩, 羽舞也]"라고 해석한다. 雩는 雨를 부수로 삼아 기우제를 의미하고, 䨞는 羽를 부수로 삼아 비를 기원하기 위해 깃털 춤으로 우신(雨神)을 즐겁게 하는 것을 나타낸다.

고대 중국 제사 의례에는 귀신을 위한 음식을 올리고, 신을 즐겁게 하기 위한 음악과 가무가 수반되는 경우가 많다. '례(禮)'의 갑골문은 豊이다. 壴과 玨의 두 구건(構件)으로 구성되며, 壴은 북의 모양이고, 玨은 두 꾸러미의 옥을 나타낸다. 고대인들을 옥에 영성(靈性)이 있다고 여겨 제물로 많이 사용하였다. 壴은 북의 모양이고, '례(禮)'의 자형에는 북 모양의 구건(構件)이 포함되어 있는데, 이는 고대 제사의 과정에서 귀신의 기분을 즐겁게 하려고 종과 북으로 음악을 연주하였음을 나타낸다.

6. 귀신과 요괴에 대한 태도

귀신과 신은 사람들이 상상해서 만들어낸 존재이다. 그러나 일부 사람들은 귀신과 신이 존재하며 사람들에게 복을 가져다준다고 여겼기 때문에 귀신을 경외하고 제사를 지냈다. 사람들의 마음에서 귀신과 신에 대한 이미지와 지위는 다르다. 이는 일부 고문자 자형에서 단서를 찾을 수 있다.

鬼
귀 guǐ

鬼의 갑골문은 이다. 고대인들의 눈에는 귀신의 모습이 큰 머리에 사람의 신체를 가진 존재로 비쳐졌음을 알 수 있다. 『설문해자(說文解字)』에는 鬼에 대해 “사람은 죽은 후에 귀신이 된다[人所歸爲鬼]”라고 해석한다. 귀신은 고대인들의 마음 속에서 매우 추하고 무서운 존재이므로 ‘醜(추: 추하다)’는 鬼를 부수로 삼는다. 畏의 갑골문은 이다. 오른쪽 부분은 큰 머리에 사람 신체를 가진 귀신을 표시하며, 자형 전체는 귀신이 지팡이를 들고 있는 모습이다. 무섭다는 의미를 나타낸다. 인간은 추하고 밉살스러운 귀신에 대한 큰 두려움을 가지고 있기 때문에 귀신에게 제사를 지내기도 하는데, 주로 잡귀에게 재앙이 오지 않기를 기원하거나 조상신에게 복을 빌었다.

妖
요 yāo

妖의 소전(小篆) 자형은 이며, 示를 부수로 삼는다. 『설문해자(說文解字)』에서는 “지상의 비정상적인 것이 妖이다[地反物爲妖]”라고 해석한다. 모든 비정상적인 것에는 재앙과 실패가 숨어 있는 경우가 많다.

일반적으로 妖는 초목 혹은 동물 등이 변화한 요정이다. 주로 동식물이 수련하여 된 것으로, 사람의 형체를 갖추었거나 유사한 형체를 가진다. 일정 수준의 신통력이 생기면 주야간 모두 활동할 수 있으며, 사람에게 어느 정도 위해를 가할 수 있다. 특히 동식물이 수련 과정에서 선한 도를 닦으려는 일념이 있다면 신선이 될 수도 있다. 만약 도를 닦다가 실패하거나 스승의 가르침을 받지 못하거나 스스로 악(惡)을 행하면 妖가 된다. 예를 들면, 손오공(孫悟空)은 원숭이가 수도하여 72종의 변신법을 배우고 수준 높은 신통력을 익혔지만, 천상 조정의 인정을 받지 못하고 妖로 전락한다. 나중에 천상 조정에서 벼슬직을 내려 옥황상제를 알현할 때, 태백금성(太白金星: 옥황상제의 특사)은 "요선(妖仙) 손오공(孫悟空)이 알현합니다"라 하였다. 선(仙)은 존칭이고, 요(妖)는 손오공의 본질을 나타낸다. 천상 조정이 妖를 무시하고 있음을 보여준다.

7. 마음 속의 성인

聖

성 shèng

聖의 갑골문은 이며, 옆으로 서 있는 사람을 나타낸다. 거대한 귀를 부각시켰고, 옆에 입이 있다. '널리 듣고, 모르는 것이 없음'을 나타낸다.

聖의 이러한 의미는 문헌의 많은 용례에서 나타난다. 다음 이야기는 『국어(國語)』「노어(魯語)」에 의하면, 오(吳)나라는 월(越)나라 회계(會稽)를 공격한 후, 그곳에서 아주 거대한 인골을 얻게 된다. 이에 오나라 왕은 사자를 보내 공자(孔子)에게 어떻게 된 일인지를 물어보았다. 공자가 사자에게 우(禹)임금이 치수(治水)

할 때 각 부락의 수령들을 회계산(會稽山)에 소집하여 의논하였는데, 방풍씨(防風氏)가 늦자 그를 죽이라고 명하였다. 그의 뼈마디가 유난히 길어서 당시 마차의 길이와 맞먹었다고 하였다. 사자는 공자에게 방풍씨가 어느 부락의 우두머리냐고 물었다. 공자가 "방풍씨는 고대 왕망씨(汪芒氏)의 임금이다. 봉산(封山)과 우산(嵎山)을 관장하였다. 성(姓)은 칠(漆)이다. 우순(虞舜)·하(夏)·상(商) 때는 왕망씨(汪芒氏)라고 불리고, 주대(周代)에 이르러 장적(長狄)으로 개명하였다. 지금은 대인(大人)이라 한다[汪芒氏之君, 守封, 嵎之山者也, 爲漆姓. 在虞夏商爲汪芒氏, 於周爲長狄氏, 今曰大人]"라고 대답하였다. 사자는 또 공자에게 사람 키의 한계가 얼마냐고 물었다. 공자가 "가장 작은 키는 초요씨(僬僥氏)인데 키가 겨우 3척이고, 가장 큰 것은 그의 10배, 즉 30척"이라고 대답하였다. 사자는 공자가 정말 성인이라며 감탄하였다. 사자는 공자가 성인으로 칭송되는 이유가 지식이 매우 넓고 통하지 않는 것이 없기 때문이라고 여겼다. 이 이야기의 '성인(聖人)'이 바로 '聖'의 자형에 부합하는 본의(本義)이다. 또한 『논어(論語)』「자한(子罕)」에서 "태재(太宰)가 자공(子貢)에게 묻기를 '부자는 성자인가? 어쩌면 그리도 재능이 많으신가?'[太宰問於子貢曰: "夫子聖者與? 何其多能也?"]"라고 한 기록이 있다. 태재(太宰)가 공자를 성인으로 판단한 근거는 바로 공자의 '다능(多能: 재능이 많음)'이다. '집간입성(執竿入城)'[7] 이야기에서 잘난 체하는 노인이 "내가 성인은 아

7) [역주] 삼국시대 위(魏)나라 감단순(邯鄲淳)의 『소림(笑林)』에 기록된 이야기이다. 노(魯)나라에 긴 장대를 들고 성문에 들어간 사람이 있었는데, 처음에는 장대를 세워서 들고 있었는데, 성문에 들어갈 수 없었고, 가로로 들어도 성문에 들어갈 수도 없었다. 도저히 방법이 생각나지 않았는데, 한 노인이 와서 "나는 결코 성인이 아니라, 단지 본 것이 많아졌을 뿐이다. 왜 톱으로 장대를 끊고 성문으로 들어가지 않느냐"고 하였다. 이에 노나라 사람은 노인이 제시한 방법에 따라 장대를 잘랐다.

니지만, 본 것은 많다[吾非聖人, 但所見多耳]"라는 한 말은 견문이 넓고 식견이 넓은 것을 성인과 연결한 것이다. 이는 당시 聖이 '지식이 넓고, 통하지 않는 것이 없음'을 나타내는 것이었음을 보여준다.

또한 聖은 '한 가지 일에 정통하고, 특정 학문과 기예에 특출한 업적을 가진 사람'이라는 의미로 인신(引申)되었다. 예를 들면, '화성(畵聖)'·'기성(碁聖)'·'시성(詩聖)' 등이다.

공자에 대한 사람들의 존경심이 깊어지면서 '성인'의 의미도 변화한다. '성인'은 사람들의 지적 능력에 대한 평가에서 사람의 도덕적 평가로 바뀌게 된다. 즉 '덕과 재능을 겸비한 사람'을 가리키게 된다.

4장

한자로 본 중국 고대 예절과 풍속

한자는 의미로 구성된 표의문자(表義文字)이다. 이러한 특징으로 인해, 한자를 만들 때 많은 문화 현상을 자형 속에 봉인시킬 수 있었을 뿐만아니라, 역사와 문화의 변천내용도 한자 형체 속에 종적을 남기게 되었다. 그러므로 한자(漢字), 특히 고문자는 풍부한 문화를 내포한 화석의 조각처럼 고대 중국 문화를 탐구하는 중요한 단서로 사용될 수 있다. 이번 장에서는 자형 분석을 통해 중국 전통에서 중요한 예의와 풍속, 즉 혼례와 장례 풍속의 변화를 서술하고 기타 풍속에 대해서도 간략하게 소개하고자 한다.

1. 고대의 혼례 풍속

姓

성 xìng

姓의 갑골문은 이다. 왼쪽 구건(構件)은 生이고, 오른쪽 구건은 女이다. 서주(西周)시대 금문(金文)에서 姓은 다양한 형태로 나타난다. 금문(金文) 는 초목이 흙에서 자라나는 것을 나타낸다. 이 글자는 해서(楷書)에서 生이 되었다. 금문(金文) 는 人과 生으로 구성된다. 또한 女와 生으로 구성된 것도 있다. 소전(小篆) 이후 姓은 모두 女와 生으로 구성된다. 『설문해자(說文解字)』에서 姓을 "사람을 낳은 것이다. 고대 신성한 어머니가 하늘에 감응하여 아이를 낳았기에 천자(天子)로 칭한다. 女와 生으로 구성되며, 生은 또한 성부(聲符)이다. 『춘추전(春秋傳)』에 이르기를 '천자는 제후를 봉할 때 출생(지)에 따라 성을 부여하였다'라 하였다[人所生也. 古之神聖母, 感天而生子, 故稱天子. 從女, 從生, 生亦聲. 『春秋傳』曰: '天子因生以賜姓]"라고 해석한다. 고대의 성씨는 아버지의 성씨를 따르지 않았음을 알 수 있다. 최초의 성씨는 중국 고대인들이 살던 촌락, 혹은 부족의 명칭에서 유래하였다. 고대의 신성한 사람들은 그들의 어머니가 하느님과 감응하여 낳았기 때문에 '천자(天子)'라고 불렸다고 전해진다. 하(夏)·상(商)·서주(西周)시기에 이르면 姓의 권리는 점차 천자에게 귀속되었다. 이 시기에는 봉지(封地)와 관작(官爵)이 있는 귀족만이 성을 가질 수 있었고, 서민은 이름만 있고 성씨는 없었다. 그러므로 이 시기에 '백성(百姓)'이라는 말은 주로 귀족이나 백관(百官)을 나타내는 말로 사용되었다.

모계사회의 군혼제(群婚制)에서는 낳아준 어머니는 알 수 있지만 아버지가 누구인지 몰랐기 때문에 어머니의 성씨를 따를 수 밖에 없었다. 모계사회에서 사람들은 어머니를 존귀하게 여겼기 때문에, 최초 성씨를 나타내는 글자는 대부분 女를 부수로 삼았다. 예를 들면, '강(姜)'·'희(姬)'·'요(姚)'·'영(嬴)' 등이다. 또한 앞서 서술한 바와 같이 최고 권력자를 뜻하는 后는 여성이 아이를 낳는 모습에서 유래되었다. 여성의 지위가 매우 높았음을 알 수 있다. 나중에 성씨는 씨족의 혈연을 구분하는 근거가 되었고, 혼인을 결정하는 중요한 근거가 되었다. 즉 같은 성씨를 가진 남녀는 통혼할 수 없었는데, 후대의 생육(生育)에 불리함을 우려했기 때문이다. 이는 중국 고대인들이 일찍부터 근친결혼이 후손의 생육 관점에서 불리하다는 사실을 알고 있었음을 증명한다.

姑 舅

고 gū 구 jiù

원시 집단생활은 점차 각각의 종족을 형성하였으며, 각 종족마다 자신들만의 우두머리와 생활 방식 및 혼인 방식을 가지게 되었다. 이러한 배경에서 혈족혼제(血族婚制)가 생겨났다. 혈족혼의 초기 형태는 혈통의 순수성을 보장하기 위해 다른 종족과의 혼인을 금지하는 가족 내 상호 결혼이었다. 심지어 '남매 결혼(兄妹婚)'도 생겨났다. 『수신기(搜神記)』에서 "(고신씨(高辛氏) 때) 막내딸로 하여금 반호(盤瓠)를 따르게 하였다. … 3년이 지난 후 그들은 여섯 명의 남자아이와 여섯 명의 여자아이를 낳았다. 반호가 죽은 후, 아들과 딸들은 서로 결혼하여 부부가 되었다[高辛氏乃令少女從盤瓠 … 經三年, 產六男六女, 盤瓠死後, 自相配偶,因爲婚姻]"라는 신화가 있다. 직계결혼은 필연적으로 후손의 생존율을 떨어뜨렸고, 사람들은 서서히 "남녀가 동성끼리 결혼하면, 후손이 번영하지 못한다[男女同姓, 其生不蕃]"는 것을 깨닫게 되었다. 그러므로 점차 종족과 종족간에 혼인하게 되었고, 두 종족간에 대대로 혼인하는 경우도 있었는데, 이를 '교환혼(交換婚)' 혹은 '족단호혼(族團互婚)'이라고 한다. 이러한 결혼 풍속에 관하여 우리는 원시 호칭인 姑와 舅에서 증거를 찾을 수 있다.

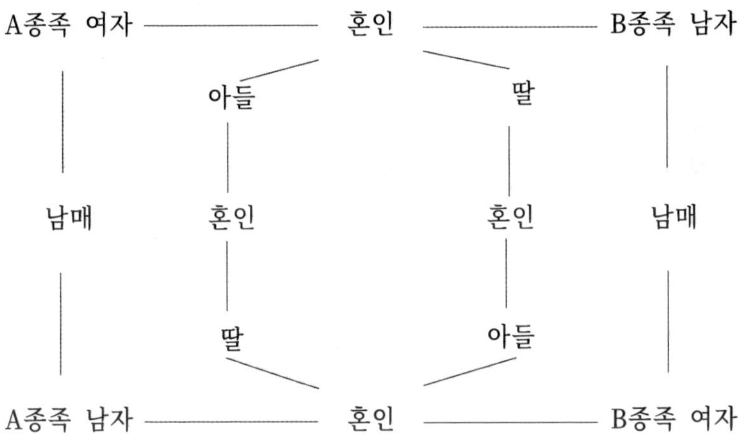

현대 중국인의 관념에서 舅는 어머니의 형제를 부르는 호칭이고, 姑는 아버지의 자매에 대한 호칭이다. 고대 중국의 舅는 어머니의 형제뿐만 아니라, 며느리가 시아버지를 부르는 호칭이기도 하다. 『이아(爾雅)』 「석친(釋親)」에서 "부인이 남편의 아버지를 舅라 한다[婦稱夫之父曰舅]"라고 하였으며, 또한 사위가 장인을 부르는 호칭으로도 사용되었다. 姑는 아버지의 자매뿐만 아니라 며느리가 시어머니를 부르는 호칭으로도 사용되었다. 『이아(爾雅)』 「석친(釋親)」에 "부인이 남편의 어머니를 姑라고 부른다[婦稱夫之母曰姑]"라고 하였고, 사위가 장모를 부르는 호칭으로도 사용되었다. 즉 舅와 姑는 고대에 '하나의 호칭이 세 가지 용법'으로 사용되었다. 고대 중국에서 다음과 같은 친족관계가 있었다는 것을 나타낸다. 한 남자의 장인은 외삼촌이거나 장모가 고모인 경우가 많았고, 한 여자에게 시아버지는 외삼촌이거나 시어머니는 고모인 경우가 많았다. 이런 현상은 고대 교환혼(交換婚)의 결과다. 이러한 관계는 아래 도표와 같이 나타낼 수 있다.

媵

잉 yìng

'잉'혼제('媵'婚制)는 고대 화혼제(伙婚制)의 변천으로 볼 수 있다. 이러한 혼인 제도는 아내가 남편을 따라 거주하는 것이 혼인의 고정 형태가 된 이후에도 상당 기간에 존속하였다. 媵은 女를 부수로 삼는다. 『의례(儀禮)』「사혼례(士昏禮)」에서 "보내는 것이다. 시집갈 때 데리고 간 여자를 말한다[送也, 謂女從者也]"고 해석한다. 한(漢)나라 정현(鄭玄)은 "옛날에는 딸을 시집보낼 때 여동생과 조카를 함께 시집보낸 것은 媵이라고 한다. 侄은 형의 아들이다. 娣는 여동생이다[古嫁女必侄娣從, 謂之媵. 侄, 兄之子;娣, 女弟也]"라고 해석한다. 媵의 특징은 시집가는 여자의 여동생과 조카가 동시에 남자 쪽으로 시집가는 것을 말하며, 사실상 자매나 '고모와 조카'가 동시에 시집가는 형태로 볼 수 있다. 『사기(史記)』「오제본기(五帝本紀)」에 요(堯)임금이 "두 딸을 순(舜)임금에게 시집보내 집안의 덕행을 살피게 하고, 아홉 아들을 그와 함께 지내게 하여 사람 됨됨이를 살피게 하였다[以二女妻舜以觀其內, 使九男與處以觀其外]"라는 기록이 있다. 이것은 당시의 '잉혼(媵婚)' 풍속으로 볼 수 있다. 서주(西周) 시대에 이르러 '잉혼(媵婚)'은 당시 귀족 계층에서 보편적으로 행해지던 혼인 형태가 되었다. 『춘추공양전』「장공19년(春秋公羊傳·莊公十九年)」에 "媵이란 것은 무엇인가? 제후가 일국(一國)의 딸을 아내(본처)로 맞아들이면, 두 나라에서 잉첩을 보내는데, 여자 측의 조카와 여동생을 따르게 한다[媵者何? 諸侯娶一國, 則二國往媵之, 以侄娣從]"라고 전한다. 이는 제후가 일국의 딸을 아내(본처)로 삼으면, 여자 측은 조카나 여동생을 함께 시집 보내고, 동시에 아내가 될 여자와 성이 같은 두 제후국의 딸이 함께 시집오게 되는데, 또한 각자의 조카나 여동생이 함께 오는 것이다. '잉혼(媵婚)'은 '화혼(伙婚)'과 달리 한 남자가 한 집안의 여러 여자와 거행하는 군혼(群婚)임을 알 수 있다.

家 室

가 jiā 실 shì

모계 씨족에서 부계 씨족으로 넘어가는 시기에 '대우혼(對偶婚)'이라는 특별한 혼인 형태가 나타난다. 이 혼인 풍속에서는 남녀를 막론하고 자신의 씨족에서 배우자를 찾을 수 없고, 반드시 다른 씨족에게 배우자를 찾아야 한다. 즉 족외혼(族外婚)을 행하는 것인데, 남자는 반드시 여자측 씨족으로 장가를 가야 했다. 이러한 혼인 형태는 고문자와 문헌 및 민속 중에 반영되어 있다.

室는 宀과 至로 구성된다. 至의 갑골문은 이다. 화살이 땅에 닿는 모양을 나타내는데, '오다'·'이르다'의 의미를 나타낸다. 室과 至의 어원은 동일하다. 밤이 되면 돌아가야 할 곳, 즉 거처를 나타낸다. '밤에 방문하는 결혼 풍속(夜訪婚俗)'은 결혼 적령기의 남자가 자신의 씨족부락에 따로 거처가 없어 저녁에 여자의 집에 묵는 것이다. 즉, 여자가 있는 곳이 남자가 밤에 묵을 거처가

된다. 이 때문에 室은 '남자의 배우자'라는 의미로 인신(引申)되었다. 家의 갑골문은  혹은 이다. 는 가옥의 모양을 나타내는 宀과 수퇘지를 나타내는 로 구성된다. 는 나중에 豭로 쓰인다. 家와 豭는 어원이 같다. 고대의 '밤에 방문하는 결혼 풍속(夜訪婚俗)' 때문에, 결혼 적령기의 남자는 저녁이 되면 여자의 집에 묵어야 했고, 이것은 '씨돼지'와 역할이 같았다. 그러므로 家는 선진(先秦)시기 문헌에서 '여자의 배우자', 즉 남자를 나타내었다. 예를 들면, 『좌전』「환공18년(左傳·桓公十八年)」에 "여자에게는 남편이 있고 남자에게는 아내가 있는데, 서로 모독하지 않는 것을 예의가 있다고 한다[女有家, 男有室, 毋相瀆也, 謂之有禮]"라는 기록이 있다. 여기서 家는 여자의 배우자(즉 남편)를 가리키며, 室은 남자의 배우자(즉 아내)를 가리킨다.

납서족(納西族)[8]의 '주방혼(走訪婚)'은 바로 남자가 아내의 거처에 머무르는 '대우혼(對偶婚)'의 일종이다. 1988년 신립(辛立)이 저술한 『남녀(男女)』「부처(夫妻)」「가국(家國)」에 "납서족의 전체 주택은 중앙에 배치되어 있고, 큰 방으로 구성된 후실(後室)은 온 가족이 공동으로 사용하고 다양한 가족 행사가 열리는 곳이다. 앞채는 객실이다. 주택의 양쪽에 객실이 있고, 물건을 저장하기 위한 창고도 있다. 객실은 기혼 여성이 자신의 남자 배우자와 잠자리를 하는 곳이다. 그녀들은 대우혼(對偶婚)을 실행한다. 성년 남자는 낮에는 자신의 집에서 노동을 하며 가족과 함께 생활하고, 밤에는 여자 집에 가서 밤을 보낸다. 그들 사이에서 낳은 자녀는 여자에게 속한다"는 기록이 있다. 섬서성(陝西省) 서안시(西安市) 임동구(臨潼區) 강채(姜寨) 앙소문화(仰韶文化) 유적지[9]에서 완전한 형태

8) [역주] 중국 55개 소수 민족의 하나이다. 운남(雲南)과 사천(四川) 지역에 분포한다.

의 촌락, 씨족 공동묘지, 가마터 등의 다양한 문화유산을 발굴하였다. 이 촌락의 배치는 납서족의 전체 주택 배치와 매우 유사하였다. 앙소문화(仰韶文化)[10] 시기의 혼인 풍속이 납서족 '주방혼(走訪婚)'과 유사한 '대우혼(對偶婚)'이었음을 알 수 있다.

娶 妻 婚

취 qǔ　처 qī　혼 hūn

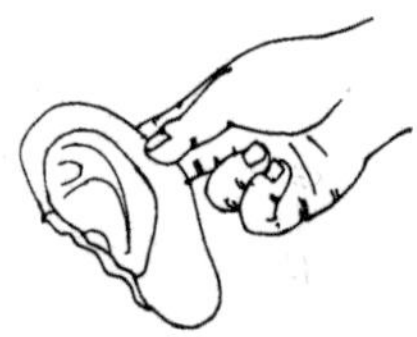

'취처(娶妻)'는 선진(先秦)시대 문헌에서 '취처(取妻)'로 쓰이기도 한다. 取의 소전체(小篆體) 에 대해 『설문해자(說文解字)』에서 "포획이다. 又와 耳로 구성된다. 『주례(周禮)』에서 '승리자는 왼쪽 귀를 취한다'라고 하였다. 『사마법(司馬法)』에서 "귀를 베어 바친다. 괵(聝)은 귀이다[捕取也. 從又從耳. 『周禮』: '獲者取左耳' 『司馬法』曰: '載獻聝' 聝者, 耳也]"라 해석한다. 중국의 고대 전쟁에서는 승리한 사람이 자신이 죽이거나 포로로 잡은 적의 왼쪽 귀를 잘라 바쳐 전공의 근거로 삼았다. 妻의 갑골문은 이다. 장발의 여인을 손으로 낚아채는 형태이다. 부계사회 초기에 여자가 남자 집에 시집가는 것을 꺼렸을 때 남자가 여자를 노략질하여 배우자로 삼았던 풍습이 반영된 것이다. 그러므로 '취처(取妻)'는 원래 부녀자를 노략질하여 배우자를 삼는다는 뜻이었다. 가부장제(家父長制)가 공고해지면서, 부녀자가 남편을 따라 거

9) [역주] 강채(姜寨) 앙소문화(仰韶文化) 유적지는 약 기원전 4600~4000년에 존재한 신석기 시대의 것이다. 앙소문화(仰韶文化) 중심의 원시 취락지이다. 총면적은 약 50,000㎡이다.

10) [역주] 앙소문화(仰韶文化)는 황하(黃河) 중류 지역의 신석기시대 채색 도자기 문화를 말하며, 지속 기간은 기원전 5000년에서 기원전 3000년이다. 황하 중류 감소성(甘肅省)과 하남성(河南省) 사이에 분포한다.

주하는 풍습이 보편화되었다. 약탈혼은 이미 오래전에 현실 생활에서 사라졌다. 한자 妻에 '여자를 노략질한다'는 의미가 사라지고, '남자의 배우자'를 나타내게 되었다. 取의 '포획'이라는 의미는 더 이상 이 한자에 적용되지 않았다. 그러므로 取에 표의구건(表義構件) 女를 덧붙여 娶로 만들어서 그 의미를 나타내게 된다.

婚은 선진시대 문헌에서 昏으로 쓰인다. 『설문해자(說文解字)』에서 婚을 "부녀자가 시집가는 것이다. 『예기(禮記)』에 '부인을 맞이할 때는 저녁(昏)이다. 부인은 음(陰)이므로 혼(婚)이라 한다'이라 한다. 女와 昏으로 구성되며, 昏은 또한 성부(聲符)이다[婦家也. 『禮』: '娶婦以昏時, 婦人陰也, 故曰婚' 從女從昏, 昏亦聲]"라고 해석한다. 옛날에는 혼례가 밤에 진행되었다. 그러므로 婚의 구건(構件) 昏은 '발음을 나타내는 역할 뿐만 아니라 '의미를 나타내는 역할'도 한다. 혼례는 왜 저녁에 이루어졌을까? 양계초(梁啓超)는 『주역(周易)』「둔괘(屯卦)」의 '비구(匪寇)'와 '혼구(婚媾)'의 해석에서 그 답을 제시하고 있다. 양계초는 "도적과 아내를 맞이하는 것이 전혀 다른 일인데, 왜 같이 언급되는 것인가? 당시 아내를 맞이하는 방법이 강탈과 비슷했기 때문인가?"라고 하였다. 중국 고대에 약탈혼의 시대가 있었고, 약탈혼은 나중에 많은 민족의 풍속에서 유사한 혼인 풍속으로 변하였다. 예를 들어, 중국의 태족(傣族)[11], 율속족(傈僳族)[12] 등의 소수민족들은 모두 약탈혼 풍습을 가지고 있다. 합니족(哈尼族)[13]의 '아내를 맞이하는 신랑을 채찍질'하는 풍습은 약탈혼에 저항하는 유풍이다.

---

11) [역주] 중국 55개 소수 민족의 하나이다. 주로 운남성(雲南省)에 거주하는 소수 민족이다.
12) [역주] 중국 55개 소수 민족의 하나이다. 운남성(雲南省)과 사천성(四川省)에 분포하며 대부분 기독교를 신봉한다.
13) [역주] 중국 55개 소수 민족의 하나이다. 주로 운남성(雲南省)에 거주하는 소수 민족이다.

棄

기 qì

棄의 갑골문 [갑골문 자형]는 자식을 버리는 모습을 그린 한 폭의 풍속도 같다. 두 손으로 키 속의 어린아이를 내팽개치는 모습이다. 문헌에 따르면 주(周)나라 시조(始祖) 후직(后稷)과 주(周)나라 유왕(幽王)의 왕후 포사(褒姒), 서언왕(徐偃王), 제경공(齊頃公) 무야(無野), 초령윤(楚令尹) 자문(子文), 송(宋)나라 예사도(芮司徒)의 딸 기부인(棄夫人), 오손왕(烏孫王) 곤막(昆莫) 등이 출생 후 버려진 경험이 있다. 후대에 후직이 버려진 이유에 대해서도 많은 논의가 있었는다. 강번(江藩)은 "후직의 어머니 강원(姜嫄)은 다른 사람들이 아이를 낳았다고 이상한 이야기를 떠들어댈까 봐 아이가 하느님의 소생이라고 말하고, 일부러 아이를 버려 이 아이가 신성한 능력이 있다는 것을 보여준 후 다시 입양하여, 사람들이 이 일을 더는 의심하지 않도록 하였다"라고 말한다.

유반수(劉盼遂)는 『천문교전(天問校箋)』에서 중국 고대에는 부부제도가 정착되지 않았기 때문에 "남자는 첫아이의 혈통을 의심하였고, 아이가 친자식이 아닐 수도 있다고 여겨 아내가 낳은 첫아이를 죽이는 풍습이 있다"라고 하였다. 이러한 현상은 어머니가 누군지는 알고 아버지는 누군지 몰랐던 모계사회에서 부계사회로 넘어가던 대변혁의 시대에 일어났다. 즉, 혼인 제도가 군혼제에서 일부일처(또는 일부다처)제로 넘어가던 과도기에 생겨난 풍속이었다.

媳 婦 贅

식 xí　부 fù　췌 zhuì

가부장제 시대의 일부다처(첩)(一夫多妻(妾))제도는 한 남자와 몇 명의 여자가 결혼하는 것이다. 이 몇 명의 여자 중 한 명만 정처(正妻)라 하고, 나머지는 부처(副妻)나 첩(妾)이 되었다. 앞에서 언급한 '잉혼제(媵婚制)'의 '조카나 여동생'은 부처 또는 첩에 속한다. 정처의 지위는 첩보다 높다. 『설문해자(說文解字)』에서는 소전체(小篆體) 妻에 대해 "부(婦)는 남편과 지위가 같은 사람이다[婦與夫齊者也]"고 해석하여 잉첩(媵妾)과 비교하고 있다. 봉건사회에서 통치자는 이 전통적 관념을 수호하기 위하여 정처(正妻)의 지위를 법률로 보장하였다. 『좌전』「환공18년(左傳·桓公十八年)」에 "첩의 지위가 왕후와 같고, 서자가 적자와 같고, 총신이 조정에 능하고, 권력이 통일되지 않고, 대도시의 규모가 도성과 같으면, 이는 모두 환란의 근본이다[並后, 匹嫡, 兩政, 耦國, 亂之本也]"라고 기록한다. 『당률(唐律)』「호혼(戶婚)」에서는 "정실이 있는데 다시 아내를 맞이한 남자는 징역 1년에 처하고, 여자 집안은 형량을 1등급 감한다. 만약 속여서 다시 아내를 맞이하는 남자는 징역 1년 반에 처하고, 여자 집안은 연좌하지 않으며 각자 이혼한다[諸有妻更娶者, 徒一年, 女家減一等; 若欺妄而娶者, 徒一年半, 女家不坐, 各離之]"라는 기록이 있다. 송(宋)나라 『형통(刑統)』의 규정은 당(唐)나라 때와 같으며, 원(元)·명(明)·청(淸)에도 모두 비슷한 법이 있었다. 유가(儒家)에서는 남자의 주도적 지위와 여자 복종적 지위를 강조하는 동시에 부부가 평등하고 서로 존경하고 사랑해야 한다는 개념을 옹호한다.

『설문해자(說文解字)』에 '인(姻)'은 "사위집이다. 여자로 인해 연결되기 때문에 '인(姻)'이라고 한다. 女와 因으로 구성되며, 因

은 또한 성부(聲符)이다[婿家也. 女之所因, 故曰姻. 從女從因, 因亦聲]”라고 해석한다. 『백호통(白虎通)』에는 “남편이 있기 때문에 부인이 된다, 그러므로 因이라 한다[婦人因夫而成, 故曰因]”라고 해석한다. 因은 ‘의지하다’, ‘근거하다’의 의미를 나타낸다. 혼인 관계에서 여자는 남자에게 의지하고, 여자는 독립적인 사회적 지위를 상실하였으며, 대를 잇는 도구로 여겨져 집안일을 해야 한다는 것을 나타낸다.

송(宋)나라 때부터 ‘식부(息婦)’라는 단어가 등장한다. ‘식(息)’은 自와 心의 두 구건(構件)으로 구성된다. 自의 갑골문은 이며, 코의 모양이다. 心은 심장(心臟)이다. 심장과 코는 모두 호흡기관이기 때문에 『설문해자(說文解字)』에서 ‘식(息)’을 “호흡이다[喘]”라고 해석한다. ‘식(息)’의 본의(本義)는 호흡이며, 나중에 ‘생장하다’, ‘번식하다’ 등의 의미로 인신(引申)되었다. 그리고 ‘성장’과 ‘번식’의 의미에서 ‘아들(子息)’의 의미로 인신되었다. ‘천식(賤息)’이라는 단어의 息은 바로 아들을 의미한다. ‘식부(息婦)’는 말 그대로 ‘아들 며느리’를 뜻한다. 그러므로 『사원(辭源)』에서 ‘식부(息婦)’는 ‘자부(子婦)’, 즉 ‘아들 며느리’로 해석한다. 남자 입장에서는 ‘부인’과 ‘아들 며느리’ 모두 대를 이어주는 역할을 하는 존재이다. 그러므로 ‘식부(息婦)’는 ‘아들 며느리’의 의미에서 ‘자신의 아내’란 의미로 인신(引伸)된다. 이러한 변화는 혼인에서 여성의 종속적인 위치를 나타내고 있다.

나중에 ‘식(息)’의 ‘자식’의 의미가 점차 약화되었다. 그러므로 ‘식(息)’는 뒤에 있는 婦의 영향을 받아 구건(構件) 女가 추가되어 媳’이 되었다. 1장에서 언급했듯이 婦의 갑골문은 이다. 본래 귀신과 소통할 수 있는 성직자를 뜻하였으나, 후에 기혼 여성을 가리키는 말로 인신(引伸)되었다. 『설문해자(說文解字)』에서 소전

체 婦를 "복종이다. 여자가 빗자루를 들고 쓸고 있는 모습이다[服也, 從女持帚灑掃也]"라고 해석한다. 유가사상(儒家思想)에서 여성은 반드시 남자에게 복종해야 하며, 주요 업무가 집에서 일하는 것임을 알 수 있다. 송나라는 봉건적인 윤리와 도덕이 특히 강조되던 시기였는데, 정주(程朱) 이학(理學)은 '남존여비(男尊女卑)'를 강조하여 남성과 여성의 차별을 최고조로 끌어올렸다.

'아내가 남편 집에 시집가서 사는 관계'가 혼인의 형태로 고정되면서, 아내의 집에 가서 사는 남자는 심한 차별을 받았다. 그들은 '데릴사위(贅婿)'라고 불린다. 『설문해자(說文解字)』에는 贅에 대해 '물건을 돈으로 바꾼다[以物質錢]'라고 해석한다. 진(秦)나라 상앙(商鞅)이 집권할 때 백성들은 집안이 부유하면 성인이 된 아들은 따로 문호(門戶)를 만들어 나가게 하고, 집이 가난하면 성인이 된 아들은 아내의 집에 가서 데릴사위가 되도록 하였다. 당시 데릴사위는 가정형편이 어려워 예물을 바칠 능력이 없었기 때문에 처가에 가서 사는 자였다. 이 때문에 데릴사위는 고대에 천대받았다. 『사기(史記)』「진시황본기(秦始皇本紀)」에 "33년에 시황제는 도망친 범인, 데릴사위, 상인을 징발하여 육량(陸梁) 지역을 공격하도록 명령하였다[三十三年, 發諸嘗逋亡人, 贅婿, 賈人略取陸梁地]"라는 기록이 있다. 데릴사위를 죄인과 함께 언급하고 있으니, 당시 그들의 지위를 알 수 있다. 한대(漢代)에도 마찬가지였다. 한(漢) 무제(武帝)는 천하의 '칠과적(七科謫)'[14]으로 하여금 북방지역을 정벌하러 가도록 명령하였다. 데릴사위가 바로 '칠과적' 중 하나다. 데릴사위는 가정에서도 차별을 받았다. 『설원(說苑)』에 의하면 강태공(姜太公) 역시 부인에게 쫓겨난 데릴사위였다.

14) [역주] 죄를 범한 관리, 살인자, 데릴사위, 상인, 상인이었던 사람, 부모가 상인이었던 사람, 조부모가 상인이었던 사람을 가리킨다.

帑 嫁

탕 tǎng　　가 jià

고대 중국에서 '처(妻)'는 帑이라고도 한다. 『좌전』「문공6년(左傳·文公六年)」에 '가계(賈季)는 적(狄)으로 도망갔다. 선자(宣子)는 유병(臾駢)을 시켜 賈季의 賈季의 아내를 적으로 보냈다[賈季奔狄, 宣子使臾駢送其帑]'라는 기록이 있다. 여기서 帑의 뜻이 바로 아내다. 帑은 巾을 부수로 삼는다. 巾은 직물이며, 한때 교환 등가물의 역할을 하였기 때문에, 巾을 부수로 삼는 글자는 화폐와 관련이 있다. 『설문해자(說文解字)』에는 帑에 대해 "금화를 숨기는 장소다[金幣所藏也]"고 해석한다. 妻를 帑이라고 부르는 것은 매매 결혼이 성행하던 사회적 배경에서 비롯되었다. 일부 고대 문헌에는 嫁도 '팔다'라는 의미를 가진다. 『한비자(韓非子)』「육반(六反)」에 "이런 집안은 흉년이 들면 아내를 팔고 아이를 팔아야 한다[天飢歲荒, 嫁妻賣子者, 必是家也]"라는 기록이 있다. 여기서 嫁는 '팔다'를 의미한다. 嫁가 '팔다'의 의미를 나타내는 것은 '매매혼'의 풍속을 반영하고 있다. '매매혼'의 풍속에서는 여자를 재물로 간주하여 아내나 첩을 얻을 때 돈으로 거래했다. 필요한 경우에는 처첩을 다른 사람에게 되팔아 돈을 받을 수도 있었다. 당시 남자에게 여자는 대를 잇기 위한 도구였으며 다른 재산과 별반 차이가 없었다. 여자는 자신의 물질적 가치로 평가되었고 남자들 사이에 주고받을 수 있는 사유재산일 뿐이었다.

媒 妁

매 méi　　작 shuò

고대 중국에서 남녀의 혼사(婚事)는 스스로 선택할 수 없었고, 반드시 중매인의 소개를 통해야 했다. 즉, "부모의 명령과 중매인의 말[父母之命, 媒妁之言]"에 의해서 혼사가 결정되었다. 『설문해자(說文解字)』에서 媒를 "도모한다. 이성(異姓) 남녀의 관계를 맺어 준다[謀也, 謀合二姓]"라고 해석하고 있다. 즉 媒는 남녀를 소개하여 부부로 짝지어 주는 사람이다. 『설문해자(說文解字)』에 妁은 "참작하다. 이성(異姓)의 남녀에 대해서 참작한다[酌也, 斟酌二姓也]"라 해석하고 있다. 즉 남녀의 각 방면 조건이 적합한지를 살펴서 헤아리는 것이다. '중매(媒妁)'는 고대의 혼인에 없어서는 안 되는 과정이었다. 『시경(詩經)』「빈풍(豳風)」「벌가(伐柯)」에 "나뭇가지를 베려면 어떻게 하지? 도끼가 없이는 아니 되오. 장가들려면 어떻게 하지? 중매인이 없이는 아니 되오[伐柯如何? 匪斧不克. 娶妻如何? 匪媒不得]"라는 말이 있다. 『예기(禮記)』「혼례(昏禮)」에 고대 중국 혼인의 과정인 '육례(六禮: 납채(納采)·문명(問名)·납길(納吉)·납징(納徵)·청기(請期)·친영(親迎)의 여섯 가지 예법)'를 기록하고 있다. 그 중 '납채(納采)'는 중매인과 관련이 있다. 남자는 마음에 드는 여자가 생기면, 먼저 중매인을 청하여 여자의 집에 가 혼담을 꺼내게 하고, 여자의 승낙을 받은 후에 사람을 파견하여 선물을 보낸다. 여자가 선물을 받으면 결혼을 승낙한 것이다. 혼인과정에서 중매인의 역할이 중요했음을 보여준다.

2. 고대의 장례 풍속

死
사 sǐ

死의 갑골문 는 '한 사람이 해골 옆에서 제사를 지내는 것'을 나타낸다. 해골은 죽은 자를 나타낸다. 葬의 갑골문은 이다. 왼쪽 구건(構件) 爿은 상(床)의 고문자(古文字) 형태이며, 발음을 나타내는 구건(構件)이다. 오른쪽 구건(構件)은 해골이며 죽은 자를 나타낸다. 이 두 자형에서는 모두 해골로 '죽은 자'를 나타내고 있는데, 이는 고대에 시신을 야생에 버리는 풍습을 반영한 것이다. 당시에는 동반자가 죽은 후에 그 시신을 길가나 골짜기에 버려 썩게 내버려 두고 벌레와 짐승에게 먹히도록 두었다. 결과적으로 "백골이 들판에 드러나[白骨露于野]"고 해골만 남게 된다.

『중국민속사전(中國民俗辭典)』에 의하면, 몽골족에게는 '황장(荒葬)'이 유행했다고 한다. 즉 소달구지나 마차에 시신을 싣고 길을 가리지 않고 황야를 질주하여 시신이 떨어지는 곳이 바로 시신의 안식처이다. 3일 후에 그곳에 갔을 때 새나 짐승이 시신을 먹었으면 생전에 죄가 없었다고 생각했다. 그렇지 않으면 자손은 슬퍼했고 하늘에 받아들이지 않은 것으로 여겼다. 이러한 '황장(荒葬)'은 티베트의 '천장(天葬)'과 유사하다. 모두 중국 고대인들이 시신을 유기하는 풍습의 흔적이다.

인류의 자의식(自意識)이 발전하면서 중국 고대인들은 점차 동반자와 가족의 시체가 벌레와 짐승들에게 먹히는 것을 두고 볼 수 없게 되었다. 그래서 시신을 덮어 감출 방법을 찾고자 하였고, 이로부터 시신을 매장하는 풍습이 시작되었다.

葬　弔
장 zàng　조 diào

葬은 『삼체석경(三體石經)』에 [illegible]으로 나타난다. 이 글자 형태는 세 부분으로 구성되어 있는데, 표음구건(表音構件) 爿과 표의구건(表義構件) 茻, 그리고 시체

를 나타내는 구건이다. 소전체는 이다. 『설문해자(說文解字)』에 "숨기다. 시신이 덤불 속에 있다. '一'는 멍석으로 싼 것이다[藏也. 從死在茻中. 一, 其中所以薦之]"라 해석한다. 葬의 소전체 자형은 시신을 멍석 속에 숨기는 것이고, 본의(本義)는 '시신을 숨기다'다. 상고시대에 시신을 숨기는 방법은 땔감으로 싸서 벌판에 버리는 것이었다. 이것은 많은 문헌의 기록으로 증명된다. 『예기(禮記)』「단궁 상(檀弓上)」에 "葬은 숨기는 것이다. 藏이란 것은 다른 사람한테 보이고 싶지 않은 것이다[葬也者, 藏也. 藏也者, 欲人之弗得見也]"라는 기록이 있다. 또한 『주역(周易)』「계사 하(繫辭下)」에 "고대에는 죽은 자를 장사지낼 때 땔감으로 두껍게 덮어 벌판에서 장사 지냈다. 봉분을 하지 않고 나무도 심지 않았다. 상례 기한이 정해져 있지 않았다[古之葬者, 厚衣之以薪, 葬之中野, 不封不樹, 喪期無數]"라는 기록도 있다. 이는 중국 고대인들은 시신을 땅에 매장하지 않고 땔감으로 감싼 뒤 벌판에 숨겨 처리하였음을 보여준다.

弔의 갑골문 는 '사람의 신체에 활을 쏘기 위해 주살(矰繳)을 몸에 휘감고 있는 모양'이다. 본의는 죽은 사람을 추모하는 것이다. 고인을 추모하는 것이 활과 화살을 가지고 다니는 것과 무슨 관계가 있는지 의아할 것이다. 상고시기에 사람이 죽으면 땅속에 묻지 않고 땔감으로 덮어 벌판에 두었기 때문에, 짐승이 죽은 사람을 뜯어 먹을까 걱정되어 친척과 친구들이 활과 화살을 가지고 가 짐승을 쫓아 시신을 보호함으로써 고인에 대한 존경을 표현하고 추모의 표시로 삼았다. 나중에 弔의 형체가 변하여, 소전체에서 로 나타난다. 갑골문 자형의 증작(矰繳) 모양은 활 모양과 매우 비슷해졌다. 그러므로 『설문해자(說文解字)』에서 "조문하다. 고대에는 죽은 자를 묻을 때 땔감으로 두껍게 덮었다. 사람이 활을 들고 있는 구건(構件)으로 구성되며, 금수를 쫓는 것을 나타낸다

[問終也. 古之葬者, 厚衣之以薪. 從人持弓, 會驅禽]"라고 해석한다. 즉, '사람이 활을 들고 있는' 모습으로 弔의 구성 의도를 나타내는데, 이는 가족의 시신이 짐승에게 물리지 않도록 짐승을 쫓는 것이다. 葬과 弔 두 글자의 고문자 형태를 보면 중국 고대인에게 시신을 땔감으로 감싼 뒤 벌판에 숨기는 풍습이 있었음을 알 수 있다.

墓 墳

묘 mù 분 fén

중국 고대인들은 시신을 벌판에 숨기는 것이 인력과 물자를 소모할 뿐만 아니라 친척의 시신이 짐승에 의해 훼손되지 않음을 보장할 수 없다는 사실을 점차 깨닫게 된다. 생산 도구가 발전함에 따라 고대인들은 좀 더 안전한 방법으로 시신을 땅에 묻는 묘장(墓葬) 방식을 생각해냈다.

墓는 비교적 늦은 시기에 만들어졌다. 갑골문과 금문 중에 墓는 나타나지 않는다. 『한어대자전(漢語大字典)』에 열거된 최초의 형체는 소전체(小篆體)이다. 『설문해자(說文解字)』에는 墓에 대해 "언덕이다. 土로 이루어지며 莫은 성부(聲符)이다[丘也. 從土莫聲]"라고 해석한다. 사실 莫은 墓의 발음을 표시할 뿐만 아니라 의미를 나타내는 기능도 겸하고 있다. '막(莫)'의 본의(本義)는 '해가 풀숲에 떨어져서 보이지 않는다'는 뜻이기 때문이다. 墓는 시신이 땅속에 들어가 보이지 않는다는 것이다. 墓와 莫의 의미는 서로 통한다. 시신을 땅속에 묻는 매장 형식을 나타낸다.

墳도 비교적 늦은 시기에 나타나는데, 본의(本義)는 '높은 비탈'·'흙둑'이다. 『시경(詩經)』「주남(周南)」「여분(汝墳)」"그 여수의 둑을 따라, 나무의 가지를 베어라[遵彼汝墳, 伐其條枚]"의 墳과

『구장(九章)』「애영(哀郢)」“둑에 올라 멀리 바라보니[登大墳以遠望兮]”의 墳은 모두 높은 비탈이나 둑을 의미한다. 묘 위에 쌓은 흙이 비탈이나 둑처럼 높이 솟아 있기 때문에 墳이라고도 하였고, 상용(常用)의 의미가 되었다.

문헌에 따르면 墓는 墳과 다르다.『예기(禮記)』「단궁(檀弓)」에 “옛사람들은 죽은 후에 평지에 묻힐 뿐, 흙을 쌓아 봉분을 만들지 않았다[古者墓而不墳]”라는 기록이 있다. 정현(鄭玄)이 주석하여 “무덤이 높은 것은 분(墳)이라고 한다[土之高者曰墳]”라 하였다. 즉, 墳은 묘 위의 쌓은 봉분이다.『방언(方言)』에 “무릇 매장할 때, 봉분이 없는 것을 묘(墓)라고 한다[凡葬而無墳謂之墓]”라는 기록이 있다. 墓와 墳의 두 글자가 처음에는 명확하게 구분되었음을 알 수 있다. 문헌 기록에 의하면, 상고시기의 묘는 봉분을 쌓지 않았다. 동한(東漢) 최식(崔寔)이 『정론(政論)』에서 “주 문왕과 주 무왕의 묘는 지평과 일치한다[文武之兆, 與地平齊]”라고 하였다. 당시 일반 민중의 무덤은 물론 왕의 무덤에도 봉분이 없었다. 하남성(河南省) 안양시(安陽市) 은허(殷墟)에서 발굴된 왕실 묘군과 섬서성(陝西省) 보계시(寶鷄市) 봉상구(鳳翔區) 옹성(雍城)에서 발굴된 춘추시대의 묘군은 규모가 매우 웅대하지만, 모두 봉분을 쌓은 흔적이 없다.

춘추시대 말기에는 봉분이 나타나기 시작하였으나 보편화되지 않았고, 봉분을 쌓는 것은 고대 예절에 맞지 않는 행위로 간주하였다. 공자가 열국(列國)을 자주 돌아다녀서 어머니 묘를 구별하기 위해 옛 예법과 첫 마음을 어기고 봉분을 만들었다가 하룻밤 사이에 폭우로 인해 평탄해졌다는 전설이 있다. 주례(周禮)에는 봉분을 쌓지 않는 묘장 방식을 제창하였음을 나타낸다. 반면 주례(周禮)는 하(夏)·상(商)의 예법을 답습하였기 때문에 하(夏)·상(商)·서주(西周)의 묘에도 봉분을 쌓지 않았음을 추정할 수 있다.

冢　　陵

총 zhǒng　　릉 líng

봉분을 쌓은 것은 처음 묘의 위치를 알아보고 쉽게 제사를 지내기 위한 것이었으나 나중에는 묘 주인의 신분을 나타내는 상징으로 바뀌었다. 고인의 직위 등급이 높을수록 격식도 복잡해져서 봉분을 쌓는 것 외에 옆에 나무를 심어야 했다. 봉분의 높낮이와 심은 나무의 종류는 존비(尊卑)의 등급을 나타내는 중요한 지표가 되었고, 예법에 포함되면서 국가 제도가 되었다. 정현(鄭玄)이 "한나라 율법에 '열후(列侯)의 묘는 높이가 4장이나 되며 관내후(關內侯) 이하에서 서인까지 차이가 있다'라 하였다[漢律曰: 列侯墳高四丈, 關內侯以下至庶人各有差]"라고 하였다. 한나라의 1장(丈)은 현재의 231㎝, 4장(丈)은 9.24m이다. 현재의 3층 건물과 맞먹는 높이이며 상당히 웅장하다. 이후 각 시대에는 각각의 품관과 서인 묘의 높이에 대한 규정이 있었다. 당나라에 이르러서는 더욱 엄격해져서 위반자는 중죄로 다스렸다. 동시에 유가(儒家) 인효(仁孝) 사상의 영향으로 선산은 사람들의 마음 속에서 매우 신성하고 엄숙한 장소가 되었다. 사람들은 죽은 후에 선산에 묻히지 않는 것을 가장 엄한 벌로 여겼다. 통치자도 이를 사람의 마음을 교화하는 수단으로 삼았다.

묘의 크기가 죽은 사람의 지위를 나타내는 상징이 되면서 권력자들은 자신의 지위를 과시하기 위해 봉분을 높이 쌓게 되었다. 이에 규모가 큰 묘를 지칭하는 冢이 생겨났다. 冢은 묘의 봉분이 언덕처럼 높은 무덤을 말한다. 물론 지위가 가장 높은 것은 황제였고 황제의 무덤은 당연히 가장 높아야 했기 때문에, 황제의 무덤은 '높고 큰 토산'을 나타내는 陵으로 나타내기도 한다. 陵은 阝를 부수로 삼고 있으며, 본의(本義)는 산릉, 즉 높고 큰 토산이다. 제왕의 무덤을 지칭하는 데 사용되며, 주로 '높고 웅장하다'의 의미를 나타낸다. 진(秦) 혜문왕(惠文王)은 "백성은 陵이라 할 수 없다"고 규정하였고, 陵은 이때부터 제왕 무덤의 전용어가 되었으며, '황권지상(皇權至上)'의 상징이 되었다.

3. 기타 예법과 풍속

卽 饗

즉 jí　향 xiǎng

卽의 갑골문은 이며, 饗의 갑골문은 이다. 각각 한 사람과 두 사람이 음식 앞에 앉아 식사를 준비하는 듯한 모양을 취한다. 무릎을 꿇고 엉덩이를 양발 뒤꿈치에 대는 자세이며, 이는 드라마나 영화에서 흔히 볼 수 있는 한국인과 일본인의 자세와 비슷하다. 고대 중국인들의 앉는 자세를 알면, 『홍문연(鴻門宴)』에서 항우(項羽)가 갑자기 들이닥친 번쾌(樊噲)를 보고 왜 검 자루를 들고 허리를 곧게 펴는지 이해할 수 있을 것이다. '기(跽)'는 상체를 곧게 펴 무릎 꿇고 앉은 자세이다. '좌(坐)'와의 차이는 상체를 곧게 펴고 엉덩이를 발뒤꿈치에서 댄 것이다. 항우(項羽)의 '기(跽)' 자세는 본능적인 동작이며, 두려움에 무릎을 꿇은 것이 아님을 알 수 있다.

叟

수 sǒu

叟의 갑골문은 이며, 집 안에서 횃불을 들고 있는 모습을 나타낸다. 방에 남아 불씨를 지키는 사람을 뜻한다. 인류가 불을

피우는 법을 배우지 못하였을 시기에는 '자연적으로 발생하는 불'을 이용할 수밖에 없었다. 그러므로 씨족 중에 '불씨를 지키는 사람'이 있어야 했고, '불씨를 지키는 사람'은 경험이 풍부한 노인이었을 것이다. 그러므로 글자를 만들 때 불씨를 지키는 '어르신'이라는 뜻의 叟를 만들어 내었다. 이 때문에 노인을 '노수(老叟)'라고도 부른다.

奉 匜 沃 盥

봉 fèng　　이 yí　　옥 wò　　관 guàn

奉은 『후마맹서(侯馬盟書)』에서 으로 쓰인다. 양손으로 물건을 받쳐 든 것을 나타낸 것이며 '봉(捧)'의 초문(初文)이다. 盥의 갑골문은 이며, 물이 담긴 그릇에 손을 넣어 씻는 모습이다. 소전체(小篆體)에서는 한 손이 두 손으로 바뀌어 이 된다. 『설문해자(說文解字)』에서 盥을 '손을 씻는다[澡水也]'라고 해석한다. 『좌전(左傳)』에는 진(晋)나라 공자(公子) 중이(重耳)가 도망치는 도중 진(秦)나라를 지날 때 진왕(秦王)의 환대를 받은 장면이 기록되어 있다. 진왕(秦王)이 회영(懷嬴)으로 하여금 중이를 위해 '대야를 받쳐 들고 물을 부어 손을 씻게[奉匜沃盥]' 하였다. '옥(沃)'은 '관개' 혹은 '물을 붓다'는 뜻이다. 匜는 고대의 그릇이다. 이 그릇은 물길이 있어 밖으로 물을 붓기에 편리하다. 중이가 당시 손을 씻을 때 회영이 대야를 받치고 중이의 손에 물을 천천히 붓고 그 밑에 쟁반을 놓아 흐르는 물을 받았다는 것을 알 수 있다. 이것이 당시 귀족들의 손 씻기 방법으로서 일반 서민들의 손 씻기 방법과 달랐다.

5장

한자로 본 중국 고대 생산활동

인간이 생존하려면 음식을 섭취해야 한다. 고대 중국인들은 처음에는 주로 식물의 열매와 잎을 채집하거나 물고기를 잡는 등 사냥을 통해 자연에서 음식을 얻었다. 생산 및 생활의 경험이 축적됨에 따라 고대인들은 점차 동식물의 성장 법칙을 파악해 사냥한 동물을 사육하고 식물을 재배하기 시작하여 축산업과 농업을 발전시켰다. 이에 농업 생산에 대한 풍부한 경험을 축적하였고, 제초·관개·시비·해충 방제·수확·가공 및 저장과 같은 농업 생산 과정이 고문자에 반영되었다. 음식을 얻으면서도 아름다움에 대한 추구를 멈추지 않았고, 각종 자연재해와 끊임없이 싸워야 했다. 그러므로 이와 관련된 옥석 가공과 재난에 대한 인식 등을 포함한 한자를 본 장에서 분석하고자 한다.

1. 고대의 수렵

漁

어 yú

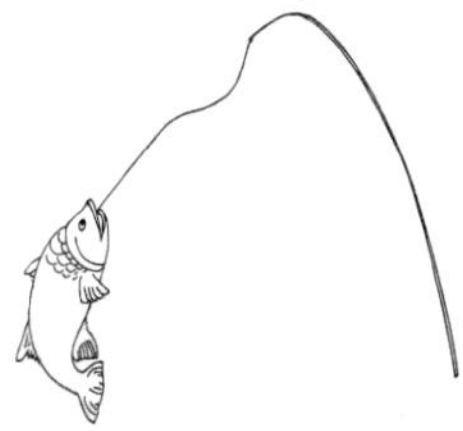

漁의 갑골문 자형은 다양하게 나타난다. 는 낚시하는 모습이며, 는 양손으로 그물을 치고 고기를 잡는 모습이다. 와 는 도랑치고 물을 빼서 수많은 물고기가 드러나는 모습이다. 고대의 고기잡이 방식이 매우 다양했음을 알 수 있다. 낚싯대와 그물로 잡기도 하고, 못의 물을 빼 고기를 잡기도 하였다. 앙소문화(仰韶文化)의 발굴 과정에서 돌 그물추·물고기 뼈 갈고리·작살 등이 발견되었는데, 이는 당시 어획 방법이 작살로 물고기를 잡는 것이었음을 나타낸다. 漁의 본의(本義)는 '물고기 잡다'이다. 현대 한어에 '어선(漁船)'·'어민(漁民)' 등 단어의 漁는 모두 '고기를 잡는다'는 뜻이다.

狩

수 shòu

狩의 갑골문은 이다. 왼쪽 구건(構件)은 가지가 있는 막대기이다. 이 막대기는 고대 중국인들이 수렵 활동을 하던 도구이고, 오른쪽 구건(構件)은 개이다. 당시 개가 사냥을 위해 길들여졌음을 나타낸다. 狩의 갑골문 형태는 사냥개와 막대기를 사냥 도구로 사용하는 고대인들의 사냥 방식을 나타낸다. 나중에 생산성이 향상되고 인간의 기술이 발전하면서 사냥 도구는 더욱 전문적으로 발전하게 되었다. 이에 막대기는 더 이상 주요 사냥 도구가 아니게 되었다. 동시에 끝이 갈라진 막대기 모양의 구건(構件)은 형태의 변천 과정에서 처음의 의미를 완전히 상실하였다. 그러므로 음의합성법(音義合成法)으로 狩를 새로 만들게 되었다.

羅

라 luó

羅의 갑골문은 이다. 그물을 덮어 새를 잡는 것을 본뜬 것이다. 본의(本義)는 그물을 쳐 새를 잡는 것이다. 후에 표의구건(表義構件) 糸를 추가하였다. 羅의 갑골문 자형을 근거할 때 상고시대 새를 잡는 중요한 방법은 그물로 잡는 것임을 알 수 있다. 노신(魯迅)이 소설『고향(故鄕)』에서 "우리 모래밭에 눈이 내려서, 나는 빈터를 쓸어내고, 짧은 막대기로 큰 대나무 바구니를 세우고, 쭉정이를 뿌렸다. 새들이 먹는 것을 보고, 나는 멀리서 막대기에 묶인 밧줄을 잡아당겼고, 새들은 대나무 바구니 밑에 갇혔다. 다양한 새들이 모두 있다: 닭, 수계, 산비둘기, 푸른 지빠귀……"라고 새를 잡는 모습을 묘사하였는데, 羅가 표현한 새 잡는 방법과 매우 유사하다. 禽의 갑골문은 이다. 조수(鳥獸)를 잡는 데 쓰이는 자루가 달린 형태의 그물이다. 본의(本義)는 '포획' 혹은 '붙잡는다'이다. 離의 갑골문은 이다. 작은 새가 자루가 달린 그물에서 날아가는 모양이며, '떠난다'의 의미를 나타낸다. 이러한 자형에는 모두 조수(鳥獸)를 잡는 데 사용되는 자루가 달린 형태의 그물을 표시하는 구건(構件)이 있다. 자루가 달린 그물이 고대에 일반적으로 사용되었던 사냥 도구임을 나타낸다.

焚

분 fén

포위하여 사냥하는 '위렵(圍獵)'은 가장 큰 규모의 사냥 활동이다. 많은 인원을 동원하고 큰 공간을 범위로 잡은 뒤에 모든 야생동물을 소굴에서 몰아내어 사로잡는 것을 의미한다. 이런 사냥은 군사행동과 매우 유사하여 통치자들이 종종 군사훈련의 수단으로 사용하였다.

'위렵(圍獵)'에서 흔히 사용되는 방식은 산림을 불태워 야생동물을 몰아내는 것이다. 焚의 갑골문은 이다. 양손에 불을 들고 숲을 태우는 것을 나타낸다. 본의(本義)는 '숲을 불로 태운다'이다. 숲을 불태워서 사냥하는 것은 고대 중국의 사냥 방식이다. 숲을 불태우는 목적은 야생동물을 미리 설치된 그물이나 함정으로 몰아넣어 잡는 데 있다. 이런 방식은 겨울철에 많이 하는 사냥방법이었지만 빈번하지는 않아 보인다. 후대로 갈수록 이 사냥 방식에 대한 제한이 엄격해졌다. 이는 산림 보호 및 야생 자원 보호와 관련이 있다.

阱

정 jǐng

阱의 갑골문은 이다. 사슴이 함정에 빠진 것을 나타낸다. 소전(小篆)에서는 혹은 로 나타난다. 『설문해자(說文解字)』에 "함정이다[陷也]"라고 해석한다. 단옥재(段玉裁)는 "구덩이를 파서 야생동물을 빠뜨린다[穿地陷獸]"라고 주석하였다. 阱은 고대의 덫으로 야생동물을 잡는 방법을 표현한 것이다.

彘　雉　彈

체 zhì　치 zhì　탄 tán

사렵(射獵)은 고대의 중요한 사냥 방식이다. 이 방식에는 활과 화살 외에 탄궁(彈弓)도 사용된다. 이 사냥법은 글자 형태에 반영되어 있다. 彘의 갑골문은 이며, 화살이 돼지의 몸을 꿰뚫는 모양이다. 이 돼지는 사냥하여 얻은 것으로, 우리에서 사육되는 돼지와는 다르다. 본의(本義)는 멧돼지이다.

雉의 갑골문은 혹은 이다. 화살을 나타내는 구건(構件) 矢와 새를 나타내는 구건(構件) 隹로 구성되어 있다. 의 구건(構件) 矢에는 감겨 있는 밧줄도 나타난다. 화살 끝에 밧줄을 매는 사냥 방식, 즉 주살을 나타낸다. 雉의 글자형태에 담은 의도는 '화살로 잡은 새'를 나타내며, 본의(本義)는 '새'나 '야생 새'이다.

彈의 갑골문은 이다. 활 뒤에 탄환이 있는 형태이다. 소전(小篆)은 혹은 으로 나타난다. 은 弓과 丸의 두 구건(構件)으로 이루어져 있다. 彈의 갑골문과 소전체의 형태에 근거하면 탄환이 둥근 구슬 형태임을 알 수 있다. 고고학 발굴에 의하면, 이런 사냥 도구는 최소 두 종류가 있다. 하나는 도탄(陶彈)이고, 다른 하나는 석탄(石彈)이다. 발사할 때 탄환을 활에 장착하고 사람이 먼 거리에 서서 발사해 표적을 맞힌다.

美　尾　羌

미 měi　미 wěi　강 qiāng

美의 갑골문은 이다. 아래 구건(構件)은 大이고, 똑바로 선 사람의 모양이다. 위에 짐승 뿔과 깃털 같은 장식물이 있다. 尾의 갑골문은 이며, 털이 보송보송한 큰 꼬리를 가진 사람을 나타낸다. 중국 고대인들이 한자를 만들 때 "가까이는 자신의 몸에서 취하고 멀리는 다른 사물에서 취한다[近取諸身, 遠取諸物]"고 하였다. 즉 주변에서 흔히 볼 수 있는 것을 근거로 문자를 만든 것이다. 사람은 뿔, 털, 긴 꼬리가 없다. 그러므로 이 글자에서 나타나는 사람 머리 위의 짐승 뿔, 깃털, 엉덩이 뒤에 달린 꼬리와 같은 것은 인체의 일부가 아니라 의복이다. 중국 고대인들이 美와 尾의 두 글자를 만들었을 때, 글자 형태에 당시 사람들에게는 익숙한 머리 장식과 꼬리 장식을 담았다.

게오르기 플레하노프(Георгий Валентинович Плеханов)는 『주소가 없는 편지(Unaddressed Letters)』에서 "원시 민족이 장식품으로 사용한 것들은, 처음에는 용도가 있었다. 또한 이 장식품의 소유자가 부족에게 유익한 사람임을 나타내는 표시였다. 시간이 지나면서 이 장식품은 아름다움을 추구하기 위해 사용되었다. 사용 가치는 미적 가치보다 앞선다"라고 언급하였다. 따라서 머리 장식과 꼬리 장식은 장식품으로서 미적 가치보다 사용 가치가 먼저였다. 즉, 장식품도 처음에는 실용적이고 공리적인 것이어야 했다. 그렇다면 이들의 최초 사용 가치는 무엇일까? 원시 사회 초기 사람들은 짐승을 사냥하기 위해, 종종 가죽과 뿔을 쓰고 동물의 모습으로 분장하였다. 짐승에게 접근하기 쉽고 사냥하기 편리했기 때문이다. 이것이 바로 중국 고대인의 수렵 방법의 일종인 '변장 사냥'이다. 백두산 지역에는 '초록법(哨鹿法)'이라는 사냥법이 있었는데 바로 변장 사냥법이다. 오병안(烏丙安)은 『민속학총(民俗學叢)』에서 "예로부터 '초록법(哨鹿法)'이 사슴 사냥법 중 하나였다. 사슴 흔적을 발견한 사냥꾼은 가짜 사슴 머리를 쓰고 소뿔 호루라기를 불어 사슴 울음소리를 낸다. 사슴들이 모여들기 시작하면 이를 사냥하였다"라고 언급하고 있다. 『수호전(水滸傳)』 제23회에도 이런 변장 사냥법이 묘사되어 있다. "무송(武松)이 호랑이를 때려잡은 후 반 리(里) 남짓 가니, 마른 풀숲에서 호랑이 두 마리가 기어 나왔다. … 무송이 눈을 똑바로 뜨고 보니, 사람이었다. 그들은 호랑이 가죽을 꿰매어 옷을 만들어 몸에 걸치고 있었다" 이 변장 사냥법은 『수호전(水滸傳)』 저자인 시내암(施耐庵)이 살던 명말청초(明末清初) 시기에 일부 지역에서 행해지던 사냥꾼들의 사냥법이었을 것이다.

머리 장식과 꼬리 장식은 사냥감에 가까이 다가가기 위해 가장 먼저 만든 위장이다. 원시 굿과 춤은 일상적인 노동 생산 활동의 재현이다. 무당과 무용수는 종종 사냥꾼의 모양으로 분장한다. 인류학자들은 일찍이 북미 인디언의 원시 들소 춤을 연구한 적이 있다. 무용수는 사냥꾼이 사냥하려는 들소를 표현하기 위해 들소의 머리에서 벗겨낸 뿔 달린 소가죽이나 소의 머리를 그린 탈을 머리에 쓴다. "첫 번째 인디언이 춤추다가 지치면, 몸을 앞으로 기울여 쓰러지는 모습으로 그가 피곤하다는 것을 보여 준다. 이때, 다른 사람이 활로 그에게 화살을 쏘자, 그는 들소처럼 쓰러졌다" 이러한 '교감 굿' 역할을 하는 이 춤은 사냥 생활을 재현한 것이다. 중국 독룡족(獨龍族)[15]의 '수렵무(狩獵舞)'와 경파족(景頗族)[16]의 '용동과(龍洞戈)'도 수렵 생활의 재현이다. 이러한 풍습은 원시 암각화와 출토된 토기에도 반영되어 있다. 프랑스 삼형제 동굴(Cave of

---

15) [역주] 중국 55개 소수 민족의 하나. 주로 운남성(雲南省)에 거주하는 소수 민족이다.

16) [역주] 중국 55개 소수 민족의 하나. 주로 운남성(雲南省)에 거주하는 소수 민족이다.

the Trois-Frères)에 '사슴뿔 무당(The Sorcerer)'이라고 불리는 암각화가 있다. '사슴뿔 무당'은 짐승 옷을 입은 사람의 형태이며, 머리에 사슴뿔이 있고 엉덩이에 꼬리가 있다. 청해성(青海省) 대통현(大通縣)의 상손가채(上孫家寨) 묘지에서 신석기 시대의 춤 그림이 있는 도기가 출토되었다. 도기 위의 무용수 복장의 특징이 바로 머리 장식과 꼬리 장식이다. 고대의 굿과 춤을 표현한 암각화와 출토된 유물에는 모두 변장 사냥을 재현한 내용이 있다.

머리 장식을 착용하는 풍습은 후대에 다른 방식으로 전해져 발전하였다. 첫째, 꾸미기를 좋아하는 여자의 머리 장식 풍습으로 계승되고 발전되었다. 둘째, 무대예술 머리 장식으로의 계승과 발전이다. 원시시대 춤에서 짐승 뿔이나 털을 머리에 쓴 것은 사냥의 재현일 뿐만 아니라 용감하고 사냥에 능함을 나타내는 것이다. 무대예술에서는 원시시대 춤의 머리 장식으로 인물을 표현하는 방법을 계승하였다. 예를 들면, 경극(京劇) 중의 '영자(翎子: 경극에서 장군의 모자에 꽂는 꿩의 꼬리 깃털)'는 용맹스러움을 상징한다. 이 머리 장식을 쓴 사람은 대부분 용감하고 싸움을 잘하는 무사이다. 경극(京劇) 『양문여장(楊門女將)』 중의 목계영(穆桂英)이 영자(翎子) 머리 장식을 한 것도 용감하고 호전적인 영웅의 이미지를 부각하기 위해서이다. 영자(翎子)는 원시시대 춤에서 무용수가 착용했던 짐승 뿔과 깃털이 과장되고 변형된 것이다. 영자(翎子)의 역할은 사냥꾼의 용감한 사냥을 과시하는 것에서부터 영웅적인 인물의 용감함과 뛰어난 전투력을 나타내는 것으로 발전하였다. 셋째, 고대 관복 머리 장식의 계승과 발전이다. 한(漢)나라 무관(武官)이 착용한 무변대관(武弁大冠)은 옻칠된 실로 제작되었으며, 멧닭 꼬리 또는 담비 꼬리로 장식하였다. 청대(清代)에 이르러 황제는 특별한 공훈을 가진 자에게는 공작털로 만든 화령(花

翎)을 하사하여 모자에 꽂아 뒤로 늘어뜨리게 하였다.

꼬리 장식 풍습은 주로 중국 산간벽지의 소수 민족 지역에서 전해지고 발전하였다. 『설문해자(說文解字)』에는 尾에 대해 "옛날 사람들은 장식으로 꼬리를 달았다. 서남쪽의 소수 민족도 마찬가지다[古人或飾系尾, 西南夷亦然]"라고 하여, 꼬리 장식이 옛날 장식품임을 나타낸다. 서남쪽 소수 민족은 한대(漢代)에도 여전히 꼬리 장식을 하고 있었다. 『후한서(後漢書)』「서남이열전(西南夷列傳)」에서 '애뢰이(哀牢夷)'[17]에 대해 "그들은 몸을 용무늬처럼 새기고, 옷에는 모두 꼬리 장식을 달았다[刻畫其身, 像龍紋, 衣著尾]"는 풍속을 기록하고 있다. 농업사회로 가장 먼저 진입한 중원 지역에서는 사람들의 옷차림에서 꼬리 장식이 사라졌다. 중국 중원 지역 고대인들은 외딴 지역의 소수민족을 매우 경멸하여 꼬리 장식을 우매하고 낙후된 미개함의 상징으로 여겼다. 중국 고대의 전쟁에서는 포로를 노예로 사용하곤 하였는데, 그들이 사로잡은 노예는 종종 꼬리 장식을 한 이민족이었다. 따라서 글자를 만들 때 꼬리 장식을 한 사람의 모습으로 노예의 신분을 표시하였다. 예를 들면, 앞장에서 분석한 僕과 隸의 고문자 형태는 모두 꼬리 장식을 한 형상을 나타낸다.

羌의 갑골문은 이다. 양 뿔을 머리에 쓰고 서 있는 사람의 측면 모습을 나타낸다. 사람의 머리에 양 뿔을 쓰는 것도 처음에는 짐승에게 다가가 사냥하기 위해서였다. 羌의 고대 문자형태는 당시 사냥법의 특성이 반영되었음을 알 수 있다. 이후 중국 서북 지역의 수렵과 목축업을 위주로 하는 소수민족을 강족(羌族)이라 부르는 것이 관례가 되었다.

17) [역주] 중국 서남 고대 민족명이다. 지금의 운남성(雲南省) 서부에 분포한다. 옛 애뢰국(哀牢國) 백성이자 지금 태족(傣族)의 조상이다.

囮
와 é

囮의 소전체는 이다. 『설문해자(說文解字)』에서 "새를 잡을 때 같은 종류의 새를 유인하는 데 쓰이는 새이다. 이름이 囮이다. , 囮는 또한 繇로 구성되기도 한다[率鳥者系生鳥以來之, 名曰囮. , 囮或從繇]"라고 해석한다. 청대(清代) 고경성(顧景星)의 『채옹론(蔡邕論)』에 "요즘 새잡이들은 총명한 새들을 골라서 囮로 삼는다. 이 새들에게는 평소에 곡식을 먹이고, 여과된 샘물을 먹여야 한다. 이 새들을 돌보는 데 최선을 다해야 한다"라고 하였다.

2. 고대의 목축

畜
축 chù

畜의 갑골문은 이다. 와 로 구성된다. 는 실타래를 묶은 형태이며 밧줄을 나타낸다. 은 일정 공간 안에 초목이 있는 형태이며, 가축을 기르는 곳을 나타낸다. 『회남자(淮南子)』에서 "사냥하여 얻은 짐승을 우리에 가둔 것이 바로 가축이다[拘獸以爲畜]"라는 말이 있다. 나중에 은 玄의 형태로 변하고, 은 田으로 간략화된다. 따라서 畜은 玄과 田으로 구성된다. 수렵이 사육으로 변한 것은 고대인들의 생산과 생활이 끊임없이 축적된 결과이다. 사냥꾼은 오랫동안 사냥을 하면서 짐승들의 특성을 파악하게 되었다. 그들은 온화한 성질의 초식동물을 길들이는 것이

가능하다는 것을 깨달게 된다. 동시에 사로잡은 동물들을 당장 먹지 않을 경우에는 한동안 기르기 시작한다. 동물의 새끼를 얻으면 바로 잡아먹는 것이 아니라 키우게 된 것이다. 고대인들은 동물을 사육하는 것이 사냥하는 것보다 이익을 크다는 것을 알게 된다. 동물을 사육하면 굶어 죽을 위험이 없어진다는 것을 깨달으면서 자발적으로 동물을 기르기 시작한 것이다.

養 牢 圂

양 yǎng 뢰 láo 환 hùn

養의 소전체(小篆體)는 이다. 『설문해자(說文解字)』에 "기른다. 食으로 구성되며 羊은 성부이다. 은 養의 고문이다[供養也. 從食羊聲. , 古文養]"라고 해석한다. 養의 고문자 형태는 풍부한 문화정보를 제공한다. 『설문해자(說文解字)』에서 기록된 고문자 은 갑골문 와 의 형태와 일맥상통한다. 모두 막대기나 채찍을 들고 소와 양을 좇는 형상이며, 방목하는 축산 방식을 표현한다. 소전체(小篆體) 자형 의 본의(本義)는 '기르다'이며, 우리에 가두어 기르는 방식을 나타낸다. 이와같이 우리에 가두어 기르는 방식을 나타내는 글자에는 뇌(牢), 환(圂), 양(養), 추(芻) 등이 있다.

牢는 은상(殷商) 시대에 이체자(異體字)가 많이 나타난다. 牛로 구성된 가 있고, 羊으로 구성된 도 있고, 馬로 구성된 도 있다. 바깥쪽 구건(構件)은 평지에 둘러친 우리이다. 전체 형태는 '우리에 가축을 가두어 기른다'는 의미를 나타낸다. 갑골복사(甲骨卜辭)에서 이 글자의 의미는 주로 제사를 지낼 때 바치는 가축인 희생(犧牲)을 나타낸다. 고대 제사에 쓰였던 희생은 특수한 사육방법으로 길러졌다. 이른바 "무늬가 있고 채색된 옷을 걸쳐주고, 여물과 콩을 먹인다[衣以文繡, 食以芻菽]” 이 과정을 거쳐야만 牢라고 할 수 있다. ‘태뢰(태牢)’·‘소뢰(少牢)’ 등이 있다. 나중에 동물을 기르는 곳을 牢라고도 불렀다. 牢의 글자 형태는 동물을 우리에 가두어 사육했음을 나타낸다.

圂의 갑골문은 이다. 돼지를 가둔 돼지우리를 나타낸다. 圂은 고대 문헌에서 ‘돼지우리’라는 의미 외에 ‘화장실’이라는 의미도 있었다. 중국 북방 일부 지역에서는 화장실이 돼지우리와 연결되어 돼지가 사람의 배설물을 먹기 때문이다. 분뇨를 사용하여 육류 동물을 사육하는 방식은 중국 춘추시대(春秋時代)에 이미 있었다. 최초의 기록은 『국어(國語)』「진어(晉語)」에서 볼 수 있다. 『국어(國語)』「진어(晉語)」에서 “신은 예전에 문왕의 어머니가 임신했었을 때 몸에 아무런 변화가 없었고, 돼지를 키우는 뒷간에서 소변을 볼 때 문왕을 낳았는데 아무런 고통도 느끼지 못하였다고 들었다[昔者大任娠文王不變, 少溲於豕牢, 而得文王不加病焉]”라는 기록이 있다. 여기서 ‘시뇌(豕牢)’는 돼지를 키우던 화장실을 가리킨다. 서한(西漢)에서 서진(西晉)시대에 이르기까지, 고분에서 출토된 도자기 유물에는 돼지우리 모양이 흔하게 나타난다. 하북성(河北省)과 하남성(河南省) 등지에서 출토된 도기의 그림에서는 화장실 옆에 위치한 돼지우리가 전체 저택의 일부임을 보여준다. 당시 부잣집이든 일반 농민의 집이든 화장실은 모두 돼지우리와 연결하여 지었다.

동물을 우리에 가두어 기르면서, 동물을 위한 음식을 제공하게 되었다. 養의 소전체는 부수를 食으로 삼았다. 동물에게 음식을 주는 것이 동물을 사육함에 가장 중요한 특징임을 보여준다. 풀을 베거나 산나물을 채취하는 것이 일상적이고 중요한 노동이 되었다. ‘추(芻)’의 갑골문 는 손으로 풀을 자르는 형태를 나타

내며, 돼지풀을 베는 모습이다. '돼지풀'의 의미는 나중에 '가축이 먹는 풀'의 의미로 인신(引申)된다. 예를 들면, 위에서 언급한 "무늬와 채색의 옷을 걸쳐주고, 풀과 콩을 먹인다[衣以文繡, 食以芻菽]"의 芻는 '가축이 먹는 풀'을 의미한다.

牡 牝

모 mǔ 빈 pìn

오랫동안 동물을 기르면서, 사람들은 점차 동물의 습성에 잘 이해하게 되고 동물의 성장과 생식의 법칙을 파악하게 되었다. 그리고 특정 동물을 길들여 인류의 생존에 활용하였다. 예를 들면, 牡의 갑골문 자형에는 이체자(異體字)가 많다. 牛로 구성된 , 豕로 구성된 , 羊으로 구성된 , 鹿으로 구성된  등의 많은 이체자가 나타난다. 글자에 나타나는 다른 구건(構件)은 '수컷 생식기'를 나타낸다. 각각 수소·수퇘지·숫양·수사슴이라는 뜻이다. 牝의 갑골문 자형도 이체자가 많이 나타난다. 牛로 구성된 , 豕로 구성된 , 羊으로 구성된 , 虎로 구성된  등이 있다. 글자에 나타나는 다른 구건(構件)은 암컷을 나타낸다. 각각 암소·암퇘지·암양·암호랑이라는 뜻이다. 牡와 牝의 이체자가 많이 나타나는 것은 당시 동물의 암수를 구별하는 것이 중요한 일임을 나타내며, 축산업이 당시 사회에서 중요한 위치를 차지하고 있었음을 알 수 있다.

狩 犁 爲

수 shòu 리 lí 위 wéi

狩의 갑골문은 이다. 왼쪽 구건(構件)은 고대 중국인들의 수렵 활동에 무기로 사용되던 끝이 갈라진 막대기이다. 오른쪽 구

건(構件)은 개를 나타낸다. 당시 개가 사냥에 활용되도록 길들였음을 나타낸다.

犁의 소전체는 이다. 『설문해자(說文解字)』에 “밭을 갈다. 牛로 구성되며 黎는 성부이다[耕也. 從牛黎聲]”고 해석한다. 犁가 牛로 부수로 삼고 있는 이유는 소와 농경의 관계가 매우 밀접기 때문이다. 소를 길들여서 쟁기를 끌고 밭을 갈게 하였다. 소가 언제부터 농사에 이용되었는지에 대해서는 다양한 설이 있다. 춘추시대(春秋時代)부터 시작되었다는 것이 가장 통용되는 설이다. 당시 사람들은 희생용 소와 밭가는 소를 많이 비교하였다. 『논어(論語)』「옹야(雍也)」에 “밭을 가는 송아지라도 붉은 몸과 가지런한 두 뿔을 가지고 있다면, 산천의 신이 그것을 내버려 두겠는가?[犁牛之子騂且角, 雖欲勿用, 山川其舍諸?]”라고 하였다. 중궁(仲弓) 같은 인재를 그의 아버지가 천하다고 하여, 어찌 내팽개치겠는가를 이야기하는 대목이다. 공자는 “붉은 몸과 가지런한 두 뿔을 가진 송아지”를 들어 비유하고 있다. 당시 소가 농사에 활용되는 것이 상당히 보편화되었음을 보여준다. 옛 사람들의 이름과 자(字)는 대부분 연관이 있다. 춘추시대 공자의 제자 사마경(司馬耕)의 자(字)는 자우(子牛)이다. 염경(冉耕)의 자는 백우(伯牛)이다. 당시 소(牛)가 농사(耕)에 활용되었음을 나타낸다.

爲의 갑골문은 이다. 손으로 코끼리를 끄는 모습을 나타낸다. 고대에 인류가 노동을 위해 코끼리를 부렸음을 나타낸다. 본의(本義)는 ‘하다’이다. 爲의 갑골문 자형은 은상(殷商) 시대에 이미 코끼리를 길들여 활용하였음을 나타낸다. 중국 고대에 “코끼리가 밭을 갈고, 새가 김을 맨다[象耕鳥耘]”이라는 성어(成語)가 있다. 은상(殷商) 시대 황하 유

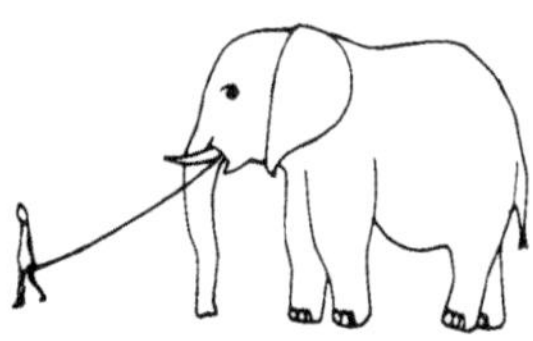

역은 따뜻하고 습윤한 아열대 기후여서 코끼리가 살기에 적합하였다. 고고학 발굴에서 황하 유역에 코끼리 뼈들이 많이 출토되어 이를 뒷받침해주고 있다. 爲의 고대 문자형태와 문헌 자료에 근거하면, 당시에 코끼리를 이용해 경작(耕作)하였음을 알 수 있다.

3. 고대의 농업

농기구(農具)

焚
분 fén

중국 고대사회는 채집과 어획을 주요 생산양식으로 삼았고, 야생 과일·생선·조개·짐승이 주요 식량 공급원이었다. 인구가 증가하고 인류의 지혜가 향상됨에 따라 고대인들은 새로운 삶의 길을 찾기 시작하면서 농업 생산에 종사하기 시작했다. 농업을 시작하려면 먼저 경작할 토지가 필요했다. 그러나 고대에는 아직 대량의 토지가 개간되지 않았고, 삼림과 초지가 대부분이었다. 그러므로 '숲을 불태우고 사냥하는 것[焚林而獵]'이 원시 농업의 전제 조건이 되었고, 불(火)은 고대인들의 황무지 개간을 위한 중요한 도구였다.

焚의 갑골문에 의 형태가 있다. 양손으로 불을 들고 숲을 태우는 것을 나타낸다. 본의(本義)는 '불로 숲을 태우다'이다. 이것은 고대 사냥법의 일종이다. 숲을 태우면 넓은 땅이 공터로 변하였고, 사람들은 이러한 공터를 농경지로 개간하였다. 『설문해자(說文解字)』에 소전체 焚에 대해 "밭을 태운다[燒田也]"라고 해석

한다. 고대 농업은 숲을 불태워 사냥하는 것에서 시작되었고, 주요 도구는 불이었다는 것을 알 수 있다.

고대 전설에 따르면 신농씨(神農氏)는 '염제(炎帝)' 혹은 '열산씨(烈山氏)'라고 불린다. '염(炎)'과 '열(烈)'의 의미는 모두 불과 관련된 것이다. 이는 원시 농업이 불이 밀접한 관계가 있다는 것을 보여준다.

農
농 nóng

農의 금문(金文)은  혹은 이다. 은 辰과 林의 두 구건(構件)으로 구성되고, 은 辰·茻·又·田의 네 개 구건(構件)으로 구성된다. 辰은 조개껍데기이며, 고대 제초용 농기구이다. 又는 '오른쪽 손'이란 의미이다. 茻은 무성한 들풀이다. 그러므로 農의 금문(金文) 자형은 조개껍데기를 들고 밭의 무성한 들풀을 솎아내는 것을 나타낸다.

고고학 발굴에서 천연 조개껍데기로 만든 김매기 도구가 대량으로 출토되었다. 『회남자(淮南子)』「범론훈(氾論訓)」에서 "옛날에는 보습을 날카롭게 하여 밭을 갈고, 조개껍데기를 갈아 김을 매었다[古者剡耜而耕, 摩蜃而耨]"라는 기록이 있다. 이 기록과 農의 금문(金文) 자형에서 중국 고대인들이 실제로 조개껍데기를 개간 도구로 사용했음을 보여준다. 이 밖에도 출토된 석기와 『본초강목(本草綱目)』의 "남방 등주에서 밭을 개간할 때 돌로 된 칼을 사용하였다[南方藤州墾田, 以石爲刀]"라는 기록을 근거할 때, 고대인들이 석기를 개간 도구로 사용했음을 알 수 있다.

力
력 lì

力의 갑골문은 이다. 고대의 '칼날이 하나 있는 나무 쟁기'를 나타낸다. 원시의 땅을 파던 도구는 처음에는 끝이 뾰족한 나무 막대기였다. 생산 활동 과정에서 사람들은 점차 뾰족한 나무 막대기를 개조하였다. 아랫부분을 살짝 기울여 땅을 파기에 더 편리하게 만들었다. 또한 막대기 아랫부분에는 발판이 되는 횡목을 대어 땅을 파는 힘을 더 강화하였다. 이것이 바로 '칼날이 하나인 나무 쟁기'이다. 티베트 지역 문팔족(文八族)이 사용하는 '청강차(靑岡杈)'는 길이가 170㎝정도 되는 떡갈나무 막대기와 15㎝의 횡목으로 만든 것이다. 그 모양은 '力'의 갑골문 형태와 매우 유사하다.

구건(構件) 力을 포함하는 갑골문에서 力은 모두 농기구를 나타낸다. 즉 '칼날이 하나인 나무 쟁기'이다. 예를 들면, 앞 장에서 언급한 男은 농기구 力으로 밭을 가는 것을 나타낸다. 고대의 농사는 주로 남자가 담당하기 때문에, 나중에 이 글자는 '남자'라는 의미로 사용되었다. 이외에도 協의 갑골문  혹은 은 많은 농기구를 함께 사용하는 모습으로 협동과 협력을 나타낸다.

耒
뢰 lěi

'적(耤)'의 갑골문은 이다. 한 사람이 두 손으로 쟁기(耒: 두 개의 갈퀴를 가진 쟁기)를 들고, 한 발로는 땅을 짚고, 한 발로는 쟁기 끝에 있는 작은 널빤지 위를 밟고 있는 것을 나타낸다. 이 모습이 쟁기로 땅을 갈아엎던 실제 모습이다.

耒는 원시시대의 중요한 농기구였기 때문에 각종 농기구의 총칭으로 많이 쓰인다. 그러므로 나무로 만들어지거나 손잡이가 달린 기타 농기구를 나타내는 한자를 만들 때 耒를 구건(構件)으로 사용하였다. 예를 들면 '정(耓)'·'경(耕)'·'운(耘)'·'파(耙)'·'치(耛)'·'사(耜)'·'서(耡)'·'적(耤)'·'우(耦)'·'루(耬)'·'누(耨)'·'방(耪)'·'초(耖)'·'상(耥)' 등이다.

以

이 yǐ

以의 갑골문은 이고, 금문(金文)은 이다. 모두 쟁기(耜)의 형태를 나타낸다. 耜는 일반적으로 사용되던 농기구였기 때문에 '사용하다'의 의미로 인신(引申)되었다. 글자형태를 근거할 때, '사(耜)'와 '뢰(耒)'가 다르다는 것을 알 수 있다.

'사(耜)'는 아래에 두 개의 날이 있고, '뢰(耒)'는 아래에 하나의 날이 있다. 나중에 '사(耜)'와 '뢰(耒)'는 합쳐져서 '리(犁)'가 되었다. '리(犁)' 하부의 흙을 뒤집는 데 쓰이는 부분이 '사(耜)'이며, 상부의 손으로 잡는 구부러진 나무부분이 '뢰(耒)'이다.

농경지의 관개(灌溉)

熯 雩

한 hàn　　우 yú

원시시기 농업 관개는 빗물에 의존하였기 때문에 빗물은 농업의 생명줄이었다. 갑골복사(甲骨卜辭)의 기록내용은 '왕의 유렵(遊獵)'과 '전쟁의 길흉'을 제외하고는 대부분 '복우(卜雨: 비가 올지를 점침)'·'복년(卜年: 통치기간을 점침)'·'복화(卜禾: 수확을 점침)'가 가장 많다. 하늘에 의지하여 살던 중국 고대인들은 하늘에서 비를 기원하는 것이 가뭄 대처의 주요 방법이었기 때문에 온갖 방법을 동원하여 비를 기원했다.

熯의 갑골문 은 '사람을 불태우는 것'을 나타낸다. 원시시기에 가뭄 때 살아 있는 사람을 불에 태워 비를 기원하던 풍습을 나타낸다. 熯은 갑골복사에서 기우제(祈雨祭)를 나타낸다. 문헌의 기록에 의하면, 하(夏)나라 계(啓) 임금 때 황하 하류에 큰 가뭄이 들었다고 한다. 계(啓) 임금은 그의 어머니를 죽여 그녀의 시체를 작게 잘라 각지에 묻는 방법으로 가뭄을 막고 비를 기원하였다. 또한 상(商)나라 탕(湯)임금은 가뭄을 해소하기 위해 스스로 희생하여 비를 기원하려고 불을 붙였는데, 갑자기 폭우가 내렸다는 기록도 있다. 사람을 죽이거나 불태워 비를 기원하던 방법은 고대에 흔히 행해지던 것이다. 고대 멕시코, 근대 방글라데시·베트남·필리핀 등에서도 이러한 기우제가 행해진 적이 있다.

雩의 갑골문은 이며, 소전(小篆)는 혹은 로 나타난다. 『설문해자(說文解字)』에서 "우제(雩祭)는 여름에 지낸다. 춤으로 적제(赤帝)를 즐겁게 하여 비가 내리기를 기원한다. 우(雨)로 구성되며 우(于)는 성부(聲符)이다. , 혹은 羽로 구성되기도 한다. 우(雩)는 깃털 춤이다[夏祭, 樂於赤帝, 以祈甘雨也. 從雨于聲. , 或從羽. 雩, 羽舞也]"라고 해석한다. 는 雨로 부수로 삼으며 기우제를 의미한다. 는 羽로 부수로 삼으며, 비를 기원하기 위해 깃털 춤으로 우신(雨神)을 즐겁게 하는 것을 의미한다. 왜 깃털이 기우제 춤의 도구로 사용되었을까? 『석명(釋名)』에 "우(雨)는 우(羽)이다. 새의 깃털처럼 움직이며 흩날리는 것과 같다[雨, 羽也. 如鳥羽動則散也]"라고 해석한다. 새의 깃털이 흩날리는 것이 사방에 흩어지는 빗줄기를 연상하게 한다. 그러므로 깃털춤으로 기우제를 지내는 샤머니즘이 생겨났다.

중국 고대인들은 다양한 기우제를 지냈지만, 때때로 하늘은 이를 들어주지 않았다. 그래서 고대인들은 하늘에 기원하는 동시에 자신에게도 기원하였다.

井 坡 堰
정 jǐng 파 pō 언 yàn

전설에 의하면 백익(伯益)이 우물을 발명하였다고 한다. 최초의 우물은 지하수까지 땅을 파고, 물 긷는 사람은 물동이를 안고 계단을 통해 굴로 내려가 물을 가득 길어 나오는 방식이었다. 『장자(莊子)』「천지(天地)」 "땅굴을 파서 우물로 들어가고, 물독을 안고 나와서 관개하였다[鑿隧而入井, 抱甕而出灌]"라는 말은 중국 고대인들이 우물을 이용하여 관개한 것을 묘사하고 있다. 우물의 물로 관개하는 방법은 효율성이 매우 낮다. 그래서 물을 끌어 올리는 '교(橋: 두레박 틀)'가 생겨나게 되었다. 『설원(說苑)』「반질(反質)」에 "위(衛)나라에는 다섯 명의 남자가 있는데 그들은 물독을 메고 우물에서 물을 길어 부추밭에 물을 주었다. 하루 종일 한 뙈기밖에 물을 주지 못하였다. 어느 날 등석(鄧析)이라는 정(鄭)나라 대부(大夫)가 이곳을 지나쳤다. 그는 수레에서 내려 그들에게 이르기를 '너희는 교(橋)를 만들어라. 뒷부분은 무겁고 앞부분은 가볍다. 그것을 사용하여 땅에 물을 주면, 하루 백 뙈기에 물을 주어도 피곤함을 느끼지 않는다'[衛有五丈夫. 俱負缶而入井灌韭. 終日一區. 鄧析過. 下車. 爲教之曰: '爲機, 重其後, 輕其前, 命曰橋. 終日灌韭百區不倦']"라는 기록이 있다. '교(橋)'는 지렛대를 사용하여 물을 끌어 올리는 기구이다. 한(漢)나라 이후 깊은 우물에는 두레박을 널리 사용하기 시작하였다.

농경지 관개와 배수 및 침수 방지를 위해 사람들은 밭에 다양한 길이와 폭의 도랑을 팠다. 『설문해자(說文解字)』에 ㄑ, ㄍ, 川 세 글자가 있다. 허신(許愼)은 "ㄑ은 작은 도랑이다. 『주례(周禮)』의 기록을 따르면 장인이 도랑을 파는데, 쟁기날의 폭이 5촌(寸)이었고, 두 개의 쟁기날을 한 짝으로 삼았다. 한 짝으로 판 너비 1척, 깊이 1척 도랑을 ㄑ라고 한다. ㄑ의 배가 되는 것은 '수(遂)'라고 한다. '수(遂)'의 배가 되는 것은 '구(溝)'라고 하고, '구(溝)'의 배가 되는 것은 '혁(洫)'이라고 한다. '혁(洫)'의 배가 되는 것은 ㄍ이라고 한다[ㄑ, 水小流也. 周禮匠人為溝洫, 耜廣五寸, 二耜為耦, 一耦之伐, 廣尺深尺謂之ㄑ, 倍ㄑ謂之遂, 倍遂謂之溝, 倍溝曰洫, 倍洫曰ㄍ]"라고 해석한다. 또한 "천(川)은 흐르는 물을 관통한 것이다[川, 貫穿通流水也]"라고 하였다. ㄑ, ㄍ, '천(川)'은 모두 크기가 다른 도랑이다. 마지막으로 ㄍ은 '천(川)'으로 통하고, '천(川)'은 바다로 통한다.

『사기(史記)』「하본기(夏本紀)」에 "대우(大禹)는 구주(九州)의 큰 강을 뚫어 바다로 흐르게 하고, 논밭에 도랑을 쳐 큰 강으로 흐르게 하였다[決九川致四海, 浚畎澮致之川]"라는 기록이 있다. 또한 『논어(論語)』「태백(泰伯)」에서 "대우는 자신이 사는 집은 형편없지만, 물을 다스리는 데에 최선을 다하였다[卑宮室而盡力於溝洫]"라는 기록이 있다. 이 외에도 형병(邢昺)의 『효경정의(孝經正義)』에 "구혁(溝洫)은 밭의 물이 통하는 도랑이다. 우임금은 자신이 사는 집은 형편없었지만, 논밭의 도랑(물)을 다스리는 최선을 다하였다[溝洫, 田間通水之道也. 言禹卑下所居之宮室, 而盡力以治田間之溝洫也]"라는 기록도 전한다. 하(夏)나라 농지에 도랑을 파 배수와 관개의 수단으로 활용하여서 가뭄과 홍수 재해를 줄였다는 것을 나타낸다.

논밭에 도랑만 파는 것으로는 부족함이 있었다. 풍년을 보장받기 위해서 대규모 수리 건설 공사가 이루어졌다. '피(陂)'와 '언

(堰)'은 모두 춘추시대(春秋時代)에 시작된 저수 및 관개 공사이다. '피(陂)'는 阝를 부수로 삼는데, 阝는 '언덕'을 의미하는 '부(阜)'의 간체(簡體)이다. '피(陂)'는 본디 산비탈을 가리키는데, 나중에는 물가의 산비탈만 가리키게 되었다. 중국 사람들은 저수 시설을 설치하기 위해 구릉이 둘러싸인 땅을 선택하여 주변 언덕을 보수하여 인공 못을 만들었다. 그러므로 이런 못을 '피(陂)'라고 부르기도 한다. '피(陂)'는 처음에는 홍수를 차단하고 논밭을 보호하기 위해 사용되다가 점차 저수 및 관개 공사로 변하였다. 『회남자(淮南子)』「설림훈(說林訓)」에 "10경의 패(陂)는 40경의 논밭에 관개할 수 있다[十頃之陂, 可以灌四十頃]"라는 기록이 있다. '언(堰)'은 土를 부수로 삼는다. 본의(本義)는 인공으로 흙을 쌓아 만든 댐이다. 댐은 종종 하천의 얕은 여울에 건설되어 홍수 방지·저수 및 관개 통제 등의 역할을 한다. 중국 고대의 유명한 수리 공사인 '도강언(都江堰)'은 성공한 배수 및 관개 공사이다.

거름 주기(施肥)

屎 圂

시 shǐ 환 hùn

중국 고대인들은 볏모가 무럭무럭 자라나도록 일찍부터 밭에 거름을 쓰기 시작하였다. 『예기(禮記)』「월령(月令)」에 "밭에 거름을 준다[可以糞田疇]"라는 기록이 있고, 『회남자(淮南子)』「본경훈(本經訓)」에 "밭에 거름을 준 후에 곡물을 심는다[糞田而種穀]"라는 기록이 있다. 또한 『순자(荀子)』「부국(富國)」에 "거름을 많이 주어 밭을 비옥하게 하는 것은 농민의 일이다[多糞肥田, 是農夫衆庶之事也]"라는 기록도 있다. 이것은 모두 고대인들이 밭을 비옥하게 만들기 위해 거름을 주었던 것을 기록한 것이다. 갑골문 는 인간의 대변을 나타낸 것으로 屎의 초문(初文)이다. 이 글자는 갑골복사(甲骨卜辭)에서 동사로 쓰이는데, 용법이 위 문헌 중에 나타난 糞의 용법과 유사하다. '시전(屎田)'은 '밭에 거름을 주다'이다. 예를 들면, 『갑골문정수역석(甲骨文精粹譯釋)』 탑본편(搨本片) 184에서 "경신일(庚辰日)에 점친다. 경신일에서 나흘째 되는 계미일(癸未日)까지 서쪽 평야의 논밭에 거름을 주면 장차 풍작을 거둘 수 있는지 물었다[庚辰卜, 貞翌癸未, 屎西單田, 受有年]", "2월 중에는 분뇨를 충분히 시비해야 한다[屎有足. 二月]"라는 기록이 있다. 모두 은상(殷商)시기 중국인들이 분뇨 거름으로 밭을 비옥하게 하는 법을 알고 있다는 것을 나타낸다. 『제민요술(齊民要術)』에는 한(漢)나라 범승지(氾勝之)의 『범승지서(氾勝之書)』 「구전법(區田法)」 내용을 인용하여 "이윤(伊尹)이 모두에게 구전법(區田法)을 가르치며, 분뇨로 거름을 주고 곡식에 물을 주는 것도 가르쳤다. 구전(區田)은 거름 냄새가 가득한 것이 좋으며, 반드시 옥답이 아니어도 된다[伊尹作爲區田, 教民糞種, 負水澆稼, 區田以糞氣爲美, 非必須良田也]"라는 기록이 있다. 이러한 문헌 기록들은 은상(殷商)시기에 중국인들이 분뇨 거름으로 밭을 비옥하게 하는 법을 알고 있었다는 것을 보여준다.

圂의 갑골문 는 돼지를 우리에 가둔 돼지우리를 나타낸다. 『설문해자(說文解字)』에 "뒷간이다. '囗'로 구성되며, 돼지가 우리에 있는 것을 나타낸다[廁也, 從囗, 像豕在囗中也]"라고 해석한다. 중국 상고(上古)시기에는 돼지우리를 뒷간으로 삼았음을 알 수 있다. 이러한 풍속은 한(漢)·위(魏)까지도 여전히 이어졌다. 한(漢)·위(魏)시대 고분에서 출토된 도기(陶器)에는 돼지우리를 뒷간으로 삼은 것을 그린 그림들이 많이 보인다. 오늘날 중국 농촌 지역에 여전히 보이는 돼지우리와 연결된 뒷간의 형태는 고대의 풍습을 따른 것이다. 이런 곳이 바로 분뇨를 저장하는 곳이다. 서한(西漢) 사유(史游)가 편찬한 『급취편(急就篇)』에 “뒷간의 분뇨는 토양을 비옥하게 하는 데 사용할 수 있다[屏廁清圂糞土壤]”라는 기록이 있다.

메뚜기 박멸

螽
종 zhōng

메뚜기는 농작물의 해충이다. 중국 고대인들은 충해에 대해 일찍부터 기록하였다. 『춘추』「환공5년(春秋·桓公五年)」에 “가을에 메뚜기 충해가 있었다[秋, 螽]”라는 기록이 있다. 螽의 소전체는  혹은 로 나타난다. 본의(本義)는 메뚜기다. 은상(殷商)시대 사람들은 메뚜기 충해의 피해를 매우 중시하였다. 그들은 하늘에 제사를 지내 신에게 충해를 없애 달라고 빌었다. 그리고 적극적으로 메뚜기 퇴치를 위해 노력했다. 秋의 갑골문  혹은 는 메뚜기를 불태우는 모습을 나타낸다.

메뚜기는 군집 해충이다. 메뚜기 날개가 자라기 전에 사람들은 메뚜기를 낮은 곳으로 몰아서 불태웠다. 이른바 ‘분황보수(焚蝗保收: 메뚜기를 불태워 수확을 보증한다)’이다. 『예기(禮記)』「왕제(王制)」에서 “곤충이 땅속에 칩거하기 전에는 밭을 불태워서는 안 된다[昆蟲未蟄, 不以火田]”라는 기록이 있다.

밭을 태우기 가장 좋은 계절은 곤충이 칩거할 때이며 탈출할 수 없는 시기에 일망타진할 수 있다는 것이다. 『논형(論衡)』「순고(順鼓)」에서 “메뚜기 충해 시기가 되면 메뚜기가 날기도 하고 모이기도 한다. 메뚜기가 날아가는 곳마다 곡식과 풀은 시들어버린다. 관료가 군중을 거느리고, 깊은 구덩이를 판다. 메뚜기를 깊은 구덩이로 몰아넣고, 메뚜기를 한데 긁어모으면 수천 곡수나 되었다[蝗蟲時至, 或飛或集. 所集之地, 穀草枯索. 吏卒部民, 塹道作坎, 榜驅內於塹坎, 杷蝗積聚以千斛數]”라는 기록이 있다. 이 기록에서는 메뚜기의 생태학적 습성과 피해, 그리고 구덩이를 파서 메뚜기를 잡는 방법에 대해 자세히 설명하고 있다. 『한서(漢書)』「평제기(平帝紀)」에서 “사람을 파견하여 메뚜기를 잡게 했다. 백성들이 메뚜기를 잡아 관리들에게 보내면 무게에 따라 돈을 지급한다[遺使者捕蝗. 民捕蝗詣吏,以石斗受錢]”라는 기록도 있다. 대중을 동원하여 메뚜기를 잡도록 한 것을 기록한 최초의 사례이다.

곡물의 수확

利

리 lì

利의 갑골문 는 칼로 벼를 벨 때 껍질이 사방으로 튀는 것을 나타낸다. 고고학 발굴에서 신석기 시대의 돌칼과 조개껍데기 칼이 많이 발견되었는데, 그중 일부 돌칼과 조개껍데기 칼은 당시의 수확 도구로 확인되었다.

銍

질 zhì

갑골문 의 왼쪽 구건(構件)은 수확 대상을 나타내는 禾이고, 오른쪽 구건(構件)은 ‘낫’처럼 생긴 수확 도구이다. 고고학 발굴에서 상(商)나라 중기 이후의 돌낫과 조개낫이 많이 발견되었다. 이

낫은 크게 두 종류가 있다. 하나는 나무 손잡이를 달 수 있는 긴 손잡이 낫으로, 그 기능은 곡물 볏짚을 잘라내는 것이다. 다른 하나는 구멍이 뚫린 장방형이나 반달형 돌칼와 조개껍데기 칼로 곡물의 벼 이삭을 거두는 역할을 한다. 벼 이삭을 자를 때 돌칼이 손에서 빠지지 않도록 구멍에 묶은 밧줄로 돌칼을 손가락에 묶었는데, 이러한 돌칼이 훗날의 '銍'이다. 『설문해자(說文解字)』에서 "질(銍)은 벼를 베는 짧은 낫이다[銍, 獲禾短鐮也]"라고 해석한다. 『한서(漢書)』「왕망전(王莽傳)」에서 "내가 서쪽을 순찰할 때 반드시 銍을 들고 가서 직접 벼를 베는데, 모든 현에서 수확을 하여 가을 수확을 권면한다[予之西巡, 必躬載銍, 每縣則獲, 以勸西成]"라는 기록이 있다. 銍은 벼를 베는 짧은 낫이며 비교적 가볍다. 당시 임금이 상징적인 수확을 할 때 銍을 사용했음을 알 수 있다.

穗

수 suì

穗는 춘추(春秋)시대에 의 형태로 나타난다. 손으로 벼 이삭을 따는 것을 나타낸다. 갑골복사(甲骨卜辭)에는 의 형태로도 나타나는데, 이것 역시 손으로 벼 이삭을 따는 것을 나타낸다. 이러한 자형과 발굴을 통해 발견된 '이삭이 없는 벼와 밀짚'은 중국 고대 농업의 수확 방법이 먼저 이삭을 수확한 다음 짚을 처리하는 것이었음을 보여준다.

곡물의 가공

맛있는 쌀밥을 입에 넣으려면, 벼 이삭에서 쌀을 만드는 일련의 가공 과정을 거쳐야 한다.

枷

가 jiā

갑골복사의 는 한 손으로 밀을 잡고 다른 한 손으로 막대기를 들고 밀을 치는 것을 나타낸다. 밀을 수확한 후 밀 이삭을 쳐서 탈곡하는 모습이다. 이런 막대기는 점차 곡물 탈곡 전용의 '枷(도리깨)'로 진화하였다. 『석명(釋名)』에 "枷, 발음은 加이다. 막대기에 손잡이를 달아 이삭을 패면 곡식이 나온다[枷, 加也. 加杖於柄頭, 以撾穗而出其穀也]"라고 해석한다.

舂

용 chōng

舂의 갑골문은 이고, 서주(西周) 금문(金文)은 이다. 한 사람이 두 손으로 절굿공이를 움켜쥐고 조를 찧는 모습이다. 은허(殷墟) 5호분에서 주사(朱砂) 연마용 절구가 발견되었다. 은상(殷商)시대 사람들이 절굿공이를 사용하여 곡물을 가공하였을 것으로 추측된다. 秦의 갑골문은 이다. 두 손에 절굿공이를 움켜쥐고 벼를 찧는 모양이다. 찧는 과정을 중에 단단한 낟알의 껍질이 제거된다.

康

강 kāng

康의 갑골문은 이다. 쌀과 겨를 체질하는 도구를 나타낸다. 가운데 부분은 상자모양이고, 상자 바닥에는 체처럼 촘촘한 구멍이 있다. 위쪽 부분은 입구이며, 아래쪽에는 두 가닥의 줄이 있다. 껍질을 벗긴 쌀을 상자 입구에 붓고 좌우에서 두 사람이 줄

을 당겨 흔들면 겨가 밑으로 새어 나온다. 의 아래쪽 점들은 떨어지고 있는 겨이다.

碾 磨

녇 niǎn 마 mó

껍질을 벗긴 낟알은 가루로 가공할 수도 있다. 가공할 때 사용된 도구는 주로 '碾(돌절구)'과 '磨(맷돌)'이다. 碾과 磨는 모두 石을 부수로 삼아 돌로 만들어졌음을 나타낸다. 하북성(河北省) 농촌에는 70년대까지도 돌절구와 맷돌이 남아 있었다. 碾는 거대한 석제 원기둥체가 받침돌 위에서 구르면서 받침돌 안의 곡식을 가루로 빻는다. 磨는 상하 2개의 돌로 구성되며, 하부 돌은 고정되고 상부 돌이 회전과 연마를 반복하여 돌 사이의 곡물을 가루로 빻는다.

곡물의 저장

곡물 생산은 계절성 활동으로 곡물을 장기간 먹으려면 곡물을 저장해야 한다. 중국 고대인들에게는 곡식을 저장하는 다양한 방법이 있었다.

嗇

색 sè

嗇의 갑골문은 이다. 아래 구건(構件)은 바닥이 높은 곳집이고, 위쪽 구건(構件)은 벼이다. 곳집 위에 곡식이 있는 모습이다. 嗇의 갑골문 자형은 탈곡하지 않은 벼 이삭을 높은 곳에 임시로 저장한 상황을 반영한 것이다. 이렇게 저장하는 이유는 벼 이삭이 탈곡하기 전에 빗물에 젖어 곰팡이가 생기거나 변질하는 것

을 방지하기 위해서이다. 오늘날 중국 농촌 지역에서 농민들도 종종 타작하지 않은 옥수수와 수수의 이삭을 지붕에서 말린다.

廩

름 lǐn

廩의 갑골문은 이다. 노천에 쌓아놓은 곡식더미를 나타낸다. 원형의 낮은 토대 위에 밀짚과 보리 껍질을 쌓고, 꼭대기에는 정자 덮개 모양으로 만들고 흙으로 덧칠한다. '화람자(花籃子: 꽃바구니)'의 형태이다. 단기 저장법은 아니다.

倉

창 cāng

倉(창): 창고

倉의 갑골문은 이다. 문도 있고 창문도 있는 곡식 창고이다. 매우 튼튼하고 오래간다. '름(廩)'은 나중에 구건(構件) 广을 추가하여 '름(廩)'이 가옥식 건축물로 변모하였음을 나타낸다. 고고학 발굴에 의하면, 섬서성(陝西省) 서안시(西安市)의 반파(半坡) 유적지에서 움과 항아리에 보관된 조가 발견된다. 조는 탈곡하지 않은 좁쌀이다. 산도성(山東省) 교주시(膠州市) 삼리하(三里河) 유적지 대문구문화층(大汶口文化層)에서 원시인이 식량을 저장하던 창고를 발견하였는데, 그 안에 $1m^3$가 넘는 조가 있었다. 중국 고대인들이 일찍부터 식량을 저장하는 방법을 알고 있었음을 보여준다. 오늘날 농민들도 쌀·수수·기장 등을 껍질째 보관한다.

4. 한자와 의료

의사(醫)와 무당(巫)의 기원은 동일하다[醫巫同源]

상고시대에는 과학 기술이 발달하지 않아서 무궁무진한 자연 현상을 이해할 수 없었다. 그러므로 중국 고대인들은 귀신이 모든 것을 암암리에 조종하고 있다고 여겼다. 신의 비호를 받으면 재앙과 고통을 없앨 수 있지만 그렇지 않으면 벌을 받는다고 생각했다. 재난과 질병의 고통에서 벗어나기 위해 귀신에게 도움을 청할 때 사람과 귀신의 소통 매개체가 무당이었다. 그러므로 고대인들이 병을 고치기 위해 무당에게 의존했고, 이런 의미에서 무당이 바로 의사였다.

醫	毉
의 yī	의 yī

간체자 医의 번체자에는 醫와 毉 두 개가 있다. 毉는 巫로 구성되어 있어서 의사와 무당의 관계가 매우 밀접하다는 것을 보여준다. 『산해경(山海經)』「대황서경(大荒西經)」에서 "대황(大荒) 중에 영산(靈山)이 있다. 무함(巫咸)·무즉(巫即)·무분(巫肦)·무팽(巫彭)·무고(巫姑)·무진(巫真)·무례(巫禮)·무저(巫抵)·무사(巫謝)·무라(巫羅)라는 10명의 무녀가 이곳에서 산을 오르고 내렸다. 여기에는 다양한 약초들이 자랐다[大荒之中, 有靈山, 巫咸·巫即·巫肦·巫彭·巫姑·巫真·巫禮·巫抵·巫謝·巫羅, 從此升降, 百藥爰在]"라는 전설이 있다. 무당들이 영산에 오르내리며 그곳의 약초를 채집하였고, 무당들이 채집한 것은 일반적인 약초가 아니라 '불사약'이었다. 그들 중 무함(巫咸)은 요(堯) 임금의 신하이다. 그가 뛰어난 방술을

써서 요(堯) 임금의 병을 고쳤다는 전설도 있다. 『산해경山海經』「해내서경(海內西經)」에 "개명(開明)의 거처인 동쪽에는 무팽(巫彭)·무저(巫抵)·무양(巫陽)·무리(巫履)·무범(巫凡)·무상(巫相)이라는 여섯 무당이 있는데, 이들은 알유(窫窳) 시체 주위에 둘러앉아 불사약을 손에 들고 알유(窫窳)의 몸을 되살리려 하였다[開明東有巫彭·巫抵·巫陽·巫履·巫凡·巫相, 夾窫窳之屍, 皆操不死之藥以距之]"라는 전설도 있다. 무당들이 불사약을 써서 죽은 알유(窫窳)를 되살리려고 하였다. 무당이 죽음을 물리치고 상처를 치료하는 것은 의사의 역할과 같다. 최초의 의사는 무당이었다고 할 수 있다.

'무의(巫醫: 무당 의사)'는 성직자 신분이기 때문에 병을 치료하기 위해서 '굿'을 했다. 『한시외전(韓詩外傳)』 권10(卷十)에 "상고시대에 모부(茅父)라는 무의(巫醫)가 있었는데, 의술을 행할 때 부들 풀로 돗자리를 만들고, 풀을 엮어 개를 만들어 굿을 하며, 북쪽을 향해 끊임없이 주문을 외웠다[上古醫曰茅父, 茅父之爲醫也, 以莞為席, 以芻為狗, 北面而祝之, 發十言耳]"라는 기록이 있다. 무의(巫醫)인 모부(茅父)가 굿을 해서 병을 고쳤음을 알 수 있다. 실제로 무의(巫醫)는 병을 치료할 때 무술(巫術)과 의술을 결합한 방법을 많이 사용하였다. 『광박물지(廣博物志)』 권22(卷二十二)에 『물원(物源)』을 인용하여 "신농씨(神農氏)는 처음에 식맥(息脈)을 연구하고, 약성을 분별하여, 침구(針灸)를 만들고, 무방(巫方)을 만들었다[神農始究息脈, 辨藥性, 制針灸, 作巫方]"고 기록한다. 맥을 짚고 약성을 판별하고 침을 놓는 것은 모두 신농씨가 무술과 결합하여 창조한 의료방법이다. 신농씨 때 백족(白族)의 무당들이 짐승으로 병을 고치는 방법을 모색하였다는 전설이 전해진다. 『설부(說郛)』 권31(卷三十一) 「운상사지(芸商私志)」에서 "신농씨 때 백족 무당이 짐승이 가져온 약을 진상하였다. 사람이 병이 나면 짐승의 말을 하는데 그 말은 오직 그들만 알아듣고 다른 사람들은 알지 못했다. 무당의 말이 끝나면 짐승은 들판에서 풀을 뜯고 오고, 그 풀로 즙을 내어 먹으면 나았다[神農時白尼進藥獸, 人有疾病則拊其獸授之語, 語如白尼所傳, 不知何語. 語已, 獸輒如野外銜一草歸. 搗汁服之即愈]"는 전설도 있다. 물론 이것은 무술(巫術)적 환상에 불과하지만 고대의 의술과 무술이 결합되어 있음을 알 수 있다.

의사와 무당의 근원이 같기 때문에, 의술과 신선술의 근원도 일맥상통하게 된다. 진한(秦漢)시대에 성행하던 신선 방생술도 대부분 의술과 무술이 결합된 방식으로 나타났다. 의사가 개업하는 것을 '현호(懸壺)'라고 부르게 된 전설 속 주인공 비장방(費長房)[18]과 의료계를 '행림(杏林)'이라고 부르게 된 전설 속의 동봉(董奉)[19]의 훌륭한 의술은 모두 신비한 힘의 도움을 받은 것이다. 민간 전설 속에도 의사와 무당의 근원이 같았던 고대 중국 의학의 전통을 반영하고 있다.

18) [역주] 동한(東漢) 여남군(汝南郡)에 비장방(費長房)이라는 사람이 있었다. 어느 날, 그는 길거리에서 노인이 조롱박을 매달고 환약을 파는 것을 보았다. 한참 약을 팔다가 길거리 행인들이 점점 흩어지자 노인은 슬그머니 조롱박으로 들어가는 것을 보고, 그는 술과 고기를 사서 깍듯이 노인을 뵈었다. 노인은 그가 온 뜻을 알고 그와 함께 조롱박으로 들어갔다. 조롱박 안에는 하늘이 따로 있는 호화로운 세계가 있었다. 비장방은 10일 동안 노인에게 방술을 배웠다. 나중에 고향으로 돌아오니 이미 10년의 세월이 흘러 있었고, 가족들도 그가 죽은 줄 알고 있었다. 이때부터 비장방은 사람들의 온갖 병을 고쳐 주고 역병을 물리치며 사람들을 살렸다.

19) [역주] 동봉은 동한 때의 의원이다. 동봉은 산에 살면서 농사를 짓지 않았고, 사람들의 병을 치료해 주고 한 푼의 돈도 받지 않았다. 중병(重病)에 걸렸다가 치료된 환자에게 살구나무 5그루를 심게 하고, 가벼운 병이 치료된 환자에게는 1그루를 심게 하였다. 몇 년이 지나자 10만 그루 이상의 살구나무가 심어진 큰 살구나무 숲이 되었다. 여름에 살구가 익으면 동봉은 나무 아래 살구를 저장할 풀로 된 창고를 지었다. 살구가 필요한 사람은 조를 주고 교환할 수 있었는데, 받은 조는 가난한 사람에게 주었다.

고대의 치료약

藥 鬯

약 yào 창 chàng

‘의(醫)’의 소전체는 𧶠이다. 殹와 酉로 구성된다. 殹는 질병을 나타내며, 酉는 술 항아리를 나타낸다. 술이 병을 치료하는 데 사용됨을 나타낸다. 이 글자는 ‘병을 치료하는 의사’를 나타낸다. 술은 혈맥을 통하게 하고, 기질을 보양하며, 위장을 두껍게 하고, 피부를 촉촉하게 하고, 한기(寒氣)를 없애준다. 적당한 음주는 몸의 습기를 제거하고 몸의 풍(風)을 분산시키며 혈액순환을 촉진하는 좋은 수단이다.[20] 따라서 술은 백약 중 으뜸으로 여겨졌다. 醫가 酉로 구성된 것은 술의 의료적인 효능을 부각시킨 것이다. 호남성(湖南省) 장사시(長沙市) 마왕퇴(馬王堆)의 한(漢)나라 고분에서 출토된 서한(西漢) 백서(帛書)에는 52개의 의료방법이 기록되어 있는데, 이 중 33개가 술과 관련이 있다. 진한(秦漢)시대 진월인(秦越人)·순우의(淳于意), 장중경(張仲景) 등의 의학자가 모두 술로 병을 고쳤다는 기록이 있다. 그 후 사람들은 술이 소독제 및 방부제가 될 수 있다는 것을 깨달아 침술이나 소독 치료에 사용하였다.

藥의 소전체는 䒶이다. 『설문해자(說文解字)』에서 “병을 고치는 풀이다[治病艸]”라고 해석한다. 식물이 가장 중요한 한약 공급원임을 보여준다. 전설에 의하면, 신농씨는 자애로운 천신이며, 소머리와 사람 몸의 형체를 하고 있고 힘은 무궁무진하다고 한다. 그는 늘 가난한 사람을 도와 농사를 지으며, 소처럼 묵묵히 사람들을 위해 봉사하였다. 사람들은 신농씨에게 농사를 짓는 법을 배웠고, 충분한 식량을 얻었으며, 굶주림을 걱정하지 않았다. 많

20) [역주] 관련 이론을 뒷받침할 과학적 근거가 없다. 원문 번역일 뿐이다.

은 사람이 밥을 배불리 먹게 되면서 종종 병에 걸렸다. 일부 사람들은 병을 앓은지 오래되어도 치료할 방도가 없어 죽을 때까지 견뎌야 했다. 신농씨가 이런 상황을 알고 초조해하였지만, 무의(巫醫)가 점친 것을 믿을 수도 없었고, 병을 치료할 방법도 없었다. 그는 많은 사람들과 질병을 치료하는 방법에 대해서 논의하였다. 그는 '불에 굽기'·'물 붓기'·'햇볕에 말리기'·'냉동' 등의 다양한 방법을 생각해내었다. 그러나 이런 방법들은 질병의 증상을 완화시킬 수는 있지만 효과는 좋지 않았다. 어느 날 신농씨는 산서성(山西省) 태원시(太原市) 금강(金冈) 일대에서 초목을 먹어봤는데 신맛·단맛·쓴맛·매운맛이 났다. 쓴맛이 나는 풀을 기침이 멈추지 않는 사람에게 먹였더니, 그 사람의 기침이 많이 가라앉았다. 신맛이 나는 풀을 배가 아픈 사람에게 먹였더니, 그 사람의 배가 나았다. 다양한 풀의 맛을 보는 것은 매우 힘든 일이며 초목을 찾기 위해 산을 오르내리며 약초를 맛보는 것은 위험한 일이었다. 신농씨는 약을 찾다가 하루에도 여러 번 독초에 중독되어 죽을 만큼 고통스러워했다. 하지만 그는 강인한 체력으로 꿋꿋하게 더 많은 초목을 지속적으로 맛보았다. 숲에는 초목 품종이 셀 수없이 많았다. 신농씨는 초목을 맛보는 속도를 높이기 위해 도구를 사용하였는데, 바로 '신편(神鞭: 신기로운 채찍, 일명 자편(赭鞭)이다)'이다. '신편(神鞭)'으로 다양한 초목을 채찍질하면 독성의 여부와 다양한 약성이 자연스럽게 드러났다. 신농씨는 초목의 천성을 이용하여 인간의 병을 치료하였다. 그는 성양산(成陽山)에서 '신편(神鞭)'을 휘둘러 치료 효과가 뛰어난 약초를 많이 발견하였다. 예를 들어, 기침약 감초(甘草)·변비약 대황(大黃)·붓기 빼는 약 황련(黃連) 등이다. 그래서 후대에 성양산(成陽山)을 '신농원(神農原)' 혹은 '약초산(藥草山)'이라고 불렀다.

사람이 살다가 걸리게 되는 질병이 너무 다양하여서, 신농씨는 더 많은 질병 치료를 위해 끊임없이 초목을 맛보았다. 한번은 바위틈에 작은 노란 꽃을 피우는 덩굴식물을 맛보았는데 얼마 지나지 않아 배가 쑤시고 창자가 끊어진 것처럼 아파서 땅바닥을 뒹굴었다. 결국 신농씨의 육체는 이를 감당하지 못하고 풀에 독살되었다. 사람들은 신농씨가 목숨을 대가로 발견한 맹독성 풀을 '단장초(斷腸草)'라고 불렀다.

중국 고대인들은 술이 좋은 약제라는 것을 점차 깨닫게 되었다. 그리하여 술과 약초를 혼합하여 새로운 약제인 '약술(鬯)'을 만들었다. 鬯의 갑골문은 이고, 금문은 다. 그릇에 옻기장을 담아 술을 빚는 모양이다. 본의(本義)는 제사 때 쓰는 향초주(香草酒)이다. 울금(鬱金)과 옻기장을 혼합하여 양조한 것이다. 향이 풍부하여 정신을 맑게 하고 독과 썩은 냄새를 제거할 수 있다. 갑골복사(甲骨卜辭)에 '鬯'에 대한 기록이 나타나고 있어서 은상(殷商)시대 사람들이 이미 약주를 만들었다는 것을 알 수 있다. 일부 학자들의 통계에 따르면, 청(淸)나라까지 다양한 의학 서적에 산재해 있는 약주 처방은 거의 천 가지에 달하였으며 민간에 퍼진 민간요법은 셀 수 없이 많았다.

침술 치료법

砭　灸

폄 biān　구 jiǔ

가장 오래된 침술 도구는 砭이다. 砭의 자형은 石으로 구성되어, 석제(石制)의 특징이 부각된다. 砭이 굵은 바늘처럼 생겨서 '석침(石針)'이라고도 하고, '약석(藥石)' 또는 '석(石)'이라고도 한다. 『일체경음의(一切經音義)』에 “병을 치료하는 도구를 약석이라고 하는데, 옛날 사람들은 돌을 바늘로 삼았다[攻病曰藥石, 古人以石爲針]”라는 기록이 있다. 『전국책(戰國策)』「진책(秦策)」에 “편작(扁鵲)이 노하여 석(石)을 던졌다[扁鵲怒而投其石]”라는 기록도 있다. 여기서 ‘약석(藥石)’과 ‘석(石)’은 모두 폄석(砭石: 돌침)을 가리킨다. 돌침을 놓는 것을 砭이라고도 한다. 『설문해자(說文解字)』에 “돌침은 석(石)으로 침놓는 것이다[砭, 以石刺病也]”라고 하였다. 砭의 주요 기능은 화농 부위를 파헤쳐 피고름을 빼내어 종기를 치료하는 것이다. 이런 치료법은 고문자 형태에도 반영되어 있다. 금문(金文) 殷은 으로 나타난다. 왼쪽 구건(構件)은 복부가 크게 튀어나온 모습이며, 복부에 종기가 있음을 나타낸다. 오른쪽 구건(構件)은 손으로 돌침을 들고 그 사람의 배를 찌르는 것이다. 돌침은 종기를 치료하는 상용 도구이며 문헌에 많이 기록되어 있다. 『황제내경(黃帝內經)』「소문(素問)」에 “이 병은 종기이므로 폄석(砭石)을 사용하여 치료해야 한다[其病爲癰瘍, 其治宜砭石]”라는 기록이 있다. 『회남자(淮南子)』「설산훈(說山訓)」에 고유(高誘)가 “돌침을 대고 종기를 찔러 나쁜 피를 나오게 한다[針石所抵, 彈人癰痤. 出其惡血]”라고 주석하였다. 고고학 발굴에서도 돌침이 많이 발견된다. 산동성(山東省) 일조현(日照縣) 서성진(西城鎭) 용산문화(龍山文化) 유적지에서 두 개의 원추형 돌침이 발굴되었다. 하남성(河南省) 정주시(鄭州市) 인근 용산문화(龍山文化) 터에서도 삼각형 돌침 1개가 발굴되었다. 신석기 시대 후기의 중국 고대인들이 이미 돌침의 치료 기술을 알고 있었음을 보여준다. 상주(商周)시대 이후에 청동 제련 기술이 고도로 발전하면서 병을 치료하던 돌침이 점차 금속침으로 대체되었다. 『일체경음의(一切經音義)』에서 “옛 사람들은 石을 바늘로 삼았는데, 오늘날에는 쇠를 바늘로 삼는다. 모두 병을 고치는 데 쓰였다[古人以石爲針, 今人以鐵, 皆謂療病者也]"라는 기록이 있다. 『좌전』「양공23년(左傳·襄公二十三年)」에 복건(服虔)이 "石은 돌침이다. 나중에는 좋은 돌이 없어서 쇠로 대신했다[石, 砭石也, 季世無佳石, 故以鐵代之耳]"라고 주석하였다. 이에 문자에도 金으로 구성된 '침(鍼)'이 등장했고 나중에 '침(針)'으로 간략화되었다. 돌침으로 병을 고치던 기술도 역사 속으로 사라지게 되었다. 『한서(漢書)』「예문지(藝文志)」에서 "의학 경전(醫經)은 인체의 혈맥(血脈)·경락(經絡)·골수(骨髓)·음양(陰陽)·표리(表裏) 등의 생리적 특징을 탐구하여 각종 질병의 근원을 밝히고, 사생의 경계를 구별하는 데 사용되며, 또한 침·돌침·탕약·뜸 등의 치료 방법을 헤아리는 데에도 사용된다[醫經者, 原人血脈經絡骨髓陰陽表裡, 以起百病之本, 死生之分, 而用度箴石湯火所施]"라는 기록이 있다. 안사고(顏師古)가 "잠(箴)은 침놓는 것이다. 석(石)은 폄석(砭石), 즉 석잠(石箴)이다. 옛날에는 병을 고칠 때 돌침을 사용하였지만 지금은 그 기술이 없다[箴, 所以刺病也. 石謂砭石, 即石箴也. 古者攻病則有砭, 今其術絕矣]"라고 하였다. 동한 시대에는 폄석(砭石)을 사용하여 병을 치료하는 기술이 이미 사라졌음을 알 수 있다.

灸는 중국 고대 의학에서 상용하던 또 다른 치료 방법이다. 『설문해자(說文解字)』에서 "灸는 태우는 것이다. 火로 구성되며 久는 성부이다[灸, 灼也. 從火久聲]"라고 해석한다. 단옥재(段玉裁)는 "久와 灸는 모두 젓가락 위에 올려 피부 표면에 닿게 하는 것이다. 무릇 젓가락으로 피부 표면을 찌르는 것이 久이며, 불을 사용한 것은 灸이다[久灸皆取附箸相拒之意. 凡附箸相拒曰久, 用火曰灸]"라고 주를 달았다. 久는 灸의 발음뿐만 아니라 의미를 나타내는 역할도 한다. 즉, 久와 灸는 발음이 같고, 의미가 통하는 동원자(同源字)이다. 灸의 자형은 두 가지 측면에서 灸의 치료특징을 나타내고 있다. 火로 구성되어 불을 지펴야 한다는 것을 나타낸다. 불로 태우는 것이 뜸 치료의 첫 번째 특징이다. 久로 구성되어 피부 표면에 뜸을 뜬다는 것이 두 번째 특징이다. 침술처럼 살을 찌르지 않으며 마사지처럼 간접적이지 않다. 대신 피부 표면의 특정 혈(穴) 위에서 불로 태우고 경혈(經穴)에 열 자극을 주어 기혈과 음양을 조절하고 경맥을 소통시켜 사람을 회복시키는 것이다.

5. 옥석 가공

돌에서 옥으로

石 玉

석 shí 옥 yù

옥을 말하기 전에 먼저 石을 말해야 한다. 石의 갑골문은 혹은 이다. 산의 바위를 나타낸 것으로 본의(本義)는 '산의 바위'이다. 원시 인류의 상용 도구는 막대기와 돌이었다. 돌이 인류문명의 문을 연 셈이다. 돌 가공 정도의 차이는 초기 인류 발전 과정을 알 수 있는 중요한 지표가 된다. 이 기준을 근거로 원시사회를 구석기시대(舊石器時代)와 신석기시대(新石器時代)로 구분할 수 있다. 옥은 돌의 한 종류이다. 『설문해자(說文解字)』에서 玉을 "아름다운 돌이다[石之美]"라고 해석한다. 질감이 단단하고 빛깔이 곱고 윤기가 나는 돌이다. 玉의 갑골문은 혹은 이다. 주렁주렁 달린 옥을 나타내며, 고대의 옥은 일반적으로 줄에 꿰어져 있었음을 보여준다. 『설문해자(說文解字)』에 玉의 고문자 과 소전체 을 수록하고 있다. 『설문해자(說文解字)』에서 “옥은 아름다운 돌이다. 질감이 부드럽고 촉촉하며 윤기가 있어 옥에 어진 마음(仁)이 있음을 나타낸다. 옥은 안팎이 훤히 들여다보이는데 외부에서 내부의 결을 볼 수 있어 옥이 올바름(義)을 지니고 있음을 나타낸다. 옥을 서로 두드리면 맑고 은은한 소리가 나는데, 이는 옥이 지혜(智)를 지니고 있음을 나타낸다. 옥의 본질이 질기고 단단하여, 옥이 비상한 용맹(勇)을 지니고 있음을 나타낸다. 옥 가장자리에 금이 가도 날카롭게 사람을 베지 않는데, 이는 옥이 스스로 억제하고 청렴(絜)함을 지니고 있음을 나타낸다. 많은 옥이 꿰어져 있는 모양이다. ㅣ는 옥을 연결하는 것이다[石之美. 有五德: 潤澤以溫, 仁之方也. 䚡理自外, 可以知中, 義之方也. 其聲舒揚, 尃以遠聞, 智之方也. 不橈而折, 勇之方也. 銳廉而不技, 絜之方也. 像三玉之連. ㅣ, 其貫也]”라고 해석한다. 중국 고대인들에게 옥은 인(仁)·의(義)·지(智)·용(勇)·결(絜)의 다섯 가지 미덕을 가진 사물이었다. 또한 중국 고대인들은 옥에 신력이 있다고 믿어 제사용품과 신과 소통하는 매개체로 많이 사용했다. 禮의 갑골문은 이며, 과 의 두 구건(構件)으로 구성된다. 은 북의 모양이며, 은 ‘두 꿰미 옥’의 모양이다. 고대 제사의례에서 옥이 신과 소통하는 중요한 물건이었음을 보여준다. 또한 靈의 소전체는 혹은 이며, 각각 玉과 巫를 표의구건(表義構件)으로 구성한다. 이는 玉이 신과 소통하는 기능이 있다는 것을 설명한다.

옥은 중국 사람들의 마음 속에서 매우 높은 위상을 차지한다. 중국인들은 옥을 매우 고귀한 물건으로 여겼고, 일부 옥은 가치가 값을 매길 수 없는 보물이 되었다. 전국시대(戰國時代)에 조(趙)나라 혜문왕(惠文王)이 화씨벽(和氏璧)이라는 옥을 얻었다. 진(秦)나라 소왕(昭王)은 15개 성(城)을 화씨벽(和氏璧)과 교환하고자 하였다. 조나라의 인상여(藺相如)는 어명을 받들어 교환을 위해 화씨벽을 가지고 진(秦)나라에 갔다. 그러나 그는 진왕이 성의가 없다는 것을 알고, 재치를 발휘하여 화씨벽을 온전히 조나라로 되돌아가도록 했다. 이것이 바로 '완벽귀조(完璧歸趙)'의 이야기다.

옥의 티

玷　　瑕

점 diàn　　하 xiá

옥은 흠 잡을 데 없이 완벽해야 가치가 높아진다. 한자에 '옥의 티'를 표시하는 글자가 몇 개 있다. 예를 들면, '점(玷)'·'하(瑕)'·'자(玼)' 등이다. 玷은 玉으로 구성되며 點과 동원자(同源字)이다. 點의 본의(本義)는 '작고 검은 점'이고 玷는 '옥의 작고 검은 점'을 가리킨다. 『시경(詩經)』「대아(大雅)」「억(抑)」에서 "백규의 티는 지울 수 있다[白圭之玷, 尙可磨也]"라는 말이 있다.

瑕는 玉으로 구성되며 叚가 성부(聲符)이다. 叚를 성부로 삼은 한자는 대부분 '붉다'라는 의미가 있다. 예를 들면, 騢는 『설문해자(說文解字)』에서 "붉은 털과 흰 털이 섞여 있는 말이다[馬赤白雜毛]"라고 해석한다. 霞는 『설문해자(說文解字)』에서 "붉은 구름이다[赤雲氣也]"라고 해석한다. 鰕는 '삶아서 붉게 익은 새우'이다. 瑕는 『설문해자(說文解字)』에서 "옥에 있는 작고 붉은 점이다[玉小赤也]"라고 해석한다.

瑕의 본의(本義)는 백옥 위의 붉은 점이다. 『사기(史記)』「염파인상여열전(廉頗藺相如列傳)」에 다음과 같은 기록이 있다. 조(趙)나라 인상여(藺相如)는 어명을 받들어 화씨벽(和氏璧)이란 옥을 가지고 진(秦)나라로 교환하러 갔다. 그러나 진왕이 성의가 없다는 것을 알고, 진왕에게 화씨벽에 있는 어두운 점을 보여주겠다고 하였다. 진왕이 화씨벽을 돌려주자 인상여는 사람을 보내 아무도 모르게 조나라로 화씨벽을 돌려보냈다.

瑕와 玼는 동원자(同源字)이며, 두 글자 모두 '옥의 티'를 뜻한다. 나중에는 사물의 결점을 비유할 때도 사용하게 되었다.

옥의 가공

璞 理 琱 琢

박 pú 리 lǐ 조 diāo 탁 zhuó

璞의 갑골문은 이다. 바깥쪽 구건(構件)은 높은 산을 나타내고, 안쪽의 오른쪽 구건은 양손으로 공구를 들고 옥을 파내는 것이고, 왼쪽 위의 구건은 玉이고, 왼쪽 아래 구건은 옥을 담는 광주리다. 이 글자의 형태는 '산속에서 옥을 캐는' 것을 나타내고, 본의(本義)는 옥을 함유한 광석, 즉 다듬지 않은 옥이다.

옥을 璞에서 떼어내려면 반드시 돌의 일정한 무늬를 근거로 판단해야 한다. 理는 玉을 표의구건(表義構件)으로 삼았으며, 본의는 '옥을 다듬다'이다. 즉 옥을 옥돌에서 떼어내는 것이다. 옥돌은 理라는 공정을 거치지 않으면 일반인은 식별하기 어렵다. 『한비자(韓非子)』에는 화씨벽(和氏璧)이란 옥이 다듬어지기 전에 일반 사람들에게 식별하지 못했던 이야기가 실려 있다. 춘추시대(春秋時代) 초(楚)나라에 변화(卞和)라는 사람이 형산(荊山)에서 박옥(璞玉)을 얻었다. 변화는 박옥을 들고 초나라 려왕(厲王)을 만나러 갔다. 초나라 려왕이 옥공(玉工)에게 살펴보라고 하자 옥공은 그것이 돌멩이에 불과하다고 말했다. 초나라 려왕은 크게 노하여 변화에게 임금을 속인 죄로 물어 왼발을 베어버렸다. 려왕이 죽고 무왕(武王)이 즉위하자, 변화는 다시 박옥을 들고 무왕을 뵈러 갔다. 무왕은 다시 옥공에게 명령하여 살펴보았지만, 옥공은 여전히 돌멩이일 뿐이라고 하였다. 이로 인해 변화는 오른발이 베어졌다. 무왕이 죽고 문왕(文王)이 즉위하자 변화는 박옥을 끌어안고 초산(楚山) 아래에서 사흘 밤낮을 통곡하며 눈물을 흘렸고 결국 눈에서 피가 났다. 문왕이 이것을 듣고 사람을 보내 우는 이유를 물었다. 변화가 "나는 나의 두 발을 베여져서 우는 것이 아니다. 다만 보옥이 돌멩이로 취급되고, 충직한 자가 임금을 속이는 자로 취급되어 울 뿐이다"라고 하였다. 문왕이 옥공을 시켜 그 박옥을 쪼개어 보니 정말 희대의 아름다운 옥이 나왔고, 이를 '화씨벽(和氏璧)'이라 불렀다.

옥을 옥돌에서 떼어낸 후에는 계속 다듬어야 옥을 얻을 수 있다. 옥석을 가공함을 나타내는 동사는 주로 '조탁(琱琢)'을 사용한다. 琱와 琢의 소전체는 각각 琱와 琢이다. 『설문해자(說文解字)』에는 두 글자를 모두 "옥을 다듬다[治玉也]"라고 해석한다. 두 글자가 동의사(同義詞)임을 알 수 있다. 그러나 이 두 글자는 약간의 차이가 있다. 琱는 '새기는 것(刻)'에 치중한다. 琢와 啄은 동원(同源) 관계이며, 새가 쪼아먹듯이 조금씩 다듬는 데에 치중한다. 琱의 이체자(異體字) 彫는 彡으로 구성된다. 彡을 표의구건(表義構件)으로 삼은 글자는 대부분 '장식'의 의미를 나타낸다. 彫는 조각한 옥기에 광채가 나는 것을 나타낸다.

옥으로 만든 장식품

珮	璜	璧	瑗	環	玦	琀
패 pèi	황 huáng	벽 bì	원 yuàn	환 huán	결 jué	함 hán

珮와 佩는 동원사(同源詞)이다. 佩는 '몸에 달다'는 의미를 나타낸다. 珮는 몸에 착용하는 '옥 장식품'을 가리킨다. 옥으로 만든 장

식품의 범칭(泛稱)이다. 옥패는 모양에 따라 각각의 이름이 있다.

黃

璜은 『설문해자(說文解字)』에서 "둥글넓적하며 중앙에 둥근 구멍이 있는 반쪽 옥이다. 玉으로 구성되며 黃은 성부이다[半璧也, 從玉黃聲]"라고 해석한다. 璜은 활모양의 옥패이다. 부채꼴·반고리형·반달형·아치형 등 다양한 형태가 나타난다. 흔히 볼 수 있는 璜은 양쪽 끝에 용머리나 짐승의 머리가 무늬로 조각되어 있어서, 무지개가 강에서 물을 마신다는 중국의 전설이 연상된다. 이 때문에 일부 학자들은 璜이 무지개를 모방한 것이라고 주장한다. 璜의 용도는 북방의 신 현무(玄武)에게 제사를 지내는 것이다. 璜의 더 광범위한 용도는 장식용으로 쓰이는 것이다. 일반적으로 대형 璜은 의례용 옥으로 쓰이고, 중소형 璜은 장식용 옥으로 쓰인다.

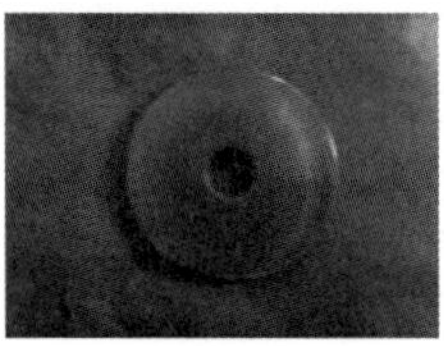

璧

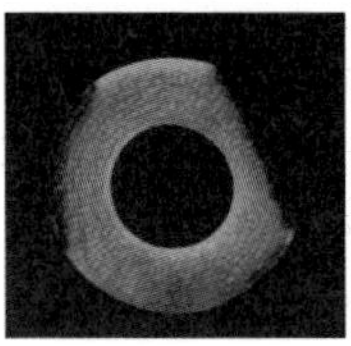

瑗

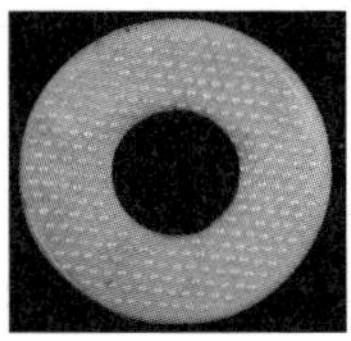

環

璧·瑗·環은 모두 중앙에 구멍이 뚫린 평평한 원형 옥기이며, 세 글자 모두 표의구건(表義構件) 玉으로 구성된다. 이 옥기들은 부분별 전문 용어가 있다. '육(肉)'은 옥으로 이루어진 부분을 가리키며, '호(好)'는 가운데 있는 구멍 부분을 가리킨다. 璧·瑗·環 세 옥은 중앙 구멍의 크기가 다르다. 옥 부분의 넓이가 가운데 구멍의 두 배인 옥기를 璧이라 한다. 璧은 중앙의 구멍 크기가 작다. 옥 부분의 넓이가 가운데 구멍의 2분의 1인 옥기가 瑗이다. 瑗은 구멍의 크기가 크다. 環은 옥 부분의 넓이와 구멍의 넓이가 같다.

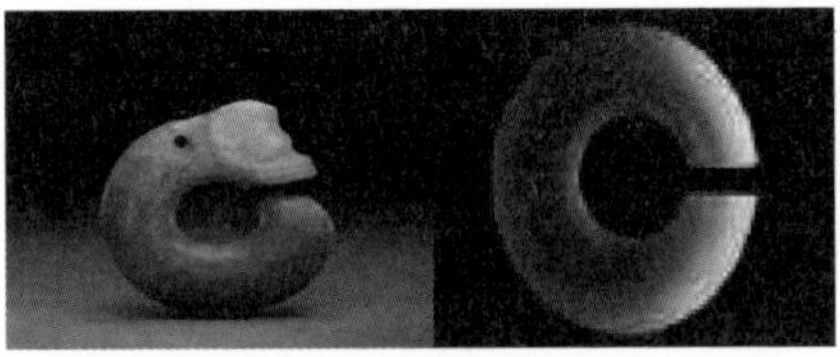

玦

玦와 '결(缺)'은 동원사(同源詞)이다. 玦는 環처럼 생겼으나 옥 부분에 결핍이 있는 고리처럼 생겼다.(위의 그림 참고) 고대 중국인들은 종종 玦을 착용하여 '어떤 일을 결심함'을 나타냈다. 『좌전』「민공2년(左傳·閔公二年)」의 기록에 의하면, 북방 오랑캐들이 위(衛)나라를 침공했을 때, 위(衛) 의공(懿公)은 대부(大夫) 석기자(石祁子)에게 玦를 하나 주고, 다른 대부에게는 화살을 주어서, 그들이 적을 방어하여 위나라를 지킬 결심을 하도록 하였다. '홍문연(鴻門宴)'에서 범증(范增)은 항우(項羽)에게 자신이 차고 있던 玦을 세 번 들어 보이며 항우에게 유방(劉邦)을 과감하게 제거해야 함을 암시하였다.

玦은 '결단'·'결심' 외에도 '결별'의 의미를 표시한다. 『순자(荀子)』「대략(大略)」에 "사람을 끊을 때는 玦로 나타내고, 끊었던 사람을 다시 불러 들일 때는 環으로 나타낸다[絶人以玦,反絶以環]"라는 기록이 있다. 만약 신하가 죄를 지어서 유배를 보내려 한다면, 임금은 그에게 玦을 하사했다. 몇 년 후 環을 하사하면 돌아오라는 의미였다.

琀과 '함(含)'은 동원사(同源詞)이다. 琀은 죽은 사람의 입에 넣는 옥이다. 중국 고대인들은 죽은 사람을 살아있는 사람처럼 대하였기 때문에 장례식을 매우 중시하였다. 그중 하나의 의례가 죽은 사람의 입에 약간의 음식을 넣어서 '식량을 지니고 가서 밥을 굶지 않게 하는' 것이다. 『전국책(戰國策)』「조책(趙冊)」에 "추(鄒)나라와 노(魯)나라의 신하는 살아서 봉록을 받지 못하고, 죽어서는 밥 한 입도 얻지 못하였다[鄒魯之臣, 生不得事養, 死則不得飯含]"라는 기록이 있다. 죽은 사람의 입에 음식을 넣는 것이 전국시대 죽은 사람에 대한 예의였음을 보여준다. 오늘날의 중국인들에게도 죽은 사람의 입에 밥을 넣어주는 풍습이 있다. 고대 귀족들은 죽은 사람의 입에는 밥이 아닌 옥을 넣었는데, 이를 琀이라고 한다.

옥으로 만든 부신(符信)

瑞 圭 璋 瑁 琥

서 ruì　규 guī　장 zhāng　모 mào　호 hǔ

瑞는 玉으로 구성된다. 『설문해자(說文解字)』에 "옥을 부신으로 삼는다[以玉爲信也]"라고 해석한다. 본의(本義)는 '옥으로 만든 부신(符信)'이다. 중국 고대인들은 옥을 '덕 있는 물건'으로 여겨 '믿음'을 상징하는 징표로 사용하였다. 그러므로 종종 하나의 옥을 두 조각으로 나누어서 협의한 당사자들이 각각 하나씩 보유하다가 필요한 경우에 두 조각을 결합하기도 했다. '반(班)'의 갑골문은 이다. 가운데 구건(構件)은 칼이다. 칼로 옥을 반으로 자른다는 것을 나타낸다. '반(班)'의 본의(本義)는 '서옥(瑞玉)을 반으로 가르다'이다. 瑞

는 부신(符信)으로 쓰일 수 있는 옥이다. 주(周)나라에 서옥(瑞玉)을 관장하는 관리가 있었는데, 그를 '전서(典瑞)'라고 하였다.

瑞에는 다양한 형태와 역할이 있었다. 본 장에서는 圭, 璋, 瑁, 琥를 소개하고자 한다.

圭는 옥으로 만든 홀이다. 『설문해자(說文解字)』에 "서옥(瑞玉)이다. 공작(公爵)은 환규(桓圭)를 들었는데, 길이가 9촌이다. 후작(侯爵)은 신규(信圭)을 들고 백작(伯爵)은 궁규(躬圭)을 들었는데, 길이는 모두 7촌이다. 자작(子爵)은 곡벽(穀璧)을 들고 남작(男爵)은 포벽(蒲璧)을 들었는데, 길이는 모두 5촌이다. 제후를 분하는데 쓴다. 두 개의 土로 구성된다. 초(楚)나라의 작위도 규를 든다. '규(珪)'는 圭의 고문(古文)이며, 玉으로 구성된다[瑞玉也. 上圜下方. 公執桓圭, 九寸. 侯執信圭, 伯執躬圭, 皆七寸. 子執穀璧, 男執蒲璧, 皆五寸. 以封諸侯. 從重土. 楚爵有執圭. 珪古文圭, 從玉]"라고 해석한다. 圭의 본의(本義)는 고대 제왕이나 제후가 전례를 거행할 때 들던 옥기이다. 위는 둥글고 아래는 사각형의 형태다. 옥규(玉圭)는 고대의 중요한 예기(禮器)이며, 임금을 알현할 때 등급 및 신분을 표시하던 서옥의 역할을 하고, 제사 및 장례 때 쓰던 예기이기도 하다. 주(周)나라 천자(天子)는 통치를 위해 제후들에게 정기적으로 알현하도록 명하여 주나라 왕실의 뜻을 따르게 했다. 주나라 천자는 신하들의 신분을 표시하기 위해 직위에 맞는 옥기를 하나씩 하사하여, 천자를 알현할 때 손에 들게 했다. 천자부터 제후까지 직위에 맞는 각각 크기의 圭를 들었고, 직위에 따른 圭의 명칭도 각각 달랐다. 예를 들면, '진규(鎭圭)', '환규(桓圭)', '신규(信圭)', '궁규(躬圭)' 등이다. '圭의 제도'는 주나라 왕실이 천하를 다스리겠다는 의지를 나타낸다. 圭마다 가질 수 있는 권한은 달랐다. 예를 들면, '진규(珍圭)'는 수신(守臣)을 조정으로 불러들일 수 있었다. 사명을 전달할 사람은 반드시 손에 진규(珍圭)를 들어 나타냈다. 자연재해가 발생하면 천자는 백성들을 구휼할 대신을 파견하였는데, 이 대신은 진규(珍圭)를 지니게 했다. 곡규(穀圭)를 든 신하는 화해와 혼례 관련 역할을 행사했다. 완규(琬圭)를 든 신하는 표창(表彰)의 직분을 행사했다. 염규(琰圭)를 든 신하는 처벌의 직분을 행사했다. 전국시대(戰國時代) 이후에 圭는 사용되지 않았다. 각 세대의 제왕들이 옛 제도를 따르고자 함을 나타내거나 의장(儀仗)으로써 사용하기 위해 제작되기는 하였으나 대부분 전해지지 않는다. 한(漢)나라에는 옥규(玉圭)가 일상에서 사라졌고, 왕공귀족(王公貴族)만이 그 지위를 과시하기 위해 소량의 옥규를 만들어서 몸에 지녔다.

圭

금문(金文) 는 해서체(楷書體) 章이다. 이 글자는 璋의 초문(初文)이다. 『설문해자(說文解字)』에는 "윗부분을 깍은 것이 규(圭)이고, 규를 반으로 줄인 것이 장(璋)이다[剡上爲圭, 半圭爲璋]"라고 해석한다. 璋은 6가지 예옥(禮玉) 중의 하나이다. 『주례(周禮)』「고공기(考工記)」의 기록을 따르면, 璋은 제후들의 혼례에 쓰였고 천자가 수렵을 나갈 때 산천에 제사를 지낼 때 쓰던 기물이기도 하다. 큰 산천에는 '대장(大璋)'을 쓰고, 중간 크기의 산천에는 '중장(中璋)'을 쓰고, 작은 산천에는 '변장(邊璋)'을 사용했다. 제가 의례가 끝나면, 산에 제사 지낼 때는 '璋'을 땅에 묻고, 강에 제사 지낼 때는 강에 던졌다.

『시경(詩經)』「소아(小雅)」「사간(斯干)」에는 "만약 남자가 태어나면 큰 침대에서 자게 하고, 예쁜 옷을 주워 입게 하고, 예쁜 璋을 구해서 놀게 한다[乃生男子, 載寢之床, 載衣之裳, 載弄之璋]"와 "만약 딸이 태어나면 궁궐 기슭의 바닥에서 자게 하고, 작은 포대기를 몸에 꿰어 주고, 도자기로 만든 물레를 구해서 놀게 한다[乃生女子, 載寢之地, 載衣之裼, 載弄之瓦]"라는 시구가 있다. 나중에 남자아이를 낳으면 '농장지희(弄璋之喜)'라고 하고, 여자아이를 낳으면 '농와지희(弄瓦之喜)'라고 한 것은 여기서 유래되었다. 璋은 예기(禮器)이고 물레는 방직의 도구이다. 남존여비의 사회적 풍습이 부각되고 있다.

瑁와 '모(帽)'는 동원사(同源詞)이다. 瑁는 고대 제왕이 들었던 옥기이다. 제후가 제왕을 알현할 때 제왕의 瑁가 제후의 圭를 덮어 결합시켰다.

琥

『설문해자(說文解字)』에 琥에 대해서 "병사를 움직일 때 쓰는 서옥(瑞玉)이다. 호랑이 모양이다. 玉과 虎로 구성된다. 虎는 또한 성부이다[發兵瑞玉, 爲虎文. 從玉從虎, 虎亦聲]라고 해석한다. 琥는 호랑이를 모양의 예기이며, 출병(出兵)의 증빙으로 쓰인다. '신릉군이 부신을 훔쳐 조나라를 구하다[信陵君竊符救趙]'의 고사에서 훔친 '부(符)'가 바로 호부(虎符)인 琥이다. 이 고사는 기원전 260년, 장평(長平)의 전쟁에서 진(秦)나라가 조(趙)나라를 대파하고 조나라의 병사 40만 명을 묻어 죽인 이야기가 배경이 된다. 진(秦)나라는 다시 승세를 몰아 조(趙)나라 수도 감단(邯鄲)을 포위하여 조나라를 멸망시키고, 나아가 한(韓)·위(魏)·초(楚)·연(燕)·제(齊) 등의 나라를 병합하여 천하를 통일하려는 계획을 세웠다. 당시 조나라의 수도가 포위되어 형세가 매우 긴박하였다. 제후들은 모두 진나라 군사의 위력에 겁을 먹고 도울수가 없었다. 조나라는 가까운 이웃 나라인 위나라에게 도움을 청할 수밖에 없었다. 위나라 입장에서는 이웃 나라인 조나라가 망하면 위나라도 따라 멸망하는 상황이었다. 이에 신릉군(信陵君)은 위험을 무릅쓰고 호부(虎符)을 훔쳐서 조나라를 구하고 진나라 군사를 물리쳤다.

6. 천재와 인재

고대 중국인들도 인생의 다사다난함을 많이 한탄하였다. 갑골문(甲骨文)에는 '재(災)'의 이체자(異體字)가 많이 나타난다. 일부 글자는 수재(水災)를 나타내고, 일부 글자는 화재(火災)를 나타내고, 일부 글자는 병재(兵災)를 나타낸다.

수재(水災)

수재(水災)를 의미하던 갑골문 초기 한자 ≋는 홍수가 범람하여 재해가 발생한 모습을 나타낸다. 갑골문 중·후기에 나타나던 는 하천이 막혀 물이 범람해서 재해가 발생함을 나타낸다. 소전체(小篆體)에도 수재를 의미하는 가 있었다. 『설문해자(說文解字)』에 "재해다. 一과 막힌 하천으로 구성된다[害也. 從一雝川]"라고 해석한다. 즉 물의 흐름이 바뀌어 수재가 발생함을 나타낸다.

화재(火災)

화재(火災)를 의미하는 갑골문 와 는 '집에 불이 난 것'을 나타낸다. 갑골문 는 표의구건(表義構件) 火와 표음구건(表音構件) 才로 구성된 음의합성자(音義合成字)다. 소전체에서 각각 와 로 변하였다. 『설문해자

(說文解字)』에서 烖를 “천화(天火)를 烖라 한다[天火曰烖]”라고 해석한다.

병재(兵災)

병재(兵災)를 뜻하는 갑골문 는 戈로 구성되며 才가 성부(聲符)이다. 고대 병기의 일종인 ‘과(戈)’와 관련된 ‘전쟁이 가져온 재난’을 표현한 것이다. 이후 홍수(洪水)와 천화(天火)를 나타내는 구건(構件)을 조합하여 災를 만들었다.

요컨대 고대 문자의 형태에서 알 수 있듯이, 중국 고대인들은 옛날부터 홍수나 천화 같은 자연 현상뿐만 아니라 전쟁이라는 인위적인 살육도 재앙으로 여겼다.

6장

한자로 본 중국 고대 의식주와 교통

‘의(衣)·식(食)·주(住)·행(行)’은 중국 고대인들의 중요한 생활양식이다. 이 장에서는 고문자를 근거로 고대의 단서로 ‘의(衣)·식(食)·주(住)·행(行)’ 문화를 소개하고자 한다. ‘의(衣)’는 넓은 의미의 복식(服飾)을 가리키며, 머리 장식, 옷, 버선 등을 포함한다. ‘의(衣)’는 좁은 의미에서 윗옷만을 가리킨다. 복식은 추위를 막는 기능도 있지만 사람의 존비(尊卑)를 구별하는 척도가 된다. 중국에 “백성은 식량을 하늘처럼 여긴다[民以食爲天]”라는 말이 있다. 이 장에서는 고대 음료와 음식·조리법과 조리기구에 대해 소개하고자 한다. 또한 중국 고대인들의 주거환경변천을 ‘산이나 들에 거주하는 생활’·‘반혈거(半穴居) 생활’·‘지상 거주지’를 중심으로 소개한다. 아울러 높은 대(臺)와 대청 등의 건물구조와 방어적 역할을 하는 건축에 대해서도 소개한다. 마지막으로 수상 교통·육로 교통 및 걷는 방식과 교통수단 등의 순서대로 소개한다.

1. 고대의 복식

머리 장식품 및 모자류

冠 簪 笄
관 guàn 잠 zān 계 jī

중국 고대인들은 머리카락이 신체의 일부라고 여겼다. 머리카락은 부모에게 받은 것이고 머리 부분에 위치하였기 때문에 각별히 중시하여 평생동안 머리카락을 함부로 자르지 않았다. 머리카락을 자르거나 깎는 것은 대부분 범죄를 저질렀거나 출가할 때뿐이었다. 예를 들면, 고대 '5형(刑)' 중 하나인 '곤형(髡刑)'는 범인의 머리카락을 밀어버리는 것이다. 머리카락을 묶지 않고 풀어 헤치면, 다른 이족(異族)으로 간주되었다. 중국 사자성어 '머리를 풀고 옷깃을 왼쪽으로 여민다[披髮左衽]'는 이민족의 머리장식과 복식의 특징을 설명한 것이다. 그러므로 중국 고대인들은 어릴 때부터 머리를 묶어야 했다. 어린 시절에는 머리 가운데를 가르고 양쪽에 머리카락을 두 가닥으로 묶었는데, 그 모양이 소뿔 같다고 해서 '총각(總角)'이라고 불렀다. '총각(總角)'은 8·9세에서 13·14세까지의 아이를 가리킨다. 훗날 사람들은 유년 시절부터 친하게 지낸 친구를 '총각지교(總角之交)'라고 부르기도 했다. 15세정도 되어 대학(大學)에 입학할 때는 '총각(總角)'을 풀어 길게 땋아 늘어뜨려 15세의 상징으로 삼았다.

고대의 귀족 남자가 20세가 되거나 여자가 15세가 되면, 각각 성대한 성년식인 '머리를 묶고 관을 쓰다[束髮加冠]'와 "머리를 묶고 비녀를 지르다[束髮加笄]"의 의식을 거행해야 한다.

머리 묶을 때, 남자는 '관(冠)'이나 '잠(簪: 혹은 笄)'을 주로 사용하였고, 여자는 '잠(簪)'을 주로 사용하였다.

冠의 소전체(小篆體)는 이다. 『설문해자(說文解字)』에 "관(冠)은 머리를 묶는 도구이다. 머리를 묶어 매는 것이며, 변면(弁冕)의 총칭이다. … 관을 쓰는 것에 법제가 있으니 촌(寸)으로 구성된다[冠, 絭也. 所以絭髮, 弁冕之總名也. … 冠有法制, 從寸]"라고 해석한다. 『설문해자(說文解字)』의 해석에 따르면, 冠은 두 가지 의미가 있다. 하나는 머리를 묶는 도구이고, 하나는 변면(弁冕) 같은 귀족 머리 장식품의 총칭이다. 머리를 묶는 도구인 冠은 머리에 써서 머리카락을 고정한다. 冠으로 상투를 씌운 뒤 비녀로 관의 구멍을 질러 고정함으로써 冠과 상투로 고정한다. 冠에는 '영(纓)'을 매야 한다. '영(纓)'은 冠을 매는 데 쓰는 갓끈이며, 일반적으로 턱 밑에 맨다.

계급이 엄격하게 구분되던 고대사회에서는 귀족만이 冠을 쓸 수 있었다. 귀족 남자는 스무 살이 되면 관례(冠禮)를 행해야 하는데, 관례는 일반적으로 조상의 묘에서 거행하며 아버지나 형이 주관한다. 이때 손님을 초청하고 복잡한 절차에 따라 예식을 진행해야 한다. 핵심적인 의식은 '가관(加冠)'의 세 절차와 '예견(禮見)'·'취자(取字)'이다. 첫번째 '관을 씌움(加冠)'은 귀족에게 '사람을 다스리는(治人)'의 특권을 부여함을 표시한다. 두번째는 피변(皮弁)을 씌워 '군복무의 의무'와 '귀족의 권리 보호에 참여할 책임'이 있음을 표시한다. 세번째는 작변(爵弁)을 씌워 종묘 제사에 참여할 권리가 있음을 나타낸다. 가관례(加冠禮) 후, 관을 받은 사람은 이미 성인이 되었음을 나타낸다. 그러므로 일반적으로 '관자(冠者)'라는 말을 사용하여 성인(成人)을 나타낸다. 예를 들면, 『논어(論語)』「선진(先進)」에 "나는 성인 대여섯 명, 어린이 예닐곱 명과 함께 기수(沂水) 기슭에서 목욕을 하고, 무우대(舞雩

臺)에서 시원한 바람을 쐰다[冠者五六人, 童子六七人, 浴乎沂, 風乎舞雩]"라는 말이 있다. 관을 쓰려면 머리를 묶어야 했기 때문에 옛 사람들은 '결발(結髮)'이란 어휘로 '스무 살'을 나타내기도 했다. 진자앙(陳子昂)의 「감우시(感遇詩)」 38수(首) 중 제34수에 "스스로 말하기를 유연(幽燕)에서 온 객인데, 성년이 되어 멀리 왔다고 하네[自言幽燕客, 結髮事遠遊]"라는 시구가 있다.

관례를 올린 후에 귀족들은 일부 장소에서는 반드시 冠을 써야 했고, 쓰지 않으면 예의에 어긋난다고 여겼다. 『국어(國語)』「진어(晉語)」에 "사람이 관을 쓰는 것은 마치 궁궐에 담장이 있는 것과 같다[人之有冠, 猶宮室之有牆屋也]"라는 기록이 있다. 관(冠)은 고대 선비 이상의 계층에서 반드시 착용했으며, 관을 쓰는 것이 예의에 맞고, 쓰지 않으면 예의에 맞지 않다고 여겼다. 『안자춘추(晏子春秋)』「내편(內篇)」「잡상(雜上)」에 "제(齊)나라 경공(景公)이 대낮에 머리를 풀어 헤치고 여섯 필의 말을 끄는 수레를 몰고 후비(后妃)를 태우고 궁중의 정문으로 나가자, 월형(刖刑)을 당한 문지기가 경공의 말을 쳐서 돌려보내며 '이 꼴은 우리 군주가 아니구나'라고 하였다. 경공이 부끄러워하며 조정에 나가지 않았다[景公正晝被髮, 乘六馬, 御婦人以出正閨, 刖跪擊其馬而反之, 曰: '爾非吾君也' 公慚而不朝]"라는 기록이 있다. 임금이 관을 쓰지 않고 외출하면 문지기조차 죽음을 무릅쓰고 막아섰고 본인도 부끄러워하였음을 알 수 있다. 기원전 480년에 위(衛)나라에 정변이 일어났다. 당시 공자의 제자인 자로(子路)와 자고(子羔)가 모두 위나라에 있었다. 당시 자로(子路)는 궁궐로 직진하여 전투에 참여하였는데, 싸움 중에 갓끈이 끊어져 관이 떨어지려 하였다. 이때 자로(子路)가 큰 소리로 "군자는 죽더라도 자신의 의관을 흐트러뜨리지 않는다[君子死, 冠不免]"라고 외치며, 싸움을 멈추고 갓끈을 매고 관을 똑바로 쓰려고 했다. 이 과정에서 자로(子路)는 결국 목숨을 잃었다. 자로(子路)의 행동이 극단적이었지만 관을 쓰는 것이 당시에 얼마나 중요한 예절이었는지를 알 수 있다.

簪의 소전체는 兂이다. 『설문해자(說文解字)』에 "머리에 쓰는 비녀이다. 人과 匕로 구성되었고, 비녀를 나타낸다[首笄也. 從人匕, 象簪形]"라고 해석한다. 가운데 구건(構件)은 人이고, 위의 구건은 비녀이다. 글자 전체는 사람 머리에 비녀를 꽂은 모습이다. 簪은 '계(笄)'라고도 한다. 대나무·옥·금속 등으로 만든다. '계(笄)'는 '발계(髮笄)'와 '횡계(橫笄)'의 두 종류가 있다. '발계(髮笄)'는 머리카락 고정용이고, '횡계(橫笄)'는 관 고정용이다. 고대의 여자는 15세에 '급계례(及笄禮)'를 거행한다. 여자의 머리를 성인의 상투처럼 빗어 올려 성인이 되었음을 나타낸다. 이미 혼약한 여자는 손님을 초대하여 '급계례(及笄禮)'를 성대하게 치른다. 혼약하지 않은 여자는 '급계례(及笄禮)'를 간단하게 치른다. 부인 한 명을 청하여, 부인이 머리를 올려주고 비녀를 꽂아주면 된다. 의식이 끝난 후에는 비녀를 빼고, 원래의 '丫髻(머리를 두 가닥으로 빗어 올려 귀 뒤에서 두 개의 뿔처럼 둥글게 맴)'형태로 빗는다. '급계례(及笄禮)'는 송(宋)나라까지 유지되다가 명청(明淸)시기가 되어 점차 사라졌다. 그러나 머리를 틀어 올리는 풍습은 여전히 남아 있다. 여자가 시집갈 때 머리를 틀어 올리는 것은 '급계례(及笄禮)'의 풍습이 이어진 것이다. 오늘날은 '급계지년(及笄之年)'이라는 어휘로 15세 여자를 가리킨다.

머리 묶을 때, 머리 위에 쓰는 '책(幘)'의 소전체는 幘이다. 『설문해자(說文解字)』에 "'책(幘)'은 머리에 쓰는 두건이다. 巾으로 구성되며, 責가 성부이다[幘, 髮有巾曰幘, 從巾責聲]"라고 해석한다. 머리에 쓰는 두건이 '책(幘)'이다. 한(漢)나라 응소(應劭)의 『한관의

(漢官儀)』에 "책(幘)은 고대에 관을 쓸 수 없는 낮은 지위의 사람이 착용하는 것이다[幘, 古卑賤執事不冠者之所服也]"라는 기록이 있다. 한(漢)나라부터 책(幘)은 관을 쓰던 사람들이 사용하였다. 책(幘) 위에 관(冠)을 썼다. 채옹(蔡邕)의 『독단(獨斷)』에서 한(漢)나라 원제(元帝)는 이마에 내려오는 머리카락을 다른 사람이 보는 것이 싫어서 책(幘)을 썼고, 신하들이 따라서 책(幘)으로 이마를 가렸다고 기록한다. 한사고(顏師古)는 『급취장(急就章)』에서 "책(幘)은 머리를 감싸는 두건이다. 머리카락을 정리할 수 있으며, 관 밑에 쓰거나 단독으로 쓰기도 한다[幘者, 韜髮之巾, 所以整亂髮也. 常在冠下, 或單著之]"라고 기록하였다.

幗 冠 冕 弁

괵 guó 관 guàn 면 miǎn 변 biàn

幗은 본래 부녀자의 머리 위의 장신구를 가리킨다. 옛날 귀족 부녀자들은 나라의 큰 제사를 거행할 때 비단이나 머리카락으로 만든 머리 장신구를 썼다. 幗의 특징은 관(冠)처럼 넓고 우뚝 솟아 있으며, 안감에 철사나 얇게 깎은 대나무 조각을 덧대어 각종 모양을 만든 것이다. 겉은 채색한 긴 수건으로 싸여 있고, 어떤 것은 금이나 옥으로 만든 진귀한 장신구들로 장식되어 있다. 幗은 머리에 쓸 때 이마를 덮고 머리카락 언저리를 두르고, 양쪽 띠를 이마에서 매듭지어 뒷머리에 묶는다. 머리 스타일과 다르고, 두건과도 다르다. 언제든지 벗거나 착용할 수 있다. 선진(先秦)시대에는 남녀 모두 幗

을 써서 머리를 장식할 수 있었다. 幗은 한(漢)나라 때 이르면 부녀자 전용이 되었다. '건괵(巾幗)' 같은 물건은 고대 여성의 고귀함을 나타내는 장식이었기 때문에 사람들은 여걸을 '건괵영웅(巾幗英雄)'이라고 불렀고, 후대 사람들은 '건괵(巾幗)'을 여성의 존칭으로 삼았다. 전설에 따르면, 제갈량(諸葛亮)이 사마의(司馬懿)에게 '건괵(巾幗)'을 선물하여, 사마의가 여자 같아서 촉나라 병사와 싸울 용기가 없다고 조롱했다고 한다.

앞에서 서술한 바와 같이, '관(冠)'에는 두 가지 의미가 있다. 머리에 쓰는 용도 외에도 변면(弁冕) 등은 귀족 복식의 총칭(總稱)으로 사용되었다. 즉, 오늘날 모자처럼 머리에 쓰는 복식으로 이며, 그 역할은 일종의 신분 지위를 상징하는 것이다. 『예기(禮記)』「내칙(內則)」에 "유우씨(有虞氏)는 머리에 황(皇)을 쓰고 제사 지내고, 심의(深衣)를 입고 양로례(養老禮)를 올렸다. 하후씨(夏后氏)는 머리에 수(收)를 쓰고 제사 지내고, 연의(燕衣)를 입고 양로례를 올렸다. 은(殷)나라 사람은 머리에 후(冔)를 쓰고 제사 지내고, 호의(縞衣)를 입고 양로례를 올렸다. 주(周)나라 사람은 머리에 면(冕)을 쓰고 제사 지내고, 현의(玄衣)를 입고 양로례를 올렸다[有虞氏皇而祭, 深衣而養老. 夏后氏收而祭, 燕衣而養老. 殷人冔而祭, 縞衣而養老. 周人冕而祭, 玄衣而養老]"라는 기록이 있다. 관(冠)이 매우 일찍부터 있었고, 시기별로 명칭이 달랐음을 알 수 있다. 하(夏)나라에는 '수(收)'로 말했고, 상(商)나라에는 '후(冔)'로 말했으며, 주(周)나라 이후에는 '면(冕)'으로 명칭이 달라졌다. '면(冕)'의 서주 금문(金文) 는 사람이 면류관을 쓴 것을 나타낸다. 나중에 구건(構件)을 추가해서 '면(冕)'이 되었다.

주(周)나라 이전의 면류관 양식은 한(漢)나라 창건 당시에 이미 전해지지 않았다. 한나라 초기 황제가 제사를 지낼 때 쓰던 관은 유방(劉邦)이 만든 장관(長冠)이었다. 동한(東漢) 명제(明帝)는 예제(禮制)를 규범화하기 위하여 관리 및 유학 대사에게 특별히 전적(典籍)에 근거하여 면류관 제도를 새로 제정하고 전습할 것을 명령하였다. 명(明)나라가 망한 후 한족의 관복 제도가 없어졌다. 면류관은 '연(延)' 또는 '면판(冕版)'이라고 하는 긴 판이 위에 있는 것이 특징이다. '면판(冕版)'은 일반적으로 앞이 둥글고 뒤가 네모나서 '하늘이 둥글로 땅이 네모남(天圓地方)'을 상징한다. 앞이 낮고 뒤가 높은 모양은 겸손함으로 굽어보라는 뜻이다. 면류판은 겉에 사는 천을 많이 표구하였고, 윗면은 흑색으로 칠하고 아랫면은 연한 붉은색으로 칠하였다. 양 끝에는 옥구슬이 드리워져 있는데, 이를 '류(旒)'라고 한다. 구슬을 꿰는 줄은 오색 비단실로 엮어 '조(藻)'라 한다. 옥구슬의 양은 신분에 따라 다르다. 열두 꿰미 옥구슬을 가장 존귀하게 여겨 제왕만이 사용하였다. 면류관은 중요한 제사에 쓰는 예관(禮冠)이며 평상시에는 함부로 쓸 수 없기 때문에, 사실상 하나의 상징물이 되었다.

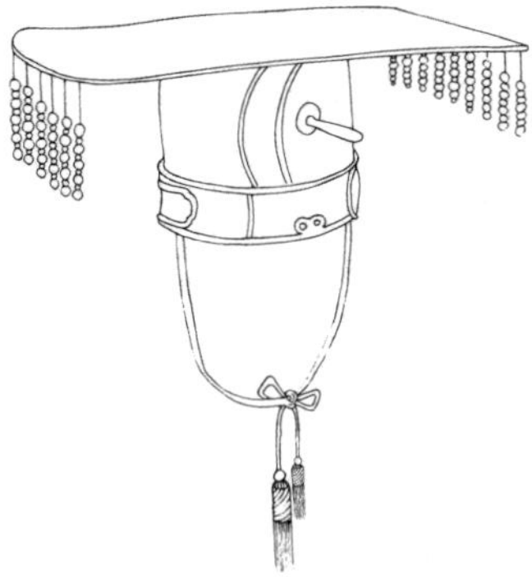

弁은 중국 고대 귀족 남자가 예복을 입을 때 썼던 면류관보다는 등급이 낮은 모자이다. 갑골문에는 로 나타나며, 서주(西周) 금문(金文)에는 로 나타나고, 주문(籒文)은 이다. 『설문해자(說文解字)』에는 소전(小篆)의 이체자(異體字) 도 나타난다. 모두 두 손으로 관(冠)을 잡은 모양이며, 두 손으로 관을 공손히 받들고 있는 모습을 나타낸다. '弁'은 '작변(爵弁)'·'피변(皮弁)'·'위변(韋弁)'으로 구분된다. 일반적으로 '작변(爵弁)'의 형태가 면류관과

유사하다고 여긴다. 그러나 꼭대기 판이 앞뒤가 평평하고 옥구슬이 없으며 색깔이 참새 머리의 색과 같다. '작변복(爵弁服)'은 옛날 사대부가 왕을 도와 제사를 지낼 때의 복식이며, 친영(親迎) 등의 의례에도 입을 수 있는 사대부의 가장 높은 복식이다. '피변(皮弁)'은 흰 사슴 가죽으로 만들어졌으며 여러 조각을 접합하여 만들었다. '피변복(皮弁服)'은 천자·제후·대부의 면류의 복장보다 낮은 등급의 예복이다. '위변(韋弁)'은 전쟁과 사냥 때 쓰는 관이다. '위변(韋弁)'은 싸움이나 사냥 때 착용하기 때문에 사대부의 일상복이 되었다.

巾

건 jīn

巾의 갑골문 은 巾이 아래로 늘어뜨려져 있는 모습을 나타낸다. 巾은 원래 물건을 닦거나 감싸거나 덮는 데 쓰이는 작은 직물이고, 머리에 쓰면 '두건(頭巾)'이라고 한다. 현대 중국의 섬서성(陝西省) 북부의 농민들이 머리를 감쌀 때 쓰는 양 복부의 하얀 털로 만든 수건과 유사하다. 중국 고대 귀족들은 관(冠)을 썼지만, 서민들은 주로 두건을 썼다. 춘추전국시대(春秋戰國時代)의 병사들은 평민 출신이며 청포(靑布)로 머리를 감싸는 경우가 많아서 군대를 '창두군(蒼頭軍)'이라고도 했다. 『전국책(戰國策)』「위책(魏策)」에 "지금 내가 듣기로는 대왕의 병력은 상비군 이십만, 청두군 이십만이라고 한다[今竊聞大王之卒, 武力二十余萬, 蒼頭二十萬]"라는 기록이 있다. 동한(東漢) 시대 사람들은 현학(玄學)의 영향을 받아서 전통적인 의례와 풍속에 반항하는 마음이 있었다. 당시 사람들은 두건을 쓰는 것이 편하고 우아하다고 여겨서 위진(魏晉)·남북조(南北朝)시대 독서인들 사이에 두건이 널리 유행하였고, '절각건(折角巾)'으로 발전하였다. 이러한 '각전(角巾)'은 문인과 은사(隱士)의 상징이 되었고, 성어 '관직을 버리고 집에서 아무 일도 하지 않음(角巾私第)'처럼 상징적으로 사용되었다. 또한 '각건동로(角巾東路)'는 '벼슬을 그만두고 은퇴하여 동쪽 귀향길에 오른다'는 뜻으로 훗날 은둔을 의미하는 전고로 쓰였다.

'두건(頭巾)'은 '복두(幞頭)'로 변하였다. 네모난 수건에서 네 개의 띠를 잘라내고, 네 개의 띠를 길게 이어 붙여 넓은 띠를 만든다. 이렇게 머리를 묶으면 편리할 뿐만 안정적이고 쉽게 풀어지지 않는다. '복두(幞頭)'는 당(唐)나라 때 성행하였는데, 당시 남자들의 전형적인 복식은 모두 '복두(幞頭)'를 하고 있다.

帽

모 mào

帽는 머리에 쓰는 머리 복식을 통칭하는 단어로 주로 방한 및 보온에 쓰인다. 『설문해자(說文解字)』에는 帽를 수록하지 않았다. 이 글자가 늦게 나타났음을 알 수 있다. 그러나 『설문해자(說文解字)』에 冃가 수록되어 있으며, 소전체는 冃이다. 이 글자는 "소수민족 아이들이 쓰는 모자이다. 冂로 구성되며, 二는 장식이다[小兒蠻夷頭衣也. 從冂, 二, 其飾也]"라고 해석한다. 또한 '모(冒)'도 수록되어 있는데, 소전체는 冒이고, 고문은 冒이다. 이 중 구건(構件) 冃는 모자를 나타내며, 안쪽 구건은 사람 머리를 나타낸다. 사람 머리에 모자를 쓴 것을 나타낸다. 모자는 원래 소수민족이 쓰던 것으로 중원의 규범에 맞지 않는 것이다. 삼국시대에는 전란이 계속되어 사람들은 전통적인 관면(冠冕) 제도를 그다지 중시하지 않았다. 조조(曹操)는 상고시대의 '녹피변(鹿皮弁)'에 근거하여 '갑(帢)'을 만들었다. 꼭대기가 뾰족하고, 모자챙은 없고, 앞부분에 이음새가 있는 것이 '갑(帢)'의 특징이다. '갑(帢)'은 조조의 제창으로 조정에 널리 사용되었고 후대까지 계승되었다. '갑(帢)'의 모양이 소수민족의 모자와 큰 차이가 없어서 사람들은 점차 '갑(帢)'과 '모(帽)'를 혼용하여 부르다가 나중에는 '모자(帽子)'로 통일하였다.

'오사모(烏紗帽)'가 정식으로 벼슬아치의 대명사로써 쓰이기 시작한 것은 명(明)나라부터이다. 그 이전에는 '두건(頭巾)'이 점차 '복두(幞頭)'로 변했고, '복두(幞頭)'는 점차 '사모(紗帽)'로 발전하였다. 수당(隋唐)시대에 이르러 천자와 백관, 그리고 서인들이 모두 '오사모(烏紗帽)'를 쓸 수 있었다. 후에 송(宋)나라 때에는 '사모(紗帽)'의 양쪽에 두 날개를 달았고, 벼슬아치의 '사모(紗帽)'는 검은색 위주였다. 명나라 때에 이르러 '오사모(烏紗帽)'를 문무백관의 예모(禮帽)로 지정하였다. 명나라의 주원장(朱元璋)이 남경(南京)에 도읍을 정하고, 홍무(洪武) 3년에 "무릇 조정에 나가 업무를 처리할 때, 오사모(烏紗帽)·단령복(團領服)·허리띠를 공무복으로 입었다[凡常朝視事, 以烏紗帽, 團領衫, 束帶為公服]"라고 규정하였다. 또한 세상에 이름을 떨쳤으나 관직을 지내지 않은 장원(壯元)과 진사(進士)도 오사모를 쓸 수 있었다. 이때부터 '오사모(烏紗帽)'는 벼슬하는 사람만이 쓸 수 있는 모자가 되어, 서민들은 쓸 수 없게 되었다. 이후 '오사모(烏紗帽)'는 서서히 벼슬아치의 대명사가 되었다. 그리고 명나라 관모(官帽)의 날개는 길쭉한 둥근형인 경우가 많았는데, 이러한 모습은 오늘날 연극무대에서 잘 표현되어 있다.

신체 복장

『묵자(墨子)』「사과(辭過)」에 "고대의 선민들은 옷이 무엇인지 몰랐다[古之民未知爲衣服]"라고 하였다. 나중에 '성왕(聖王)'이 '의복의 규정(衣服之法)'을 정하고 나서야 비로소 옷을 입었다. 옷을 만드는 목적은 몸에 알맞고 피부가 편안해지는 것이다. 『석명(釋名)』「석의복 제16(釋衣服第十六)」에 "윗옷은 '衣'라 하며, '衣'는 의지한 것이다. 사람이 '衣'에 의지하면 추위와 더위를 막을 수 있다. 아래옷은 '裳'이라 하며, '裳'은 보호하는 것이다. 사람들은 그것에 의존하여 자신을 보호하고 치부를 가린다[上曰衣, 衣, 依也, 人所依庇寒暑也. 下曰裳, 裳, 障也, 所以自障蔽也]"라고 해석한다. 중국 고대 복장의 기본 제도는 '위는 衣를 입고, 아랫부분은 裳을 입는다[上衣下裳制]'이다. 그 중 대표적인 의복을 선택하여 상의(上衣)와 하의(下衣) 순으로 소개하고자 한다.

衣

의 yī

衣의 갑골문은 이며, 서주(西周) 금문(金文)은 이다. 상의의 칼라부분과 좌우 옷깃이 여며진 모양이다. 갑골문은 옷깃이 왼쪽으로 여며지고, 금문은 옷깃이 오른쪽으로 여며진다. 상의를 여미는 방향에 대한 규정이 엄격하지 않다는 것이다. 주(周)나라 때 중원 지역에는 이미 '오른쪽으로 옷깃을 여미는(右衽)' 풍습이 생겨났다. '왼쪽으로 옷깃을 여비는(左衽)' 것은 북방 소수민족과 서역 오랑캐의 옷 모양이다. 『논어(論語)』「헌문(憲問)」에서

공자

"관중(管仲)이 없었다면, 우리는 머리를 풀어놓고 옷깃을 왼쪽으로 여미는 옷을 입었어야 했다[微管仲, 吾其被髮左衽矣]"라고 한 것은 공자(孔子)가 관중(管仲)이 제(齊)나라 환공(桓公)을 "임금을 숭상하고 오랑캐를 배척함[尊王攘夷]"로 보좌한 공로를 인정한 것이다. 당시 머리를 풀고 옷깃을 왼쪽으로 여미는 것은 북방 소수 민족의 풍습이었다. 관중이 제(齊)나라 환공(桓公)을 보좌하며 당시 북방 민족이 중원 지역에 침입하는 것을 성공적으로 막아서 중원 지역의 주 왕실과 제후국을 보호하였기 때문에 공자가 칭찬한 말이다.

襦 複 袍

유 rú　　복 fù　　포 páo

襦의 형부(形符)은 衣이고, 본의(本義)는 짧은 상의이다. 일반인들이 평소에 추위를 막기 위해 입는 옷이다. 襦는 '단유(短襦: 짧은 저고리)'와 '긴 저고리(長襦)'의 구분이 있다. 무릎까지 오는 것을 '장유(長襦: 긴 저고리)'라고 한다. 허리까지 오는 襦를 '소유(小襦)' 혹은 '요우(腰襦)'라고 한다. 『공작동남비(孔雀東南飛)』에 "나는 허리까지 수놓은 저고리(腰襦)를 가지고 있고, 가지와 잎이 무성하게 빛난다[妾有繡腰襦, 葳蕤自生光]"라는 시구에 나타나는 '요우(腰襦)'가 바로 '단유(短襦)'이다. 襦를 '군(裙)'과 상대적인 의미로 말할 때, '상유(上襦)'라는 말로 표현한다. 예를 들면, 「맥상상(陌上桑)」에서 "옅은 노란색에 무늬가 있는 비단은 하의를 만들고, 보라색 비단으로 상의를 만들었다[緗綺爲下裙, 紫綺爲上襦]"라고 하였다. 저고리는 추위를 막아주는 옷이며, 일반적으로 안감이 있다. 예를 들면, 고악부(古樂府) 「부병행(婦病行)」에 "아이를 안을 때 긴 옷이 없고, 짧은 저고리도 너덜너덜해져 안감이 없다[抱時無衣, 襦複無裡]"라고 하였다.

複은 衣로 구성되며 复이 성부(聲符)이다. 본의(本義)는 겹옷이다. 『설문해자(說文解字)』에서 "複은 겹옷이다[複重衣也]"라고 해석한다. 『석명(釋名)』「석의복 제16(釋衣服第十六)」에서 "안감이 있는 것은 複이고, 안감이 없는 것은 선(襌)이다[有裡曰複, 無裡曰襌]"라고 해석한다. 複은 홑옷의 '선(襌)'과 상대적인 의미로 말한 것이다. 또한, 衣로 구성되고, 合이 성부(聲符)인 '겹(袷)'도 '겹옷'의 뜻이다. 『설문해자(說文解字)』에 "겹(袷)은 솜이 없는 옷이다[袷, 衣無絮]"라고 해석한다.

袍는 衣로 구성되며 包가 성부(聲符)이다. 형부(形符) 衣는 대분류를 나타내며, 성부(聲符) 包는 의미를 나타내는 역할을 겸한다. 즉, 온몸을 감싸는 의미를 나타낸다. 본의(本義)는 '발등까지 내려오는 긴 저고리'이다. 겉감과 안감이 있고, 가운데가 솜이나 거친 마로 이루어져 있다. 일반적으로 '갖옷(裘)'를 입지 못하는 사람이 袍를 입는다. 『시경(詩經)』「진풍(秦風)」「무의(無衣)」의 "누가 우리가 입을 옷이 없다고 하느냐? 그대와 함께 그 긴 포(袍)를 입겠다[豈曰無衣, 與子同袍]"라는 시구의 袍는 '전포(戰袍)'이다. 『예기(禮記)』「상대기 제22(喪大記第二十二)」에 "무릇 袍는 겉옷이 있으며, 홑겹이 아니다. 상의에는 반드시 하의를 갖추어야 하는데, 이것을 한 벌이라고 한다[袍必有表, 不襌, 衣必有裳, 謂之一稱]"라는 기록이 있다. 정현(鄭玄)이 "袍는 속옷이다. 겉옷이 있어야 비로소 한 벌이라고 칭할 수 있다[袍, 褻衣, 必有以表之乃成稱也]"라고 주를 달았다. '표(表)'는 겉옷이고 袍는 잠옷이어서 집에서만 입을 수 있다.

裘

구 qiú

裘의 갑골문은 이며, '바깥에 솜털이 있는 갖옷'을 나타낸다. 裘의 본의(本義)는 '갖옷'이다. '표(表)'의 소전체는 이며, 衣와 毛로 이루어진다. 『설문해자(說文解字)』에서 "옛사람의 갖옷은 털로 겉부분을 만들었다[古者衣裘以毛爲表]"라고 해석한다. 裘의 표면에 털이 달려있었음을 알 수 있다. 당시 귀족은 갖옷을 입고 예를 행하고 덧옷을 입고 손님을 접대해야 했다. 이를 어기면 불경하다고 여겼다. 『예기(禮記)』「옥조(玉藻)」에 "갖옷만 입고 궁문에 들어갈 수 없다[表裘衣不入公門]"라는 기록이 있다. 즉 모피에 덧옷을 걸치지 않으면 공식 석상에 나갈 수 없었다. 덧옷은 '석(裼)'이라고 한다. '석(裼)'의 색깔은 반드시 갖옷과 조화로워야 한다. 『예기(禮記)』「옥조(玉藻)」에 "왕은 여우 흰 털로 만든 갖옷에 흰 비단 덧옷을 입혀야 한다[君衣狐白裘, 錦衣以裼之]"라는 기록이 있다. 『논어(論語)』「향당(鄉黨)」에 "검은색 갖옷에는 어린 양가죽 덧옷, 흰색 갖옷에는 사슴가죽 덧옷, 노란색 갖옷에는 여우가죽 덧옷을 맞춰 입는다[緇衣羔裘, 素衣麑裘, 黃衣狐裘]"라는 말이 있다. 집에서는 일반적으로 덧옷을 걸치지 않았고, 서민들은 개털이나 양털로 만든 갖옷을 입었는데 덧옷을 걸치지 않았다.

갖옷을 만드는 데 쓰이는 털은 다양하다. 여우, 표범, 호랑이, 곰, 개, 양, 사슴 등의 털을 사용하였다. 나중에는 늑대와 토끼의 털도 사용하였다. 그중 여우 갖옷과 표범 갖옷은 고관과 귀인이 입는 가장 귀한 옷이었다. 『사기(史記)』「맹상군열전(孟嘗君列傳)」에 "이때 맹상군에게 여우 흰 털로 만든 갖옷이 있었는데, 이는 천금의 가치가 있고, 천하무쌍이라고 한다[此時孟嘗君有一狐白裘,

値千金, 天下無雙]"라는 기록에 있다. 당시 여우의 흰 털로 만든 갖옷이 매우 귀한 것이었음을 알 수 있다. 여우 겨드랑이의 가장 부드럽고 따뜻한 털로 제작되어 희소하면서도 귀한 것으로 여겨졌다. 시선(詩仙) 이백(李白)의 「장진주(將進酒)」에 나오는 "그 오색 말과 천금 같은 여우 갖옷을 시종에게 주어서, 가져가 모두 좋은 술로 어서 바꾸라고 해라[五花馬, 千金裘, 呼兒將出換美酒…]"라는 시구는 과장법을 써서 이백이 돈에 무관심하다는 것을 나타내고 있다. 여우 갖옷은 매우 귀한 것이며, 주로 공식적인 장소에서 쓰인다. 양 갖옷과 사슴 갖옷을 입는 것으로 가난하거나 검소하게 산다는 것을 많이 나타내었다. 『사기(史記)』「유경열전(劉敬列傳)」에서 유경(劉敬)이 가난했을 때 양 갖옷을 입고 스스로를 '거친 베옷(衣褐)'으로 자칭했다고 기록되어 있다.

褐
갈 hè

『설문해자(說文解字)』에서 褐을 "거친 마로 짠 버선이다. 혹은 거친 베옷이다[編枲襪. 一曰粗衣]"라고 해석한다. 거친 마로 짠 褐은 화려하지 않을 뿐만 아니라, 무게가 상당히 무겁고 보온성이 없다. 일반적으로 가난한 사람이 많이 입었기 때문에 가난한 사람을 나타낼 때 많이 사용하였다. 그러므로 옛날 중국 사람들은 흔히 '갈(褐)을 벗는' 것으로 벼슬에 나아감을 비유하였다. 이를 '석갈(釋褐)'이라고 하였다. 양웅(揚雄)이 『해조(解嘲)』에서 '선대의 선비는, 어떤 사람은 묶은 밧줄을 빼고 재상으로 등용되었고, 어떤 사람은 거친 베옷을 벗고 보좌관이 되었다[夫上世之士, 或解縛而相, 或釋褐而傅]'라고 하였다. '석갈(釋褐)'은 바로 '벼슬살이를 한다'는 의미이다.

袞
곤 gǔn

袞은 衣로 구성되며 公이 성부(聲符)이다. 『설문해자(說文解字)』에서 '천자가 선왕에게 제사를 지낼 때 입는 예복이며, 섶에 용 무늬를 수놓아 용의 머리를 위로 향하게 한다[天子享先王, 卷龍繡於下幅, 一龍蟠阿上鄉]'라고 해석한다. 袞은 옛날 제왕이 선왕에게 제사를 지낼 때 입던 예복이며, '곤의(衮衣)' 혹은 '곤복(袞服)'이라고도 한다. 곤복 위의 무늬는 모두 각각의 특정한 의미와 상징성을 가지고 있었고, 역대 제왕들의 법목(法服)에서 변함없이 계승되었다. 의상의 의미가 단순한 의복이 아니라 정신적 수용체로 승격한 것이다.

褻 衷
설 xiè 충 zhōng

'설의(褻衣)'는 가장 은밀한 복식인 속옷이다. 『설문해자(說文解字)』에서 "褻은 사사로운 의복이다[褻, 私服也]"라고 해석한다. '설의(褻衣)'는 '충의(衷衣)'라고도 한다. 『설문해자(說文解字)』에서 '충(衷)'을 "안쪽에 입는 설의(褻衣)이다[裏褻衣]"라고 하여, 본의(本義)가 속옷임을 나타내고 있다. 속옷은 한(漢)나라에서 '포복(抱腹)' 혹은 '심의(心衣)'라고 불렀다. '심의(心衣)'의 기본형은 '포복(抱腹)'이다. '포복(抱腹)' 상단의 가는 띠 대신 '어깨 덮는 천(鉤肩)'과 '교차하는 부분(襠)'을 사용하도록 만들면 '심의(心衣)'가 된다. '포복(抱腹)'과 '심의(心衣)'는 모두 뒷부분이 가려지지 않고 노출된다는 것이다.

帶 紳

대 dài　신 shēn

帶의 소전체는 帶이며, 『설문해자(說文解字)』에서 "띠이다. … 위쪽 부분은 패(佩)를 묶는 형태를 나타낸다. 패(佩)를 착용할 때는 반드시 巾(끈)이 있어야 한다. 巾으로 구성된다[上像系佩之形. 佩必有巾, 從巾]"라고 해석한다. 띠는 주로 허리를 묶는 역할을 하기 때문에 허리에 매는 것이 일반적이다. 그러므로 나중에 '요대(腰帶)'라고 불렀다. 허리띠는 일찍부터 사용되었다. 구석기시대 호모 사피엔스가 묶을 때 사용했던 짐승 가죽과 나뭇잎 끈이 허리띠의 모태이다. 신석기시대에는 재봉 기술이 발달하고, 포백(布帛)이 등장하면서 허리띠는 장식의 의미를 더하게 되었다. 앙소문화(仰韶文化)에는 토기 구슬이 장식된 허리띠가 있었고, 강소성(江蘇省) 비현(邳縣)에서는 장방형의 뼈구슬 장식 허리띠가 출토되었다. 당시 허리띠가 이미 중시되고 있었음을 보여준다. 帶는 '대대(大帶)'와 '혁대(革帶)'로 나뉜다. '대대(大帶)'는 주로 허리를 묶는 데 사용되며, '혁대(革帶)'는 주로 폐슬(韍)을 묶고 장식품을 걸 때 사용된다. 허리띠를 묶는 부분에는 금·은·구리·철·가죽 등을 장식하여, 이를 통해 지위의 존비(尊卑)를 나타내었다.

'대대(大帶)'를 묶은 후에 남은 부분은 아래로 처진다. 이 부분을 '신(紳)'이라고 한다. 형병(邢昺)의 『논어주소(論語註疏)』에 "띠로 허리를 묶고, 남은 부분은 늘어뜨려 장식하였는데, 이를 신(紳)이라 한다[以帶束腰, 垂其餘以爲飾, 謂之紳]"라고 주석하였다. 현대 한어(漢語)에서 '진신(縉紳)'이라는 단어로 귀족이나 사대부를 가리킨다. 이는 사대부가 조정에 올라갈 때 기록한 홀(笏)을 허리띠에 끼었고, 이를 '진신(縉紳)'이라고 불렀기 때문이다.

巿

불 fú

巿의 금문(金文)은 이고, 소전체(小篆體)는 이다. 천 위에 가로띠가 있는 모양이다. 『설문해자(說文解字)』에 "폐슬이다. 상고시대 옷은 앞만 가렸다. 불(巿)은 이 옷의 형태를 나타낸다. 천자는 주색(朱色)을 쓰고, 제후는 적색(赤色)을 쓰고, 대부는 청색(青色)을 쓴다. 巾으로 구성된다. 끈이 연결된 형태를 나타낸다[韠也. 上古衣蔽前而已, 巿以象之. 天子朱巿, 諸矦赤巿, 大夫葱衡. 從巾, 象連帶之形]"라고 해석한다. 巿은 '불(韍)'이나 '불(芾)'로도 쓸 수 있다. 巿은 본래 아랫배 밑에 늘어뜨린 가림막으로, 한(漢)나라 이전에는 가죽을 주로 사용하였으나, 위진(魏晉)시대부터 견사(絹紗)를 사용하였다. 한(漢)나라 이후에는 '폐슬(蔽膝)'이라고도 하였다. 앞치마처럼 허리에 묶었는데, 그 길이가 무릎을 가렸고, 절을 할 때 사용하였다. 상(商)·주(周)시대에서 원(元)·명(明)시대까지 겉옷 앞쪽에 '폐슬(蔽膝)'을 장식물처럼 걸쳐서 화려한 예복과 조화를 이루는 제도가 계승되었다. 옛사람들은 이런 방식으로 선조와 옛 제도에 대한 존중을 표현하였다. 巿은 옛사람의 의례복이었고, 제작과 옷차림에 등급의 차이가 존재하였다. 예제(禮制)에는 巿의 색이 천자에서 제후까지 등급별로 엄격하게 규정되어 있다.

裳

상 cháng

裳의 초문(初文)은 '상(常)'이다. 『설문해자(說文解字)』에서 "常은 아래치마이다[常, 下裙也]"라고 해석한다. 즉 치마이다. 裳은 본래 노동에서 보호 작용을 하던 앞치마에서 발전한 것이다. 청해성(青海省) 대통현(大通縣) 상손가채(上孙家寨) 유적에서 출토된 채색 도자기 화분에 긴 치마를 입은 여자들이 손을 잡고 춤을 추는 문양이 있다. 약 4천~5천 년 전의 문화를 나타낸다. '의(衣)'와 裳은 차이가 있다. '의(衣)'는 윗옷을 가리키고, 裳은 치마를 가리킨다. 『시경(詩經)』「패풍(邶風)」「녹의(綠衣)」에 "초록 저고리여. 초록 저고리에 노란 치마라네[綠兮衣兮, 綠衣黃裳]"라는 시구가 있다. 『시경(詩經)』「제풍(齊風)」「동방미명(東方未明)」에서 "동녘이 아직 밝지 않아 상의와 하의를 거꾸로 입었네. 상의와 하의를 거꾸로 입은 것은 임금께서 갑자기 부르셨기 때문이네. 동녘이 트기도 전에 하의와 상의를 바꾸어 입었네[東方未明, 顚倒衣裳. 顚之到之, 自公召之. 東方未晞, 顚倒裳衣]"라는 시구도 있다. 裳은 여러 폭의 천을 연결하여 만든 것이다. 정현(鄭玄)은 『의례주(儀禮注)』에서 "무릇 裳은 앞이 세 폭이고 뒤는 네 폭이다[凡裳, 前三幅後四幅也]"라고 해석한다. 앞뒤를 합치면 대략 일곱 폭의 천으로 긴 치마를 만들었다. 치마는 위진(魏晉) 이전에는 여성의 전유물이 아니었고, 남녀 모두 치마 복장을 하고 있었다. 나중에 치마는 여성의 각선미를 부각시켜 여성미를 살리는 주요 의상이 되었고, 수천 년 동안 긴 치마는 치마의 기본 형태가 되었다.

褲
고 kù

중국의 '상의와 치마[上衣下裳]'라는 의복 형식이 형성되기 전에는 천 한조각으로 앞쪽 치부를 가리는 '불(市)'이 주요 의복형식이었다. 다리에는 헝겊으로 감았는데, 이를 '사폭(邪幅)'이라고 한다. 『시경(詩經)』「소아(小雅)」「채숙(采菽)」의 "빨간색 폐슬이 무릎에 있고, 아래에 '사폭(邪幅)이 있네[赤芾在股, 邪幅在下]"라는 시구에 주(周)나라 귀족의 의복을 묘사하고 있는데, 고대 복식의 특징을 잘 보존하고 있다. '사폭(邪幅)'은 후대의 '행등(行縢)'과 '행전(綁腿)'이며, 모두 헝겊으로 다리를 비스듬히 감은 것이다. '사폭(邪幅)'은 점차 褲로 진화하였다. 褲는 이체자가 많이 나타나는데, '고(絝)'와 '고(袴)'가 대표적이다. '고(絝)'와 '고(袴)'는 모두 형성자(形聲字)이다. 형부(形符) 衣는 종류를 나타내고, 糸은 재료를 나타낸다. 성부(聲符) 夸는 의미를 나타내는 기능을 겸하고 있다. 夸의 갑골문은 [image]이며, 다리가 두 개로 나눠어진 모양을 나타낸다. 『석명(釋名)』「석의복(釋衣服)」에 "고(絝)는 나뉘는 것이다. 두 다리가 나눠어져 있다[絝, 跨也, 兩股各跨別也]"라고 설명한다. 바지는 두 개의 바짓가랑이로 나눠어 있고, 두 다리는 각각의 바짓가랑이에 끼워져 있는 것을 설명한 것이다. 그러나 초기 바지의 형태는 샅부분이 없었고, 두 개의 가랑이 부분만 다리에 걸쳐져 있었다. 엉덩이와 치부를 감싸지 않았고 허리춤에 띠만 매는 형태였다. 『설문해자(說文解字)』에서 "'고(絝)'는 다리 부분에 입는 옷이다[絝, 脛衣也]"라고 해석한다. 단옥재(段玉裁)는 "오늘날의 바지이다. 좌우의 다리가 나눠어져 하나씩 바지통에 들어간다[今所謂套褲也. 左右各一, 分衣兩脛]"라고 해석하였다. '고(絝)'는 보온을 위해 입는 옷을 가리키며, 종종 사치품으로 존재한다. '환고(紈絝)'는 견직물로 만든 바지이며, 부유한 사람들이 입는 옷이다. 나중에 부잣집에 태어나 일을 하지 않고 지내는 사람을 '환고자제(紈絝子弟)'라고 하였다.

최초의 褲는 노동을 할 때 입기에는 불편한 형태였다. 오늘날의 '바지(褲)'는 조(趙)나라 무령왕(武靈王)이 '호복과 기마 궁술(胡服騎射)'를 주창하여 중원 지역에 들여온 것이다. 『사기(史記)』에 의하면, 전국시대(戰國時代) 조(趙)나라는 흉노와 교전할 때 항상 고전을 면하지 못했다. 그래서 조(趙)나라 무령왕(武靈王)은 호인(胡人)의 말타기와 활쏘기를 배우고자 하였다. 기마(騎馬)와 궁술(弓術)에 가장 적합한 옷이 호인(胡人)의 짧은 옷과 긴 바지였다. 그리하여 기원전 302년에 조(趙)나라 무령왕(武靈王)은 복식개혁을 시작하였고, 비의(肥義) 등 대신들의 지지를 받아 호인(胡人)의 복식으로 개혁하였다. 호인(胡人)의 복식은 일상생활에서 입고 일하기에 편리하였기 때문에 백성들의 지지를 얻어 빠르게 수용되었다.

褌

곤 kūn

고대 바지에는 샅 부분이 없었다. 고증에 의하면, 고대인들은 샅 부분에 아무것도 입지 않았다고 한다. 고대인들의 상의는 길어서 샅 부분을 충분히 덮을 수 있었기 때문이다. 이러한 복식형태 때문에 고대 예제(禮制)에서는 강을 건너는 경우를 제외하고는 겉옷을 들어 올리는 것을 허락하지 않았다. 『예기(禮記)』「곡례 상(曲禮上)」에 "강을 건너지 않으면 겉옷을 걷어 올리지 마라[不涉不撅]"고 하여 추태를 방지하였다.

褌는 나중에 생겨난 것으로, 두 가지 형태가 있다. 하나는 오늘날의 삼각팬티 같은 짧은 형태의 '독비고(犢鼻褌)'이고, 다른 하나는 오늘날의 속바지 같이 긴 것이다. 두가지 형태 모두 샅 부분을 가린 것이 특징이다. '독비고(犢鼻褌)'는 형태가 '소의 코' 같다고 해서 붙여진 이름이다. 바짓가랑이를 꿰매지 않고 천으로 샅 부분을 감은 것이다. 산동성(山東省) 기남(沂南)의 한(漢)나라 화상석(畵像石)에 '독비고(犢鼻褌)'가 나타나고 있는데, 확실히 '송아지의 코' 형태와 같다. '독비고(犢鼻褌)'는 가난한 노동자의 옷이었다. 『사기(史記)』「사마상여열전(司馬相如列傳)」에 '그리고 문군(文君)를 양주대 앞에 서서 술을 팔게 하고, 사마상여(司馬相如)가 스스로 '독비고(犢鼻褌)'를 입고, 머슴과 함께 일하고, 번화가에서 술그릇 세척을 한다[而令文君當壚. 相如身自着犢鼻褌, 與保庸雜作, 滌器於市中]'라는 기록이 있다. 이것은 사마상여(司馬相如)가 의도적으로 '독비고(犢鼻褌)'를 입어 비천함을 나타내어 장인 탁왕손(卓王孫)의 체면을 떨러뜨린 것이다. 위진(魏晉)시대 '죽림칠현(竹林七賢)' 중의 하나인 유령(劉伶)은 술을 매우 좋아하였다. 『세설신어(世說新語)』「임탄(任誕)」에 "유령은 늘 술을 실컷 마시고 제멋대로 굴었으며, 때로는 집안에서 온몸의 옷을 다 벗어버리기도 했다. 한 사람이 이를 보고 비웃으니 유령이 '천지를 집처럼 여기고 집을 옷과 바지로 삼았는데, 너희는 왜 내 바지 속으로 파고들었느냐'고 하였다[劉伶恒縱酒放達, 或脫衣裸形在屋中, 人見譏之, 伶曰:'我以天地爲棟宇, 屋室為褌衣. 諸君何爲入我褌中']"라고 기록한다.

발에 착용하는 것

중국인들이 발에 착용했던 것들은 의복보다 늦은 시기에 나타났다. 하(夏)나라 이후가 되어서야 신발은 필수품이 되었다. 버선은 더 늦은 시기에 나타났다.

屨

구 jù

屨는 신발의 최초 명칭이며, 특히 '단창 신발(單底鞋)'을 가리킨다. 屨는 칡·마·껍질·명주 등의 재료로 만들기 때문에 바닥이 얇다. 고대 중국에는 일반적으로 여름에는 '갈구(葛屨)'를 착용하고, 겨울에는 '피구(皮屨)'를 착용했다. '갈구(葛屨)'와 '피구(皮屨)'는 고급스러운 신발이다. 명주로 만든 '사구(絲屨)'는 더욱 사치스러워서 사대부와 군자조차도 걸치레라고 여겼다. 아주 높은 지위의 고관 같은 부자들만이 '사구(絲屨)'를 신었고, 일반 백성들은 신을 수 없었다.

履

리 lǚ

『설문해자(說文解字)』에 履의 고문 𩍂가 수록되어 있다. 頁·足·舟의 세 구건(構件)으로 구성된다. 頁은 '머리가 툭 튀어나온 사람'의 모습이며, 足·舟는 행진(行進)의 수단이다. 전체 글자는 '사람이 나아간다'는 의미를 나타내며, 본의(本義)는 '행진(行進)'이다. 전국시대 이후에 신발의 통칭으로 인신(引申)되었다. 소전체는 履이다. 『설문해자(說文解字)』에 "발에 신는 것이다. 尸·彳·夊으로 구성된다[足所依也, 從屍, 從彳, 從夊, 舟像履形]"라고 해석한 것은 '신발의 통칭'으로 해석한 것이다.

옛날 중국 사람의 눈에는 履가 '예(禮)'의 표현으로 보였다. 『석명(釋名)』「석의복(釋衣服)」에 "履는 예(禮)이다. 발을 장식하기 때문에 예가 된다[履, 禮也, 飾足所以爲禮也]"라고 해석한다. 履와 '예(禮)'의 관계에는 몇 가지 원인이 있다. 첫째, 두 글자의 상고(上古) 독음(讀音)이 같다. 고대 중국의 경학자와 훈고학자(訓詁學者)는 '성훈(聲訓)'에 열중하였다. 履와 '예(禮)'는 서로 호훈(互訓)[21]의 관계이다. 둘째, 고대인들은 '예(禮)'의 실행이 가능하고

21) [역주] 뜻이 같은 글자가 서로 해석하는 훈고(訓詁)의 방법이다.

이행(履行)될 수 있다고 믿었다. 이행(履行)의 履가 바로 이러한 의미를 나타냈다. 셋째, 복장이 단정하다는 것 자체가 '예'의 표현이다. 그러므로 『석명(釋名)』「석의복(釋衣服)」에서 "履는 禮이다"라고 해설한 것이다.

屐

극 jī

나무 밑바닥에 굽이 있는 신발을 屐이라고 한다. 屐은 진흙 바닥을 밟을 때 오염을 방지한다. 『석명(釋名)』「석의복(釋衣服)」에서 "屐을 신고 흙을 밟을 수 있다[屐可以踐泥也]"라고 해석한다. 안사고(顔師古)가 『급취편(急就篇)』에서 "屐은 나무로 만든 것이며 굽 두 개를 더한다. 진흙을 밟을 수 있다[屐者, 以木爲之, 而施兩齒, 可以踐泥]"라고 해석하였다. 『자치통감』「진 효무제 태원8년(資治通鑑·晉孝武帝太元八年)」에 "문틀을 지날 때, 屐의 굽이 부러져도 몰랐다[過戶限, 不覺屐齒之折]"라는 기록이 있다. 屐에 굽이 있다는 것을 나타낸다. 『남사(南史)』「사령운전(謝靈運傳)」에서 "사령운(謝靈運)은 산을 찾아 등산하는 것을 좋아하므로, 반드시 험준한 산을 방문할 것이다. … 등산할 때 늘 屐을 신는다. 산에 오르면 앞 굽을 제거하고, 산을 내려올 때는 뒷굽을 제거한다[尋山陟嶺必造幽峻 … 登躡常著木屐, 上山則去其前齒, 下山則去其後齒]"라는 기록이 있다. 훗날 사람들은 이런 屐을 '사공극(謝公屐)'이라고 불렀다. 예를 들면, 이백(李白)의 『몽유천모음유별(夢遊天姥吟留別)』에서 "내 발에는 사공극(謝公屐)을 신고, 하늘 높이 치솟는 듯한 높고 가파른 산길을 오른다[腳著謝公屐, 身登青雲梯]"라는 시구가 있다. 현대 사회에서 나막신은 일본인의 일상생활에 남아 있다.

舄
석 xì

舄의 소전체는 [small seal glyph]이다. 위쪽은 새의 머리를 나타내고, 아래는 새의 꼬리 및 발을 나타낸다. 본의(本義)은 '새의 일종'이다. 『설문해자(說文解字)』에 舄은 '작(鵲)'의 이체자(異體字)로 기록되어 있다. 舄을 '신발'이라고 해석하는 것은 그 모양이 까치를 닮았기 때문인 것 같다.

舄의 디자인이 교묘하여 방수(防水)할 수 있다. 선진(先秦)에서 舄은 제왕의 의복이다. 『시경(詩經)』「빈풍(豳風)」「낭발(狼跋)」에 "공후의 손자는 덕행이 성대하고, 붉은 석(舄)은 평온하고 침착하다[公孫碩膚, 赤舄幾幾]"라는 시구가 있다. 한(漢)나라의 황제도 舄을 착용했다. 『한서(漢書)』「동방삭전(東方朔傳)」에 "제왕으로서 천하를 소유하고, 검은색의 두꺼운 견직물을 입고, 가죽 舄을 신는다[貴爲天子, 富有四海, 身衣弋綈, 足履革舄]"라는 기록이 있다. 舄의 특징은 신발 밑창에 있다. 舄의 밑창은 이중으로 되어 있다. 발에 닿는 부분은 천으로 만들고 밑부분은 나무로 밑창을 만들어서 바닥이 두꺼워서 실용성이 크다. 고대 왕조의 제사는 예식이 번잡하여서 참석하는 사람이 오랫동안 서 있어야 했다. 舄의 나무 바닥은 지면의 습기를 피할 수 있다. 특히 제단을 교외에 설치하는 '교제(郊祭)'에 참석할 때 참석자들은 새벽이나 눈비가 내리는 날에 습한 곳에 계속 서 있어야 했다. 舄은 바닥이 흠뻑 젖는 고통을 효과적으로 해결해 준다. 예제(禮制)의 산물인 舄은 중국 전통 예제가 성숙해졌던 상주(商周)시기에 생겨났다. 舄의 겉면은 보통 가죽으로 만들어져서 염색되었다. 주례(周禮)의 규정에 따르면, 임금·후비 및 공경백관(公卿百官)이 신는 舄은 장소에 따라 다른 색을 신어야 하고 관복과 어울려야 한다. 舃의 색깔은 적색이 가장 높았다. 천자는 큰 제사 행사에서는 적색 舃을 신어야 했다. 한(漢)나라 이후, 舃은 일반적인 신발의 통칭이 되었다. 예를 들면, 『사기(史記)』「골계열전(滑稽列傳)」에 "날이 이미 저물어, 술자리가 흩어지고, 술잔이 서로 부딪쳤다. 사람들은 서로 기대고, 남녀가 합석하고, 신발이 서로 쌓이고, 술잔과 접시가 엉망진창이다[日暮酒闌, 合尊促坐, 男女同席, 履舃交錯, 杯盤狼藉]"라는 기록이 있다. 舃이 '리(履)'와 함께 신발의 통칭이 되었음을 나타낸다.

靴

화 xuē

靴는 革으로 구성되고, 化가 성부(聲符)이다. '혁(革)'의 본의(本義)는 '털을 제거한 짐승 가죽'이다. 靴와 '혜(鞋)'는 모두 표의구건(表義構件) 革으로 구성된다. 이는 짐승의 가죽이 신발을 만드는 원료로 사용되었다는 것을 설명한다. 靴는 원래 중국 북방의 유목민족이 신었다. 신발에 긴 통이 있어서 '고통화(高筒靴)'와 '마화(馬靴)'라고도 한다. 靴는 종류가 매우 많다. 예를 들면, '한화(旱靴)'·'화화(花靴)'·'피화(皮靴)'·'전화(氈靴)'·'단화(單靴)'·'면화(棉靴)'·'운두화(雲頭靴)'·'아정화(鵝頂靴)' 등이다.

襪

말 wà

襪에는 韈·韤·袜 등 이체자가 많이 나타난다. 부수(部首) 革과 韋는 襪의 재질이 일반적으로 짐승의 가죽임을 나타내고, 부수(部首) 衣는 종류를 나타낸다. 고대 버선은 끈으로 묶었다. 『사기

(史記)』「장석지풍당열전(張釋之馮唐列傳)」에서 "노인인 왕생(王生)이 '내 버선 끈이 풀렸다'고 말하고, 고개를 돌려서 장정위(張廷尉)에게 '내게 버선 끈을 묶어라!'라고 명하였다. 장석지(張釋之)는 무릎을 꿇고 버선 끈을 묶었다[王生老人曰, '吾襪解' 顧謂張廷尉, '爲我結襪'. 釋之跪而結之]"라는 기록이 있다. 옛날 중국 사람들은 자리에 앉으면 반드시 버선을 벗는 것이 예의였다. 『좌전』「애공 25년(左傳·哀公二十五年)」에 "위공(衛公)이 여러 대부들과 술을 마시는데, 저사비(褚師比)가 버선을 신고 자리에 올라가자 공이 노하였다[衛侯與諸大夫飮酒焉, 褚師聲子襪而登席, 公怒]"라는 기록이 있다. 고대 예절에 따르면, 신하가 임금을 알현할 때 버선을 벗고 자리에 오르는 것이 예의에 맞다. 저사비(褚師比)가 버선을 신은 채 자리에 오르자 위후(衛侯)는 자신에게 불경을 범하는 것으로 여겨서 화냈다.

2. 고대의 음식과 조리법

'백성은 먹는 것을 하늘로 삼는다[民以食爲天]'라는 중국의 음식 문화는 오랜 역사를 가지고 있다. 인류 최초의 식사 방식은 일반 동물과 구별되지 않았다. 그들은 먹을 것을 얻으면 모두 생으로 삼켰다. 『예기(禮記)』「예운(禮運)」에 "불에 굽지 않고, 초목의 열매와 조수의 고기를 날것으로 먹고, 그 피를 마시고, 털을 뽑지 않은 고기를 먹었다[未有火化, 食草木之實, 鳥獸之肉, 飮其血, 茹其毛]"라고 기록한다. 중국 고대인의 '짐승 털을 뽑지 않고 피도 씻지 않고 먹은(茹毛飮血)'의 역사는 매우 길다. 생식의 전통은 심지어 현대 중국에도 일부 남아 있다.

인류가 불을 사용하는 법을 배우고 나서 식단의 종류와 요리 방법이 점차 풍부해졌다. 일부 음식 문화는 한자의 글자 형태에 봉인되어 중국 음식 문화를 논의하는 중요한 근거가 된다.

고대의 각종 음료

飮의 갑골문은 이다. 술독을 향해 허리를 굽히고 혀를 내미는 사람의 모습을 나타낸다. 『설문해자(說文解字)』에 飮의 고문(古文) 와 가 수록되어 있다. 은 水로 구성되며 今가 성부(聲符)이다. 은 食으로 구성되며 今이 성부(聲符)이다. 소전체(小篆體)는 이다. 欠과 酉로 구성되며, 今이 성부(聲符)이다. 해서체(楷書體) 飮은 食과 欠으로 구성된다. 飮은 음주의 모습을 나타낸 글자임을 알 수 있다. 나중에 각종 음료를 마시는 의미로 인신(引申)되었다.

湯

탕 tāng

현대 중국인은 湯을 '즙이 많고 건더기가 적은 음식'으로 생각한다. 예를 들면, '녹두탕(綠豆湯)'·'계탕(鷄湯)' 등이다. 고대 湯은 건더기가 전혀 없는 뜨거운 물이나 끓는 물을 가리켰다. 『맹자(孟子)』「고자 상(告子上)」에 "겨울에는 따뜻한 물을 마시고, 여름에는 찬 물을 마신다[冬日則飮湯, 夏日則飮水]"라는 기록이 있다. 여기서 湯은 바로 따뜻한 물, 水는 찬물을 가리킨다. 湯의 이러한 의미는 성어 '금성탕지(金城湯池)'[22]와 '부탕도화(赴湯蹈火)'[23]에 남아 있다.

---

22) [역주] 금성탕지(金城湯池): '금속으로 만든 성과 끓는 물이 흐르는 해자'라는 의미이며, 방비가 매우 튼튼하다는 뜻이다.

漿

장 jiāng

『설문해자(說文解字)』에 "漿은 작장초이다[漿, 酢漿也]"라고 해석한다. 본의(本義)는 '약간 신맛이 나는 음료'이다. 『맹자(孟子)』「양혜왕 하(梁惠王下)」에 "만승의 나라가 만승의 나라인 연나라를 토벌하러 가는데, 연나라 백성들은 광주리에 밥을 담고 주전자에 음료를 담아 왕의 군대를 환영한다[以萬乘之國伐萬乘之國, 簞食壺漿以迎王師]"라는 기록이 있다. 여기서 漿은 '신맛을 나는 음료'이다.

酒

주 jiǔ

酒의 갑골문은 이다. 양쪽 선은 물이고, 가운데 있는 것은 술독이다. 본의(本義)는 식량이나 과일로 만든 '알코올을 함유한 음료'이다. 금문은 이며, 술독을 나타낸다.

중국은 술 문화의 발원지이며 세계에서 가장 이른 양조 국가 중 하나이다. 진(晉)나라 강통(江統)은 『주고(酒誥)』에서 "술의 부흥은 상고에서 비롯되었다. … 남은 음식은 야외에 버려져 오래되면 냄새가 나고, 더 오래되면 향긋한 냄새가 난다. 술은 원래 이렇게 온 것이며, 기이한 방법이 있었던 것이 아니다[酒之所興, 肇自上皇 … 有飯不盡, 委余空桑, 鬱積成味, 久蓄氣芳. 本出於此, 不由奇方]"라고 하였다. 곡물은 일정한 자연조건 하에서 스스로 발효되어 술이 되었음을 알 수 있다. 사람들은 이러한 자연 발효에 의해 술이 만들어진 원리를 깨닫고 점차 인공 양조를 발명했다.

---

23) [역주] 부탕도화(赴湯蹈火): '끓는 물과 타는 불에 들어간다'는 의미이며, 물불을 가리지 않는다는 뜻이다.

중국의 고대 술은 크게 두 가지로 나뉜다. 하나는 과일이나 곡물로 만든 색주(色酒)이고, 다른 하나는 증류주이다. 색주(色酒)는 먼 옛날부터 시작되었다. 하(夏)나라 의적(儀狄)이 먼저 술을 만들었고, 소강(少康: 혹은 두강(杜康))이 말주(秣酒)를 만들었다고 한다. 최초의 술은 곡물 술이 아니었고, 과일과 꽃으로 양조되었다. 곡물 술은 농업이 번성한 후에 시작되었는데, 일부 학자들은 은상시대(殷商時代)부터 시작되었다고 한다. 은상시대(殷商時代)에는 농업 생산이 발달하고 곡물이 풍부하였기 때문에 술이 만들어졌다. 과일과 곡물로 술을 양조하는 것은 이후 수천 년 동안 이어졌다. 과일이나 곡물을 찐 후 누룩을 넣어 발효시킨 후 압착하여 술을 만드는 것이 특징이다. 『수호전(水滸傳)』에 무송(武松)이 마신 18그릇의 술은 과실주나 미주(米酒)이다. 인류가 발전함에 따라 양조 기술도 발전되었다. 원래의 '찌기'·'누룩'·'압착' 과정이 '찌기'·'누룩'·'증류'로 바뀌었다. 그 과정의 가장 큰 돌파구는 알코올의 정제였다.

상(商)나라 주왕(紂王)은 술 때문에 나라를 망쳤다. 『사기(史記)』 「은본기(殷本紀)」에 "술로 못을 만들고 고기를 걸어 숲으로 삼았다. 남녀가 벌거벗고 쫓아가며 밤을 새워 마시게 하였다[以酒爲池, 縣肉爲林, 使男女裸相逐其間, 爲長夜之飮]"라는 기록이 있다. 주왕은 술로 인해 나라를 망친 전형적인 어리석은 왕으로 기록되면, 결국 상나라를 멸망시켰다. 이 때문에 주(周)나라 천자(天子)는 상인(商人)들이 모이는 곳에 엄격한 금주령을 내린 바가 있었다.

醴

례 lǐ

『설문해자(說文解字)』에 醴를 "하룻밤 숙성하는 술이다[酒一宿

孰熟也]"라고 해석한다. 醴는 발효도가 매우 낮은 단물이며, 제사나 음용(飮用)을 위한 담백한 음료이다. 『한서(漢書)』 「초원왕전(楚元王傳)」에 "목생(穆生)은 술을 좋아하지 않았다. 원왕(元王)은 술을 차릴 때 목생(穆生)을 위해 단술을 준비했다[穆生不嗜酒, 元王每置酒, 常爲穆生設醴]'라는 기록이 있다. 안사고(顔師古)는 '醴는 단술이다. 누룩이 적고 쌀이 많다. 하룻밤 사이에 숙성된다. 특별한 가공이 필요없다[醴, 甘酒也. 少麴多米, 一宿而孰, 不齊之]'라 하였다"고 주를 달았다. 이 음료는 누룩을 약간 넣으며, 기본적으로 술맛이 매우 약하고 가공도 불필요하다.

양식(糧食)과 주식(主食)

黍 稷 稻 麥 菽

서 shǔ　직 jì　도 dào　맥 mài　숙 shū

黍의 갑골문은  혹은 이다. 이삭이 처진 농작물 모양이고, 옆쪽 물방울은 농작물로 술을 만들 수 있음을 나타낸다. 黍는 원시 농업 사회의 중요한 작물이었다. 기장은 생육기간이 짧고, 가뭄과 추위에 강하며, 북방의 가뭄과 추위에 잘 적응하는 특성 때문에 북방의 주요 식량작물 중의 하나였다. 기장은 상(商)나라와 서주(西周)시대 사람들이 중요하게 여기던 작물이며 제사 때 제물로 바쳐졌다. 기장은 수확량이 매우 낮았기 때문에 생산력 향상에 따라 수확량이 많은 작물이 점차 기장을 대체하였다. 춘추전국시대에는 기장 재배량이 매우 적었기 때문에 '오곡(五穀)'에서 제외되었다. 그러나 제사를 지낼 때 사람들은 여전히 기장을 바쳤다. 기장이 가장 오래된 작물 중의 하나이기 때문에, 기장을 바치는 것은 사람들이 고대 예법을 계승하는 차원에서 유지되었다. 또한 기장은 냄새가 향기로웠고, 고대 사람들은 귀신이 향기로운 냄새를 맡을 수 있다고 여겼다. 『상서(尙書)』「군진(君陳)」에 "기장은 향기가 나지 않고, 밝은 덕행의 향기만이 멀리 날 수 있다[黍稷非馨, 明德惟馨]"는 기록이 있다. 이 말은 다른 각도에서 보면 기장의 향이 강하다는 것을 알 수 있다. 香의 소전체(小篆體)는 𪏽이며, 黍와 甘으로 구성된다. 기장의 향이 매우 강하고 전형적임을 나타낸다. 기장은 향이 강해서, 옛날 사람들은 기장을 사용하여 술을 빚었다. 이것은 黍의 갑골문 자형에 구건(構件) 水가 있는 것으로 알 수 있다.

기장은 찰기가 있는 음식이기 때문에 '점소미(黏小米)'이라고도 한다. '찰기'를 의미하는 점(黏)은 黍를 부수로 삼는다. 음식으로써 기장은 식감이 좋다. 그러나 생산량이 적어서 상주(商周)시대에는 제사 때 외에는 귀족만 누릴 수 있는 곡식이었다. 춘추시대(春秋時代) 이후에는 기장의 지위가 낮아졌다. 『한비자(韓非子)』「외저설 좌하(外儲說左下)」에는 아래와 같은 고사를 기록하고 있다. 노(魯)나라 애공(哀公)이 공자(孔子)에게 복숭아와 기장을 하사하였는데, 공자는 먼저 기장을 먹고 나서 복숭아를 먹었다. 좌우 사람들이 보고 입을 가리고 웃었다. 애공은 공자에게 "그 기장은 먹으라고 준 것이 아니고, 복숭아털을 닦는 데 사용하는 것이다"라고 말하였다. 그러자 공자는 "기장은 오곡 중 으뜸이며, 제사 지낼 때의 고급 제물이라는 것을 알고 있습니다. 복숭아는 과실 중 하품이며 제사 때에는 제물로 올릴 자격조차 없다. 군자는 고귀한 것을 천한 것으로 닦는데, 고귀한 것으로 천한 것을 닦는다는 말은 들어본 적이 없습니다"라고 대답하였다. 춘추시대 말기에는 통치자와 일반인들이 기장을 경시하였고, 공자처럼 주례(周禮)를 회복하려는 사람들만이 기장을 중요하게 여겼음을 알 수 있다. 공자의 행동은 당시로서는 이해할 수 없는 우스운 일로 받아들여졌다.

稷은 황하 유역에서 흔히 볼 수 있어서 '오곡의 으뜸'으로 불렸고, 나중에 곡신(穀神)으로 추앙받았다. 『설문해자(說文解字)』에 稷의 고문 자형 이 수록되어 있다. 왼쪽 구건(構件)은 종류를 나타내며, 오른쪽 구건(構件)은 머리가 툭 튀어나온 사람의 모양이다. 글자 전체의 의미는 곡신이다. 중국 역사에는 稷이라 불리는 두 명의 곡신이 있다. 한 명은 염제(炎帝)의 아들 '주(柱)'이고, 한 명은 주(周)나라 시조인 '기(棄)'이다. 염제족(炎帝族)이 최초로 농업에 종사하였기 때문에, 염제(炎帝)는 신농씨(神農氏)로 불리게 되었다. 주(柱)는 신농씨(神農氏)의 아들이며, 주로 곡식 재배를 담당하였다. 당시의 농관(農官)을 稷이라 불렀다. 주(周)나라 시조(始祖)인 棄는 어린 시절에 삼, 콩 등을 재배하는 것을 좋아하였다. 성인이 된 후 농업 생산을 좋아하여, 토지의 특성에 따라 적당한 곡물을 재배하였다. 백성들은 모두 그에게서 농업 생산 방법을 배웠다. 이를 들은 요(堯)임금은 그를 농업담당관으로 추천하여 모든 사람이 농업 생산의 혜택을 받게 하였다. 사람들은 그를 '후직(后稷)'이라고 부른다. 서로 다른 시대에 농업 생산에 크게 이바지한 두 사람을 모두 稷이라고 부르고 있으니, 곡물에서 稷의 위치를 알 수 있다.

稻의 갑골문은 이며, 벼를 얻어 절구에 찧는 모습을 나타낸다. 금문(金文)은 이며, 쌀과 벼가 절구 옆에 있는 것을 나타낸다. 爪로 구성되며, 손으로 쥐는 것을 표시한다. 벼의 열매는 껍질이 단단하기 때문에 찧어서 껍질을 벗긴 후에야 밥을 지을 수 있다. 稻의 고문자 형태는 벼 가공 과정을 형상화하고 있다.

麥의 갑골문은 이며, 금문(金文)은 이다. 뿌리가 달린 한 그루의 밀을 나타낸다. 좌우로 늘어뜨린 선은 비스듬히 늘어져 있는 잎을 나타낸다. 윗부분은 이삭, 아랫부분은 뿌리, 중간 부분은 줄기이다. 밀은 중국 북방의 주식이며, 주(周)나라 때 하늘이 보내준 것으로 여겨졌다. 한(漢)나라 이전의 밀을 먹는 방법은 주로 밀알로 죽을 끓이는 것이었다. 한(漢)나라 이후에는 밀을 갈아서 떡으로 만들어 먹었다. 밀을 갈아 만든 가루를 '면(麵)'이라고 한다.

菽의 소전체(小篆體)는 이며, 상형자(象形字)이다. 一은 땅을 나타내며, 가운데 세로선은 줄기를 나타내고, 위쪽의 점은 '콩 꼬투리'이며, 아래쪽 두 점은 줄기이다. 『설문해자(說文解字)』에는 "콩이다. 콩이 자라는 것을 나타낸다[豆也. 尗豆生之形也]"라고 해석한다. 나중에 菽으로 썼다. 豆는 본래 그릇의 명칭이다. 菽과 '두(豆)'의 고대 발음이 서로 통하기 때문에, 종종 '두(豆)'를 빌려 菽을 기록한다. 진한(秦漢) 이후에는 豆를 사용하는 것이 일반적이었다.

食

식 shí

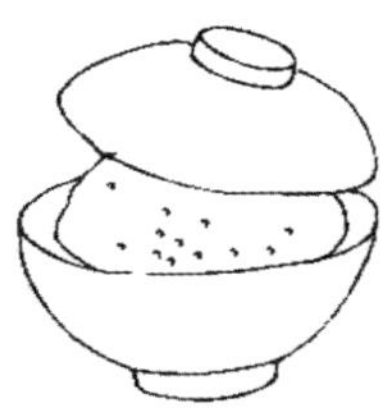

食의 갑골문은 이며, 그릇 안에 음식물이 있고, 위에 뚜껑이 있는 것을 나타낸다. 본의(本義)는 음식물이다. 食을 부수(部首)로 삼은 글자는 대부분 음식과 관련이 있다. 食은 '반(飯)'이라고도 한다. 중국인은 매우 이른 시기부터 쌀밥을 먹었다. 『주서(周書)』에 "황제(黃帝)가 처음으로 곡식을 쪄서 밥을 지었다[黃帝始蒸穀爲飯]"라는 기록이 있다. '반(飯)'은 처음에는 쌀밥만을 가리켰으나, 나중에는 각종 밥을 모두 가리켰음을 알 수 있다. 그래서 『설문해자(說文解字)』에서는 '반(飯)'을 '음식물(食)'로 해석한다. '반(飯)'은 주로 '조리된 주식'을 가리켰다.

糧 糗

량 liáng 구 qiǔ

糧은 米를 부수로 삼는다. '미(米)'의 갑골문은 이며, 쌀알이 사방으로 흩어져 있는 것을 나타낸다. 米를 부수로 삼은 한자는 대부분 식량과 관계가 있다. 糧은 '여행 중 휴대한 익힌 음식'을 가리킨다. 『주례(周禮)』「지관(地官)」「름인(廩人)」에 "무릇 국가에 회동, 정벌, 노역의 일이 있으면 필요한 음식과 식량을 준비한다[凡邦有會同師役之事, 則治其糧與其食]"라는 기록이 있다. 여기서 糧과 '식(食)'은 의미가 다르다. 糧은 여행 중 휴대하는 건량(乾糧)이고, '식(食)'은 일반적인 음식을 가리킨다. 고대 사람들은 먼 길을 떠날 때 건량을 휴대해야 했고, 건량의 양은 노정·일수·인원수 등에 따라 미리 계산해야 했다. 그러므로 糧의 성부(聲符)인 量은 표의(表義) 기능까지 겸하고 있다. 문헌 기록에 따르면, 공자는 일찍이 진(陳)나라에서 건량이 떨어졌다고 한다. 여러 나라를 여행하면서 챙겨온 건량을 다 먹어버린 것이다. 고대 먼 길을 다니던 사자(使者)들은 우방국에서 지원받았고, 지원된 음식은 주로 육포와 '볶은 건식(糗糧)'이었다. 『설문해자(說文解字)』에서 '구(糗)'에 대해서 "볶은 쌀과 밀이다[熬米麥也]"라고 해석한다. 볶은 쌀과 밀은 향이 나기 때문에, 성부(聲符) 臭는 표의(表義) 기능을 가진다. 『맹자(孟子)』「진심 하(盡心下)」에서 "순(舜)은 마른 밥을 먹고 푸성귀를 먹을 때에는 마치 종신토록 그럴 것만 같았다[舜之飯糗茹草也, 若將終身焉]"라는 기록이 있다.

粥 糜

죽 zhōu　미 mí

粥의 소전체(小篆體)는 이며, 米와 으로 구성된다. 의 중간에 있는 鬲의 본의(本義)는 고대 취사도구이다. 양쪽의 곡선은 '증기가 솟아오르는 모양'을 나타낸다. 본의(本義)는 죽이며, 일반적으로 곡식을 삶아 만든 반유동식의 음식을 가리킨다. 『주서(周書)』의 "황제(黃帝)가 처음으로 곡식을 삶아 죽을 만들었다[黃帝始烹穀爲粥]"라는 기록은 죽의 기원이 매우 오래전에 시작되었다는 것을 설명한다. 죽은 일반적으로 빈천한 가정에서 먹었고, 귀족의 장례 때도 죽을 먹는 것을 예(禮)로 삼았다. 『예기(禮記)』에 "부모가 돌아가시자 효자는 사흘 동안 불을 피우지 않고 밥을 짓지 않았다. 이웃에서 죽을 끓여 보내서 먹게 했다[親始死 … 三日不擧火, 故鄰里爲之糜粥以飮食之]"라는 기록이 있다. 신하와 백성은 임금이 죽으면 효자가 부모를 대하는 예절과 같이 했다. 즉 "임금의 상례 때는 자식·대부·공자·사대부들이 사흘 동안 먹지 않았다[君之喪, 子大夫公子衆士皆三日不食]"는 것이다. 그러나 춘추시대(春秋時代)에는 예의가 무너지고 지키지 않는 경우가 많았다. 『예기(禮記)』「단궁(檀弓)」에 "노(魯)나라 도공(悼公)이 죽어 노(魯)나라가 상을 당하였다. 계소자(季昭子)가 맹경자(孟敬子)에게 '임금이 돌아가셨는데, 우리 신하들은 상중에 무엇을 먹어야 하나?'라고 묻자, 맹경자는 '죽을 먹어야 한다. 이것이 천하의 상례이다. 그러나 우리 세 집안이 천자 가문의 예를 지키지 못하여, 일찍이 임금님과 사이가 틀어진 것을 천하에 누구도 모르는 사람이 없다. 무리하게 군신의 예를 행하고 상 중에 죽을 먹으라면 할 수는 있으나, 우리가 진심으로 거상하여 수척해진 것이 아니라는 의구심을 갖게 할 것이다. 이런 뒷이야기에 오르느니 차라리 평소 음식을 먹는 게 낫다'라고 대답하였다[悼公之喪, 季昭子問于孟敬子曰: '爲君何食?' 敬子曰: '食粥, 天下之達禮也. 吾三臣者之不能居公室也, 四方莫不聞矣, 勉而為瘠, 則吾能. 毋乃使人疑夫不以情居瘠者乎哉? 我則食食']"라는 기록이 있다. 이 이야기는 고대인들이 상 중에 죽을 먹는 것이 예(禮)에 맞는 것임을 역설적으로 말해준다. '죽'은 묽고 소화가 잘되기 때문에 위가 약한 사람이 먹기에 더 적합하다. 『전국책(戰國策)』에 따르면 조태후(趙太后)는 늙고 병약해서, 촉룡(觸龍)이 조태후를 알현할 때 '매일 식사는 어떠십니까?'라고 물었고, 조태후는 '매일 죽을 먹는다'고 답했다고 한다.

죽을 너무 오래 끓여서 쌀이 뭉개진 것을 糜라고 한다. 『석명(釋名)』에 糜에 대해서 "쌀을 흠씬 무르게 끓이는 것이다[煮米使糜爛也]"라고 해석한다.

餠

병 bǐng

餠은 중국 고대 밀가루 음식의 총칭이다. 『설문해자(說文解字)』에 '밀가루로 만든 각종 떡 모양의 식품이다. 食으로 구성되며, 幷은 성부이다[麵餈也, 從食幷聲]'라고 해석한다. 『석명(釋名)』「석음식(釋飮食)」에는 '합친다. 밀가루를 물과 섞어서 합친 것이다[幷也. 溲麵使合倂也]'라고 해석한다. 송대(宋代) 황조영(黃朝英)의 『상소잡기(緗素雜記)』「탕병(湯餠)」에 '나는 밀가루를 원료로 하는 음식을 모두 餠이라 한다고 생각한다. 그러므로 불에 구운 것은 '소병(燒餠)'이라고 하고, 물에 끓인 것은 '탕병(湯餠)'이라고 하고, 찜통에 찐 것은 '증병(蒸餠)'이라고 한다[餘謂凡以麵爲食具者, 皆謂之餠, 故火

燒而食者呼爲燒餠, 水瀹而食者呼爲湯餠, 籠蒸而食者呼委蒸餠]”라는 기록이 있다. 여기서 ‘소병(燒餠)’은 직접 불에 구운 밀가루 음식이며, 오늘날의 구운 빵을 가리킨다. ‘탕병(湯餠)’은 오늘날의 국수·수제비·만두·완탕 등을 포함한 국물이 들어간 밀가루 음식을 가리킨다. ‘면조(麵條: 국수)’는 ‘색병(索餠)’이라고도 불리는데, 이는 모양이 밧줄 모양이기 때문이다. 국수는 길고 가늘어서 ‘장수(長瘦)’라는 별명을 얻었다. ‘수(瘦)’와 ‘수(壽)’의 발음이 같아서 ‘장수(長壽)’라고 말해졌고, 예로부터 중국의 생일 전용 음식이 되었다. ‘증병(蒸餠)’은 송(宋) 인종(仁宗) 조정(趙禎)의 명휘(名諱)를 피하여 송대에 ‘취병(炊餠)’으로 개명하였다. 『사원(詞源)』의 “증병(蒸餠)은 찐빵이며, 혹은 롱병(籠餠)이라고도 불린다[蒸餠即饅頭, 亦曰籠餠]”라는 해석에 의하면, ‘취병(炊餠)’이 ‘만두(饅頭: 찐빵)’임을 알 수 있다. 『수호전(水滸傳)』에서 무대랑(武大郎)이 팔던 ‘취병(炊餠)’이 바로 찐빵이다. ‘만두(饅頭)’(또는 취병(炊餠)·증병(蒸餠)·롱병(籠餠))는 부드러운 것이 특징이다. 『진서(晉書)』「하증전(何曾傳)」에서 하증(何曾)이 “성격이 호사스럽다. … 찐빵 위에 십자 무늬가 터지지 않으면 먹지 않는다[性奢豪 … 蒸餠上不坼作十字不食]”라고 언급하였다. 그는 오늘날의 ‘개화만두(開花饅頭: 윗부분이 터진 찐빵)’만 먹었다는 것이다. 남송(南宋) 양만리(楊萬里)의 『식증병작(食蒸餠作)』에서 “하(何)씨 집의 찐빵은 반드시 십자 무늬가 있어야 하고, 소(蕭)씨네 찐빵은 반드시 네 줄 무늬가 있어야 하네[何家籠餠須十字, 蕭家炊餠須四破]”라는 시구가 있다. 이것은 좋은 찐빵은 부드러우면 되고, 아름다움을 요구하지 않는다는 것을 보여준다.

찐빵의 부드러움은 발효에서 비롯된다. 발효는 중국에서 매우 오랜 역사를 가지고 있다. 『주례(周禮)』「천관(天官)」「해인(醢人)」에서 해인(醢人)이 ‘두(豆)로 네 번 바치는 음식(四豆之食)’을 관장

한다는 기록이 있다. 식기 두(豆)에 담긴 제물에는 '이식(酏食)'이라는 것이 있는데, 오늘날의 효모와 비슷한 것이다. 지금은 '면비(麵肥)'나 '효두(酵頭)'라고 부르는 곳도 있다. 그러므로 '이식(酏食)'은 발효시켜 만든 찐빵이다.

조리 방법

烹　飪

팽 pēng　　임 rèn

갑골문 은 금문(金文)에서 으로 쓰인다. 종묘를 나타낸다. 소전체(小篆體)는 과 으로 쓰이고, 해서체(楷書體)는 亯, 즉 享이다. 『설문해자(說文解字)』에는 "바친다. 高의 생략형으로 구성되며, 익은 음식을 바치는 것을 나타낸다. 『효경(孝經)』에 '제사를 지내서 귀신이 누리게 한다'라고 한다[獻也. 從高省, 曰象進熟物形. 『孝經』曰: 祭則鬼亯之]"라고 해석한다. 본의(本義)는 귀신에게 음식을 바치는 것, 즉 '제헌(祭獻)'이다. '형(亨)'에 火를 붙여 烹으로 쓴다. 烹은 나중에 '삶는다'의 의미를 전담하여 조리에만 활용하였다.

飪의 고문은 이며, 肉으로 구성되고 壬이 성부(聲符)이다. 본의(本義)는 '알맞게 삶다'이다. 고대 조리 음식의 총명으로 인신(引申)되었고, '식품의 조리 정도의 표준'으로 인신되었다. 고대 중국 제사에서는 고기를 삶아서 올렸는데, 익힌 정도를 나타내는 '성(腥)', '란(爛)', '미(糜)', '임(飪)'의 네 가지 단어가 있었다. '성(腥)'은 '날 것'이고, '란(爛)'은 '반생반숙'이며, '미(糜)'는 '너무 익어서 흐물흐물해진 것'이다. '임(飪)'은 알맞게 익은 것이다. 제사를 지낼 때 공물의 조리 정도는 네 가지 경우가 모두 가능했다. 그러나 사람에게 음식을 제공할 때는 조리 정도가 적당해야 한다.

즉, '임(飪)'의 기준에 부합해야 한다. 『논어(論語)』「향당(鄕黨)」에 "잘 익지 않은 것을 먹지 않는다[失飪不食]"라는 말이 있다. 이것은 예절의 문제이면서 음식의 위생 문제이기도 하다. 고기가 익지 않으면 소화가 어렵고 비위생적이다. 너무 익으면 맛이 없고 영양이 떨어진다. "잘 익지 않은 것을 먹지 않는다[失飪不食]"는 풍습은 중국 음식 문화 문명화의 표상이다.

庶

서 shù

庶의 갑골문은 이다. 왼쪽 구건(構件)은 돌이고, 오른쪽 구건(構件)은 불이다. 전체 글자의 형태는 '불에 탄 돌'을 나타낸다. 불에 돌을 뜨겁게 달구워서 음식을 굽는 것은 고대의 조리 방법이다. 인류 최초의 조리법은 음식을 직접 불 위, 숯 위, 뜨거운 재 위, 붉게 타오른 돌 위에 올려 굽는 것이었다. '적(炙)'의 자형은 고기를 불에 직접 굽는 조리법을 반영한 것이다. 나중에야 사람들은 점차 물로 음식을 익히는 것을 배웠다. 엮어서 만들거나 나무로 만들어서 물이 새지 않도록 한 그릇에 물을 담고 뜨거운 돌을 물에 넣어 음식을 삶는 것이다. 그릇 밑에 불을 피워 음식을 끓이는 조리법은 도자기가 발명된 이후의 것이다. 庶의 갑골문 자형은 불에 돌을 뜨겁게 달구어서 음식을 굽는 방법을 반영한 것이다. 이런 방법은 송화강(松花江) 하류에 사는 혁철족(赫哲族)[24]이 여전히 사용하는 조리법이다. 큰 나무 대야에 물을 담아 두고, 고기를 그 안에 넣은 다음에 붉게 달궈진 돌을 대야에 담아 고기를 익히는 것이다. 고기가 익을 때까지 이 과정을 여러 번 반복한다.

24) [역주] 중국 55개 소수민족 중 하나이며, 주로 흑룡강성(黑龍江省)에 거주함.

炙 炮 燔
적 zhì 포 pào 번 fán

炙의 소전체(小篆體)는 이다. 『설문해자(說文解字)』에서 '炙은 고기를 굽는 것이다. 고기가 불 위에 있는 모양을 나타낸다[炙, 炮肉也. 從肉在火上]'라고 해석한다. 글자 형태는 '고기를 불에 굽는 모양'이고, 본의(本義)는 '굽는다'이다. 털을 제거한 짐승의 고기를 꿰어 불에 훈제하는 것이다. 이것은 오래된 식품 조리 방법이다. 인류가 불 사용법을 파악한 후에 발전된 조리법이라고 말할 수 있다. 선진(先秦)시대 문헌 기록이나 한(漢)나라 화상(畫像) 벽돌에는 炙과 관련된 내용이 많이 반영되어 있다. 『제민요술(齊民要術)』 「적법 제80(炙法第八十)」에 炙의 구체적인 방법을 많이 기록하고 있다. 예를 들면, '적돈법(炙豚法)'·'범적(范炙)'·'도환적(跳丸炙)'·'도적(擣炙)'·'관장적법(灌腸炙法)' 등이다. 돼지를 통째로 개복하여 오장을 제거하고 씻은 후 배를 띠풀로 채워서 굽는 것이 있다. 한쪽 면을 불에 굽다가 잘라서 먹는 것도 있다. 그리고 덩어리로 썰어서 아주 빠르게 돌려서 굽는 것도 있다. 돼지 창자에 넣어서 굽는 것도 있다. 전병으로 만들어서 굽는 것 등등 십여 가지 요리법이 있다. 구운 고기는 돼지·소·양·사슴·오리·거위 외에도 생선·굴 및 기타 수산물이 있다. 오늘날의 구이에 해당하는 요리법이다.

『설문해자(說文解字)』에 炮에 대해서 "털까지 통째로 구운 고기이다. 火로 구성되며 包가 성부이다[毛炙肉也. 從火包聲]"라고 해석한다. 『예기(禮記)』 「내칙(內則)」에서 "炮는 흙에 싸서 굽기 때문에 붙여진 명칭이다[炮者, 以塗燒之爲名也]"라고 주석하였다. 털이나 깃털을 제거하지 않고 흙으로 싸서 불에 굽는 것이다. 다 익어서 흙을 벗겨낼 때 털과 함께 벗긴다. 『사조영웅전(射鵰英雄

傳)』의 홍칠공(洪七公)이 좋아하는 '규화계(叫花鷄)'가 바로 이런 식으로 굽는 것이다.

燔도 고대의 굽는 조리법 중 하나이다. 덩어리진 고기를 불에 평평하게 펴고 뒤집으며 굽는 방법이다. 다 익히고 저장을 위해서 말려야 한다. 정현(鄭玄)이 『시경(詩經)』을 주석하며, "감칠맛을 내려면 炮의 방법을 쓴다. 부드럽게 먹으려면 炙의 방법을 쓴다. 마른 것을 먹으려면 燔의 방법을 쓴다[鮮者毛炮之, 柔者炙之, 干者燔之]"라고 하였다. 炮와 炙의 조리법은 저장하기에 적합하지 않다. 燔은 구워서 말리기 때문에 저장하기 쉽다. 세 가지 조리법은 이처럼 차이가 난다.

이 밖에 '훈(熏)'의 조리법도 있다. '훈(熏)'의 소전체(小篆體)는 *이다. 『설문해자(說文解字)』에 "불의 연기가 위로 나온다. 屮와 黑으로 구성된다. 屮와 黑은 검게 그을리는 것이다[火煙上出也. 從屮從黑. 屮黑, 熏黑也]"라고 해석한다. 불의 연기로 장시간 물건을 훈제하는 조리법이다. 시중에 나와 있는 '훈제 닭'·'훈제 토끼' 등은 모두 이 방법으로 조리된다.

炒 烙 煎 炸

초 chǎo 락 lào 전 jiān 작 zhà

炒는 중국요리 조리에 가장 많이 쓰이는 방법이다. 뜨거운 솥에서 잘 저어 섞으면서 음식의 물기를 빼고 익히는 것이다. 炒는 기름이 열전도체 역할을 한다. '초채(炒菜: 볶음요리)'는 식자재를 센 불에서 짧은 시간 내에 가열하여 익히는 것이다. '땅콩 볶음'과 같은 요리는 모래를 열전도체로 사용한다.

열전도체를 사용하지 않고 바로 볶는 경우도 있다. 炒는 '추(煼)'

로도 쓰인다. 육유(陸游)의 『노학암필기(老學庵筆記)』에 “고도(故都)의 자두와 군밤은 사방에서 유명하다[故都李和爊栗, 名聞四方]”라는 기록이 있다. 또한 炒와 ‘초(吵)’는 자주 통용된다. 고대에 炒의 방법은 가장 먼저 곡물을 볶을 때 사용되었다. 곡물을 볶을 때 용기에 담긴 곡물이 소리를 내기 때문에 ‘초(吵)’와 연관이 있다.

烙·煎·炸의 세 가지 조리법은 모두 물을 사용하지 않고 기름을 열전도체로 사용된다. 烙는 ‘용기를 사용해 익힌다’는 의미이다. 반죽을 달군 솥이나 냄비에 넣고 가열하여 익히는 방법이다. 예를 들면, ‘낙육병(烙肉餅: 구운 육전)’·‘낙대병(烙大餅: 구운 떡)’ 등이다. 煎은 음식을 소량의 뜨거운 기름에서 익히는 것이다. 예를 들면 ‘전어(煎魚: 기름에 지진 생선)’ 등이다.

炸는 煎에 비해 냄비에 넣는 기름이 많다. 음식을 끓는 기름에 넣어 익힌다. 예를 들면, ‘작병(炸餅: 튀김빵)’·‘작계(炸鷄: 닭튀김)’ 등이다.

煮 熬 涮 汆 蒸

자 zhǔ 오 áo 쇄 shuàn 탄 cuān 증 zhēng

煮의 소전체(小篆體)는 이다. 양쪽의 곡선은 수증기를 나타내며, 가운데의 아래쪽 구건(構件)은 고대의 조리기구인 鬲이다. 가운데의 위쪽 구건(構件) 者는 발음을 나타낸다. 일부 글자 형태에는 鬲에 물이 들어있는 특징이 두드러진다. 그러므로 구건(構件) 水를 덧붙여 로 쓰인다. 일부 글자 형태에는 불을 사용하는 특징이 부각되어 煮로 쓴다. 煮의 다양한 고문자 형태를 근거로 煮의 조리 방법을 다음과 같이 요약할 수 있다. 그릇에 물을 담고, 요리할 음식을 물에 담은 뒤, 불로 물을 끓여서 끓는 물로 음식을 익히는 것이다. 예를 들면, '자교자(煮餃子: 삶은 교자)'·'자계단(煮鷄蛋: 삶은 계란)' 등이다.

熬의 소전체(小篆體)는 와 의 두 가지가 나타난다. 는 火를 표의구건(表義構件)으로 삼아 '불로 달이다'의 조리법이 두드러지다. 는 麥을 표의구건(表義構件)으로 삼고 있어서, 불로 달여진 것이 식량임을 나타낸다. 熬는 음식에 물을 붓고 약한 불에 오래 끓여서 익히는 것이다. 예를 들면, '오계탕(熬鷄湯: 계탕을 끓인다)'·'오죽(熬粥: 죽을 쑨다)' 등이다.

涮는 쉽게 익는 재료를 얇게 썰어 끓는 전골에 담그는 조리법이다. 아주 짧은 시간 동안 담그었다가 건져내어서 조미료에 찍어 먹는 방볍이다. 양념이 된 전골에 살짝 데쳐서 바로 먹을 수 있다. 예를 들면, '쇄양육(涮羊肉: 양고기 샤브샤브)'·'쇄화과(涮火鍋: 샤브샤브)' 등이다.

汆은 入과 水로 구성된다. 조리법 중 하나이며, 음식을 끓는 물에 넣어 살짝 끓여서 부드러워질 때쯤 꺼내는 방법이다. 예를 들면, '汆丸子(완자탕)' 등이다.

蒸은 수증기를 이용하여 음식을 뜨겁게 익히는 조리법이다. 예를 들면, '증만두(蒸饅頭: 찐빵)'·'청증어(清蒸魚: 생선찜)' 등이다.

취사도구

鬲 　 曾 　 鼎 　 釜

격 gé 　 증 céng 　 정 dǐng 　 부 fǔ

鬲의 갑골문은  혹은 이고, 금문(金文)은 이며, 소전체(小篆體)는 이다. 고대 중국의 세 발 달린 조리기구를 나타낸다. 鼎과의 차이점은 아래쪽의 세 발의 속도 비어 있어서 사물을 담

을 수 있다는 것이다. 鬲은 고대 중국에서 상용되던 취사도구이다. 『설문해자(說文解字)』에 수록된 䰜의 가운데 부분이 바로 鬲이다. 양쪽의 곡선은 솟아오르는 열기를 나타내고, 글자 전체는 '鬲으로 밥을 짓는 모습'을 나타낸다. '죽(粥)'의 소전체(小篆體) 鬻에는 구건(構件) 鬲을 포함하고, 위의 구건(構件) 米는 鬲에 담은 음식물을 나타낸다.

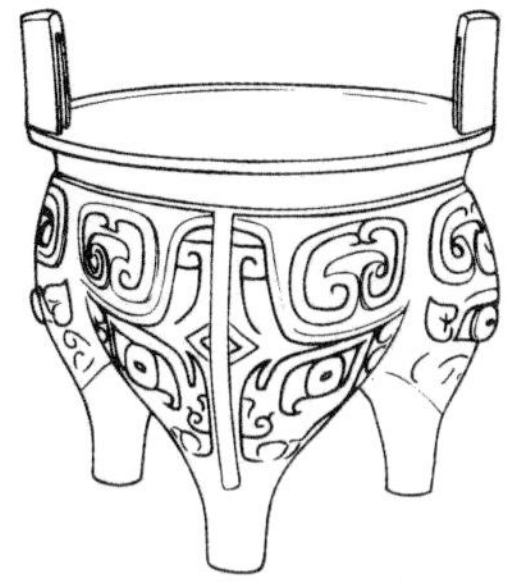

鬲 釜

'갱(羹)'의 소전체(小篆體) 鬻에도 구건(構件) 鬲을 포함하고, 위의 구건(構件) 羔는 鬲에 담은 음식물을 나타내어 표의(表義) 기능을 하고 있다. '호(糊)'의 소전체(小篆體) 鬻에는 구건(構件) 鬲을 포함하고, 위의 구건(構件) 古는 표음(表音) 기능을 하고 있다. '자(煮)'의 소전체(小篆體) 鬻에는 구건(構件) 鬲을 포함하고, 위의 구건(構件) 者는 표음(表音) 기능을 하고 있다.

'증(甑)'의 형상과 구조는 曾의 갑골문 자형에서 근거를 찾을 수 있다. 曾의 갑골문은 𠤎이며, 甑의 초문(初文)이다. 상주(商周)시대에 밥을 짓는 데 쓰던 취사도구를 나타낸다. 曾의 중앙에 구멍 난 판을 덧대어 위와 아래를 구분한 것이 특징이다. 『설문해자(說文解字)』에 주문(籒文) 𩰲을 수록하고 있다. 鬲으로 구성되고, 曾이 성부(聲符)이다.

曾

鼎의 갑골문은 鼎이고, 금문(金文)은 鼎이며, 소전체(小篆體)는 鼎이다. 귀가 두 개 달린 솥을 나타낸다. 이러한 기물은 생선을 요리하고 고기를 저장할 때 많이 사용된다. 상주(商周)시대에 널리 사용되었다. 『설문해자(說文解字)』에서 "鼎은 발이 셋 달리고 귀가 둘이다. 다섯 가지 맛을 조화시키는 보물이다[鼎, 三足兩耳, 和五味之寶器也]"라고 해석한다. 鼎에는 세 발의 둥근 鼎도 있고, 네 발의 사각형인 鼎도 있다. 최초의 鼎은 도기였으나, 나중에 청동으로 주조한 鼎이 생겼다. 하우(夏禹)가 일찍이 구주(九州)의 청동을 받아 형산(荊山) 아래에서 아홉 개 鼎을 주조하여서 구주(九州)를 상징하였다고 한다. 鼎의 위에는 악귀(惡鬼)들의 모양을 새겨 사람들에게 경각심을 주고 피해를 막도록 하였다. 이러한 전설 때문에 鼎은 일반적인 취사도구에서 '국가에서 대대로 전해지는 중요한 기물'로 여겼다. 나라가 망하면 鼎을 옮긴다. 하(夏)나라가 멸망하고, 상(商)나라가 흥하자 구정(九鼎)이 상(商)나라 도읍지 박경(亳京)으로 옮겨졌다. 상(商)나라가 멸망하고, 주(周)나라가 흥하자 구정(九鼎)이 다시 주(周)나라 도읍지 호경(鎬京)으로 옮겨졌다. 상(商)부터 주(周)에 이르기까지 도읍을 정하거나 왕조를 세우는 것을 '정정(定鼎)'이라고 했다. 기원전 606년, 초(楚)나라 장왕(莊王)이 육혼지융(陸渾之戎: 지금 하남성(河南省) 이천(伊川) 일대)을 벌하자, 주(周)나라 정왕(定王)이 대부(大夫) 왕손만(王孫滿)을 보내 노고를 위로하였다. 초(楚)나라 장왕(莊王)이 기회를 봐서 주(周)나라 鼎의 크기와 무게에 대해서 물었다. 왕손만(王孫滿)이 "정덕(政德)은 청명하면 작은 鼎도 무겁고, 국군(國君)이 무도하면 큰 鼎도 가볍다. 주나라 왕이 천하를 다스림에 그 권력은 하늘이 준 것이다. 鼎의 경중을 묻는 것은 적절하지 않다"라고 대답하였다. 초(楚) 장왕(莊王)이 鼎에 대해

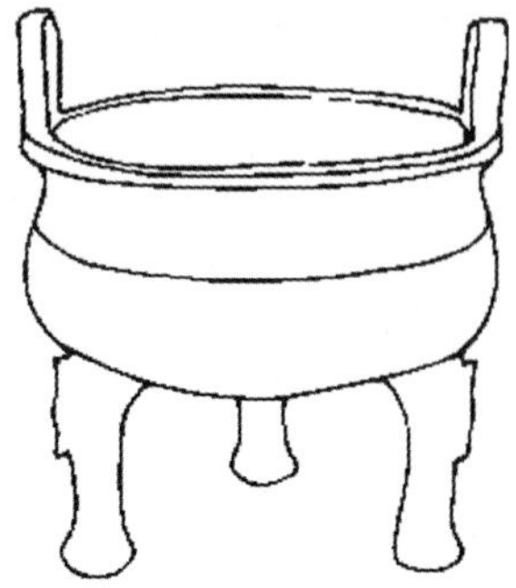

鼎

물어본 것은 자신이 주(周)나라 왕실을 대체하고자 함이었다. 장왕(莊王)이 주(周)나라 정왕(定王)이 파견한 왕손만(王孫滿)의 엄한 질책을 받은 것이다. 이후 왕위 찬탈을 꾀하는 것을 '문정(問鼎)'이라고 말한다.

鼎은 또한 공적을 기리는 예기(禮器)이다. 주(周)나라 국군(國君)이나 왕공대신(王公大臣)은 큰 축하 전례(典禮)에서 상을 하사를 받으면, 鼎을 주조하여 상황을 기록하였다. 이런 풍습은 지금까지도 흔적이 남아있다. UN 50주년을 맞이하여, 1995년 10월 21일에 중국은 거대한 청동기인 '세기보정(世紀寶鼎)'을 주조하여 유엔본부에 기증하였다. 티베트 평화해방 50주년을 맞이하여, 중국 중앙정부는 티베트자치구에 '민족단결보정(民族團結寶鼎)'을 선물하여 라싸(拉薩) 인민회당 광장에 세웠다. 이 鼎은 민족의 단결과 티베트 지역의 발전을 상징한다. 이러한 풍습에는 풍부한 문화적 의미를 담고 있다.

釜의 금문(金文)은 이다. 缶로 구성되며 父가 성부(聲符)이다. 소전체(小篆體) 는 鬲으로 구성되고 甫가 성부(聲符)이다. 이체자 는 金으로 구성되고 父가 성부(聲符)이다. 본의(本義)는 '둥근 바닥에 발이 없는 취사도구'이며, 주로 부뚜막 위에 놓인다. 한(漢)나라에 성행하였고, 철·구리·도자기 등으로 만들어졌다. '파부침주(破釜沉舟)'[25]와 '부저추신(釜底抽薪)'[26] 같은 성어에서 釜가 일반적으로 사용되는 취사도구였음을 알 수 있다.

---

25) [역주] 파부침주(破斧沉舟): 밥솥을 부수고 배를 침몰시키는 의미로 결사의 각오로 출진한다는 뜻이다.

26) [역주] 부저추신(釜底抽薪): 솥 밑에 타고 있는 장작을 꺼낸다는 의미로 문제를 근본적으로 해결한다는 뜻이다.

豆 簋 簠 俎

두 dòu　궤 guǐ　보 fǔ　조 zǔ

豆의 갑골문은 혹은 로 나타난다. 다리가 높이 달린 식기의 형태를 나타낸다. 의 상부 가로선은 뚜껑을 나타낸다. 豆는 상주(商周)시대에 성행하였는데, 일반적으로 목각으로 만들어 옻칠을 하였다. 동(銅)이나 도자기로 된 것도 있다. '도두(陶豆)' 등은 대부분 귀가 하나 있고 덮개가 없다. 형태는 주둥이 아랫부분이 목의 형태로 좁고, 배 부분은 둥글고, 발이 둥글고 높다. 『설문해자(說文解字)』에 "豆는 옛날에 고기를 담는 그릇이다[豆, 古食肉器也]"라고 해석한다. 『국어(國語)』「진어(晉語)」에 "내 주변 사람들은 잔에 든 술, 그릇에 든 고기, 대나무 바구니에 든 밥을 결코 그들과 공유하지 않음이 없다[在孤之側者, 觴酒·豆肉·簞食, 未嘗取不分也]"라는 기록이 있다. 이 중 '두육(豆肉)'은 '豆에 든 고기'라는 뜻이다. '豆'는 고대 연회에 없어서는 안 될 식기이다. 주(周)나라 관직 중 '해인(醢人)'은 '豆'에 담는 각종 음식을 전담하였다. '豆'가 당시 끼니마다 사용했던 식기였음을 나타낸다. '豆'는 또한 제사용 예기(禮器)로 종종 '俎'와 함께 제사를 지칭하였다. 예를 들면, 『논어(論語)』「위영공(衛靈公)」에 "제사와 관련된 일들은 내가 일찍이 들어본 적이 있다[俎豆之事, 則嘗聞之矣]"라는 말이 있다.

簋

簋의 갑골문은 이며, 금문(金文)은 이다. 왼쪽 구건(構件)은 둥근 배와 큰 입, 둥근 발이 있는 용기를 나타내고, 오른쪽 구건(構件)은 손에 긴 국자를 든 모습을 나타낸다. 글자의 형태는 손에 긴 국자를 들고 그릇 옆에 있는 것을 나타낸다. 簋의 본의(本義)는 음식을 담는 그릇이다. 『설문해자(說文解字)』에 簋의 고문 (匚과 飢로 구성됨)·(匚으로 구성되며, 軌는 성부임)·(木으로 구성되며, 九는 성부임)을 수록하고 있다. 소전체(小篆體)는 이며, 『설문해자(說文解字)』에 "오곡을 담는 네모난 그릇이다. 竹·皿·皀으로 구성된다[黍稷方器也. 從竹從皿從皀]"라고 해석한다. 그러나 정현(鄭玄)의 『주례(周禮)』「지관(地官)」「사인(舍人)」의 "무릇 제사에는 簠와 簋를 사용한다. 밥을 담아서 진열해 놓는다[凡祭祀, 共簠簋, 實之陳之]"라는 문구에 대해 "네모난 것을 簠라고 하고, 둥근 것을 簋이라고 하며, 기장·벼·조를 담는 데 쓴다[方曰簠, 圓曰簋, 盛黍稷稻粱]"라는 주(注)를 달았다. 즉 簋는 원형이며, 주로 곡식을 담는데 사용되었다. 대나무·나무·금속 등으로 만들어졌는데, 출토된 유물에 근거하면 簋는 대부분 두 개의 귀가 있었음을 알 수 있다. 이런 식기는 전국시대 이후에 종묘의 예기(禮器)로 사용되었다.

簠의 금문(金文)은 혹은 이다. 匚으로 구성되며 古는 성부(聲符)이다. 『설문해자(說文解字)』에서 수록된 고문은 이다. 匚으로 구성되고, 夫는 성부이다. 소전체(小篆體)는 이다. 『설문해자(說文解字)』에서 "오곡을 담는 원형 그릇이다. 竹과 皿로 구성되며, 甫는 성부이다[黍稷圜器也, 從竹從皿甫聲]"라고 해석한다. 그러나 앞에서 언급한 것처럼, 출토된 유물과 정현(鄭玄)의 주석에 의하면 簠는 대나무·나무·금속으로 만들었고, 곡식을 담는 사각형 식기였다.

簠

俎의 갑골문은 이다. 가운데 구건(構件)은 고깃덩어리이고, 바깥 구건(構件)은 제물을 놓는 俎이다. 금문(金文)은 혹은 이다. 는 도마와 비슷하다. 는 오른쪽에 구건(構件) 刀를 추가하여 칼과 도마를 나타낸다. 소전체(小篆體)는 이다. 『설문해자(說文解字)』에 “俎는 제사용 도마이다. 肉의 반토막이 且 위에 있는 모양이다[俎, 禮俎也, 從半肉在且上]”라고 해석한다. 俎는 고대 고기를 썰던 도마임을 알 수 있다. 제사나 연회 때 희생을 담는 예기로 쓰일 때는 날고기나 익힌 고기를 얹어놓는 그릇이 된다. 목기에 옻칠을 하였고, 네 개의 발이 있는데, 그 모양은 几와 유사하다. 『한비자(韓非子)』「난언(難言)」의 “직접 鼎과 俎를 들고 요리사가 되다[身執鼎俎爲庖宰]”라는 문장에서 요리사는 하루 종일 조리도구를 사용한다는 것을 나타낸다. 『좌전』「은공4년(左傳·隱公五年)」에 있는 “조수의 고기는 도마 위에 오르지 않는다[鳥獸之肉不登於俎]”라는 기록에서 새와 짐승의 고기는 조상을 모시는 제사에서 사용하지 않았음을 알 수 있다.

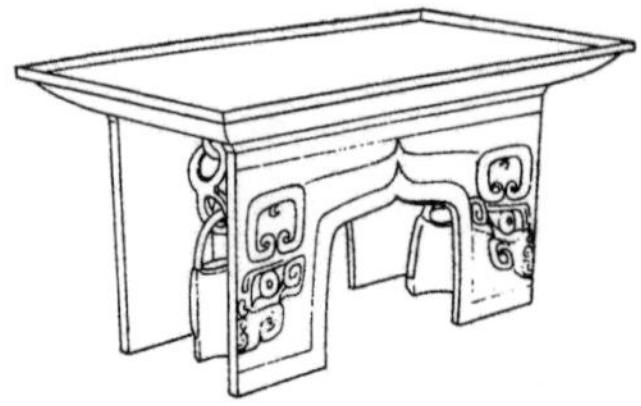

俎

盤 碗 箸

반 pán 완 wǎn 저 zhù

盤의 금문(金文)은 이다. 皿으로 구성되며 般이 성부(聲符)이다. 주문(籒文)은 이다. 金으로 구성되며 般이 성부이다. 소전체(小篆體)는 이다. 木으로 구성되며 般이 성부이다. 고문자의 글자 형태는 盤이 물건을 담는 그릇이며, 금속이나 나무로 만들어졌다는 것을 나타낸다. 盤의 가장 큰 특징은 매우 얕으며, 일반적으로 둥근 형태라는 것이다.

碗은 음식을 담는 식기이다. 이른 시기에 출현하여 오늘날까지 지속적으로 사용되고 있다. 고대에는 매우 보편적으로 사용되던 식기였다. 碗의 명칭은 몇 번의 변화를 겪었다. '명(皿)'과 '우(盂)'는 모두 碗의 대명사였다. '명(皿)'의 의미는 비교적 광범위하다. 어느 한 종류의 사물을 통칭하는 역할을 하였는데, 후기에는 주로 접미사로서 나타났다. 예를 들면 '기명(器皿)' 등이다. '우(盂)'는 碗의 용도를 명확하게 나타내고 있다. '우(盂)'는 진(秦)나라 이전까지는 사용 범위가 넓었으며, 밥을 담거나 액체를 담는 그릇으로 사용되었다. 진(秦)나라 이후부터는 碗과 유사해졌다. 碗의 기본 모양은 크게 변하지 않고 원래의 둥근 바닥을 기반으로 계속 진화하지만, 전체적인 특징은 바닥이 작고 입이 넓으며 구조가 비교적 단순하다는 것이다. 시대 흐름에 따라 碗의 재질이 크게 변하였다. 초기의 도기(陶器) 碗은 정교하지는 않았지만 매우 공들여 만들어졌다. 후대의 자기(瓷器) 碗은 치밀하고 표준화된 기술과 비례의 조화, 장식의 정교함에 있어서 도기 碗을 능가하였다.

箸의 소전체(小篆體)는 䈝이다. 竹으로 구성되며 者는 성부(聲符)이다. 箸는 고대의 젓가락이다. 후대에 속자(俗字) 筯에서 성부는 助로 바뀌었다. 나중에 '쾌(筷)'로 쓰이게 된다. 명(明)나라 육용(陸容)이 『숙원잡기(菽園雜記)』에서 "민간의 금기는 곳곳에 있다. 오중(吳中) 지역이 가장 심각하다. 예를 들면, 배에서는 '주(住)'와 '번(飜)'을 꺼렸기 때문에 箸를 '쾌아(快兒)'라고 부르고 '번포(幡布)'를 '말포(抹布)'라고 부른다[民間俗諱, 各處有之, 而吳中爲甚. 如舟行諱住, 諱翻, 以箸爲快兒, 幡布爲抹布]"라고 기록하고 있다. 즉, 남쪽지역에서는 배를 타는 사람들이 배에서 箸와 같은 소리가 나는 것을 꺼렸다. 箸가 '주(住: 멈춤)'와 발음이라 같아서 불길하게 여겼기 때문이다. 그래서 반대의 의미를 가진 '쾌(快: 빠름)'라고 발음하여서 배가 '순풍에 돛을 달고 날 듯이 나아감'을 기원했다. 사람들의 염원을 반영하여 이름을 바꾸게 된 것이다. 또한 당시 대부분 젓가락은 대나무로 만들었기 때문에, 부수(部首) 竹를 덧붙여 '쾌(筷)'가 되었다. '쾌(筷)'와 '쾌(快)'는 동음자(同音字)이다.

문헌에 따르면, 젓가락의 역사는 최소 3천 년 이상이다. 민간의 전설에 의하면, 젓가락은 4천 년 전에 대우(大禹)가 발명한 것이라고 한다.

당시 대우(大禹)는 수해를 다스리는 과정에서, 세 번이나 집을 지나쳤으나 들어가지 않았다. 대우(大禹)는 당시 야외에서 식사를 많이 하였다. 일정이 바빠서 식사할 시간도 없었다. 막 익은 고기를 급히 먹으려 하였으나 뜨거운 국물 때문에 손을 쓸 수 없었다. 그래서 나뭇가지를 집게로 사용하게 되었고, 이것이 변하여 젓가락이 생겨났다.

젓가락은 초기에는 대나무나 나무로 만들어졌다. 나중에 도자기·구리·철·금·은·상아로 만든 젓가락이 등장하였다. 출토된 유물에서 대나무·나무로 만든 젓가락이 적은 것은 쉽게 부패하기 때문이다. 현존하는 최초의 젓가락은 2천 년 전 춘추전국시대의 초(楚)나라 묘(墓)에서 출토되었다. 이때 출토된 붉은 칠을 한 대나무 젓가락 한 쌍은 현재 호북성(湖北省) 의창박물관(宜昌博物館)에 소장되어 있다.

爵 壺 杯

작 jué　호 hú　배 bēi

중국 고대인들이 최초로 사용한 음주용 잔은 쇠뿔로 만들었다. 이것은 최초의 술잔을 나타내는 한자가 角을 부수로 삼고 있다는 점에서 증명된다. 예를 들면 '굉(觥)'의 소전체(小篆體)는 이며, 『설문해자(說文解字)』에서 "코뿔소의 뿔로 만든 술잔이다. 角으로 구성되며 黃이 성부(聲符)이다. … 觥은 觵의 속자(俗字)이며 光으로 구성된다[兕牛角可以飮者也. 從角黃聲. … 觥, 俗觵從光]"라고 설명한다. 觥이 코뿔소의 뿔로 만든 술잔임을 알 수 있다. 최초의 술잔이 뿔로 만들어졌기 때문에 角은 술잔을 나타내는 한자의 부수로 많이 사용되었고, 나중에는 뿔로 만든 술잔이 아니어도 角을 부수로 삼아서 한자를 만들었다. 예를 들면, '상(觴)'·'고(觚)' 등이다. 출토된 유물에 근거하면, '고(觚)'는 청동으로 만들어졌고, 나팔모양·가는 허리·높고 둥근 다리가 형태의 특징이며, 배와 다리에 모서리가 있다.

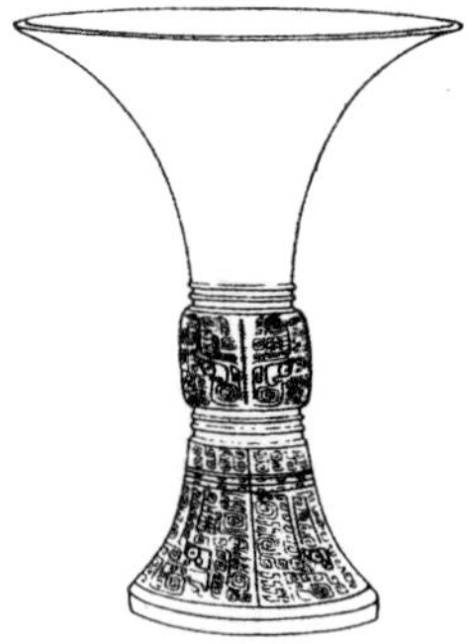

觚

爵의 갑골문은 , , , 이며, 금문(金文)은 이다. 고대 술잔의 형태를 나타낸다. 갑골문 위쪽 화살표는 爵의 위쪽 기둥을 나타내고, 왼쪽의 입구는 술을 따르는 부분이고, 오른쪽의 작은 원이 귀를 나타낸다. 소전체(小篆體)는 이다. 『설문해자(說文解字)』에서 "爵는 예기이다. 모양이 참새와 같고, 가운데에는 울창주가 담겨있다. 구건(構件) 又는 술잔을 쥔 손을 나타낸다. 爵의 모양이 참새처럼 생긴 것은 참새의 울음소리 '절절족족(節節足足)'을 취한 것이다[禮器也. 象爵雀之形, 中有鬯酒, 又持之也, 所以飮. 器象爵

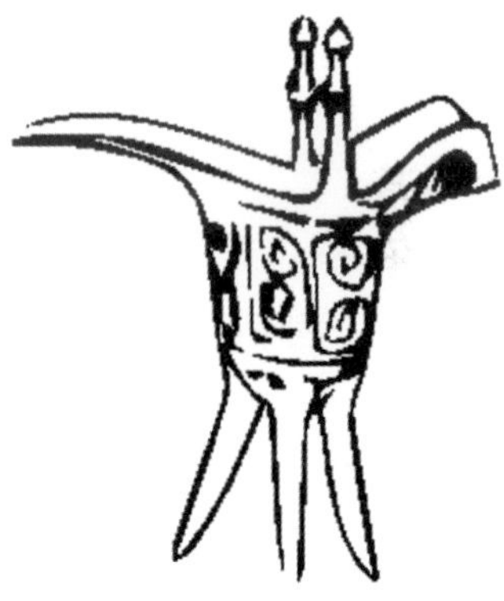

爵

者, 取其鳴節節足足也]”라고 설명한다. 爵은 고대 술을 담는 예기(禮器)이며, 배가 둥글고 앞에는 술을 붓는 홈 모양의 ‘류(流)’가 있고, 뒤에는 꼬리가 있고, 옆에는 손잡이가 있다. 입구에는 두 개의 기둥이 있고, 아래에는 세 개의 뾰족한 발이 있어 머리를 들고 꼬리를 치켜든 참새와 닮았다. 爵은 술잔으로도 사용되었는데, 하상(夏商)시대에 유행하였다. 爵의 몸과 발에는 일반적으로 정교한 꽃무늬 문양이 조각되어 있다. 일부 사람들은 爵이 참새처럼 생긴 이유는 참새가 날 수 있고 음주를 탐닉하지 않기 때문에 사람들이 술을 절제하고 과음하지 않도록 경계하기 위해서라고 한다.

爵는 주(周)나라의 예제(禮制)를 구현한다. 『예기(禮記)』「예기(禮器)」에서 “종묘의 제사에서 귀한 사람에게 爵으로 술을 바친다. 천한 사람에게는 ‘산(散)’으로 술을 바친다. 귀한 사람은 ‘치(觶)’를 들어 술을 맛본다. 천한 사람은 ‘각(角)’을 들어 술을 맛본다[宗廟之祭, 貴者獻以爵, 賤者獻以散, 尊者舉觶, 卑者舉角]”라는 기록이 있다. 정현(鄭玄)은 “무릇 술잔은 1升을 爵이라 하고, 2升을 觚, 3升을 치(觶), 4升을 각(角), 5升을 산(散)이라고 한다[凡觴, 一升曰爵, 二升曰觚, 三升曰觶, 四升曰角, 五升曰散]”라고 주를 달았다. 예기(禮器)는 작은 것을 귀하게 여기고, 爵은 존귀함을 나타내기 때문에 노예주(奴隸主)의 부장물이나 종묘의 제사에 쓰이기도 한다. 서주(西周) 이후에 爵은 점차 사라졌다.

壺의 갑골문은 , , 이다. 옛날에 술이나 물을 담던 긴 목·큰 배·둥근 발을 가진 주전자를 나타낸다. 윗부분에는 뚜껑으로 덮었고, 모양은 조롱박과 비슷하며 둥근 발이 붙어 있고, 목 옆에는 두 개의 귀가 있다. 초기 壺는 대부분 도기(陶器)나 구리·철로 만들었고 비교적 컸다. 이후 壺의 체형이 점차 정교해지고, 壺의 배 모양도 다양해졌다. 예를 들어, 당송(唐宋)시대에는 ‘과

릉호(瓜棱壺)'·'수류호(獸流壺)'·'호호식호(葫芦式壺)' 등이 있었다. 송(宋)나라 때는 술을 데우기 위해 壺를 사용하였다. 壺를 술을 데우는 '주완(注碗: 물 넣은 사발)'에 넣고, 뜨거운 물로 술을 데운다. 壺와 '주완(注碗)'의 형태가 일치해야 한다.

杯의 주문(籒文)은 이다. 匸으로 구성되며 不는 성부(聲符)이다. 소전체(小篆體)는 이다. 木으로 구성되며 否가 성부(聲符)이다. 해서체(楷書體)는 '배(盃)'로 쓰인다. 皿으로 구성되며 不가 성부(聲符)이다. 이 글자들의 형태를 통해 杯가 그릇이라는 것을 알 수 있다. 초기에는 나무로 만들어졌다. 청(淸)나라 주준성(朱駿聲)의 『설문통훈정성(說文通訓定聲)』에서 "杯은 고대의 국과 술을 담는 그릇이다. 통칭하여 杯라고 한다[杯, 古盛羹若注酒之器, 通名爲杯也]"라고 설명한다. 杯는 다기(茶器)로도 쓰인다. 杯의 형태는 정사각형과 둥근 모양, 새와 동물의 모양, 꽃과 과일의 모양 등 다양하다. 재질도 초기에는 도자기와 구리로 만들었지만, 후에 조개, 상아, 마노 등으로 만들었고, 금이나 은으로도 만들었다. '연금배(軟金杯)'는 후당(後唐) 장종(莊宗)이 황금색 오렌지껍질로 술잔을 삼은 것이다. 왕희지(王羲之)의 『난정집서(蘭庭集序)』에는 '곡수류상(曲水流觴)'의 장면을 묘사하고 있다. '수계(修禊)'의 풍습에 따라 술을 마실 때 杯를 술잔으로 사용하였다. 나무에 적흑색 옻칠한 둥근 술잔을 사용하였는데, 몸체가 얇고 양쪽에 귀 모양의 손잡이가 있었다. 이를 '우상(羽觴)' 또는 '이배(耳杯)'라고 부른다. 술을 담은 잔은 시냇물을 따라 굽이굽이 흘러가고, 잔이 멈추는 곳에 있는 사람이 단숨에 마신다. 이러한 술잔은 오락성을 가미하고 있어, 음주 문화가 더욱 풍부해졌음을 나타낸다.

3. 고대의 건축

산야(山野)에 거주하다

중국 고대인들은 주로 자연의 산과 들에서 살았다. 주거와 관련된 한자를 분석하면 홍수에 대한 기록을 곳곳에서 찾아볼 수 있다.

昔　州

석 xī　주 zhōu

昔의 갑골문은 이다. 위쪽 구건(構件)은 日이고, 아래 구건(構件)은 파도가 세차게 치는 홍수의 형상을 나타낸다. 이 글자는 홍수가 난 날을 나타낸다. 홍수의 무서움이 고대인에게 깊은 인상을 남겼음을 알 수 있다. 그래서 나중에 '왕석(往昔: 이전, 옛날)'의 昔을 만들 때 홍수 이미지로 표시하게 되었다. 州의 갑골문은  혹은 이다. 넓은 강물 속에 땅이 있는 것을 나타낸다. 물 안쪽의 인간이 살 수 있는 작은 섬을 뜻한다. 기록에 의하면, 중국 요(堯)임금 시대에 큰 홍수가 있었다. 당시 화하(華夏)의 땅이 홍수에 잠기고, 높은 산봉우리만 수면 위로 드러났다. 그래서 중국 고대인들은 지대가 높은 산릉을 선택해서 살 수밖에 없었다.

厂

한 hǎn

중국 고대인들은 홍수를 피하기 위해서 높고 평탄한 산릉과 섬 위에서 많이 거주하였다. 이것은 문헌에 많은 기록되어 있다. 『회남자(淮南子)』「본경훈(本經訓)」에 "천하 사방이 온통 물바다가 되고, 백성들은 모두 산으로 도망쳐 큰 나무에 올라갔다[四海溟涬, 民皆上丘陵, 赴山林]”라는 기록이 있다. 『묵자(墨子)』「사과(辭過)」에 “집을 지을 줄 모르던 시기에는 산릉을 거처로 삼을 수밖에 없었다[未知爲宮室時, 就陵阜而居]”라는 기록이 있다. 『설문해자(說文解字)』에서 말한 厂에 대한 해석도 이것을 증명한다. 『설문해자(說文解字)』에 ‘산 절벽의 동굴이다. 사람이 살수 있다[山石之崖岩, 人可居]”라고 해석한다. 산릉 속 천연 동굴이 사람의 거처로서 최적의 선택이라는 것은 어렵지 않게 이해할 수 있다.

巢 橧

소 cháo 증 zēng

중국 고대인들은 홍수를 피하기 위해 지대가 높은 산릉과 섬에 살면서 나무에 둥지 같은 거처를 짓곤 하였다. 巢의 금문(金文)은 이며, 소전체(小篆體)는 이다. 두 형태 모두 나무 위의 둥지를 나타낸다. 이 글자의 본의(本義)는 둥지이다. 둥지는 홍수를 피하기 위해 새처럼 나무에 사는 것이다. 『맹자(孟子)』「등문공하(滕文公下)」에 ‘요임금 시대에 물이 거꾸로 흘러 도처에 범람하였고, 대지는 뱀과 용의 거처가 되었다. 사람들이 거처할 곳이 없었다. 지대가 낮은 곳에서는 사람들이 나무에 둥지를 짓고, 지대가 높은 곳에서는 사람들이 동굴을 거처로 삼았다[當堯之時, 水逆行, 氾濫於中國, 蛇龍居之. 民無所定, 下者爲巢, 上者為營窟]”라는 기록이 있다. 『풍속통의(風俗通義)』「산택(山澤)」에 “요임금 때 홍수가 나자, 많은 사람들이 산의 둥지에 거주하여 해를 피하였다[堯遭洪水, 萬民皆山棲巢居, 以避其害]"라는 기록도 있다. 고대인들은 홍수를 피해 지대가 높은 산릉이나 나무에 살았다. 나무에 만든 둥지도 고대인들의 주거 방식이었음을 알 수 있다.

중국 고대에는 橧이라는 거주 방식도 있었다. 『예기(禮記)』「예운(禮運)」에 "여름에는 나무 조각으로 만든 둥지에서 산다[夏則居橧巢]"라는 기록이 있다. 여기서 橧과 巢를 같이 언급한 것은 橧도 일종의 주거 방식이었음을 나타낸다. 橧은 나무 조각을 한곳에 모아 깔고 사람이 그 위에서 쉬는 것이다.

반혈거(半穴居)

各 出 复

각 gè 출 chū 복 fù

인류는 점차 산지에서 평야로 거주지 범위를 넓혔고, 동굴에서 거주하던 습관을 이어서 평지에 집을 짓기 시작하였다. 중국 원시사회(原始社會) 중기(中期)의 가옥 건축은 크게 두 종류가 있었다. 하나는 반혈거(半穴居) 건축이고, 다른 하나는 지상 주택 건축이다. 서안(西安)의 반파유적지(半坡遺蹟地)는 전형적인 반혈거 양식 건축물이다. 은허(殷墟) 발굴에서 많은 수혈(竪穴: 지면을 판 동굴)이 발견되었다. 동굴의 깊이와 모양(사각형 혹은 원형)은 다양하게 나타난다. 학자들은 이것이 고대의 혈거(穴居) 풍습과 관련이 있다고 한다. 고대인의 혈거(穴居) 특징은 고문자의 형태에도 표현되었다. 各의 갑골문은 이다. 한쪽 발이 구덩이로 내려가는 것을 나타낸다. 본의(本義)는 '오다'·'이르다'이다. 서주(西周) 명문(銘文) "王各于成周大廟(왕은 성주의 큰 사당에 왔다)"의 各은 '오다'

의 의미를 나타낸다. 出의 갑골문은 이다. 한쪽 발이 위쪽으로 구덩이를 빠져나가는 것을 나타낸다. 안에서 밖으로 나오는 것을 의미한다. 复의 갑골문은 이다. 위의 구건(構件)은 두 갈래의 길로 출입할 수 있는 반혈거의 형태를 나타내고, 아래 구건(構件)은 한쪽 발을 나타낸다. 글자 전체 형태는 입구를 통해 외출하는 모습을 나타낸다. 이 글자들의 형태는 모두 고대인들의 혈거(穴居) 특징을 나타내고 있다. 고고학 및 인류학자들의 연구에 따르면, 수백만 년의 인류 역사에서, 인간은 대부분 동굴에서 살았으며 동굴에서 벗어난 것은 수천 년밖에 되지 않았다고 한다.

지상에 가옥을 짓다

시간이 흐르면서 인간은 지상에 집을 짓게 되는데, 이러한 변화는 '宀'·'宋'·'宮'·'門'·'向'·'窓'과 같은 글자에 나타난다.

宀

면 mián

宀은 ∩의 형태에서 변한 부수이며 가옥을 나타낸다. 중국 고대인들의 지상 가옥 건축의 외부 윤곽을 나타낸다. 반파촌(半坡村) 앙소유적(仰韶遺跡)의 복원 형태를 보면, 원형 터에 담을 쌓고 벽 위에 원추형의 지붕을 씌웠다. 그 전체적인 윤곽이 바로 ∩ 모양이다. 마찬가지로 '송(宋)'의 갑골문 은 나무를 대들보 삼아 지은 지상 주택을 나타낸다.

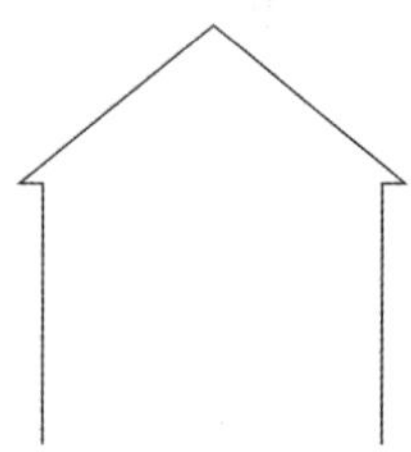

宮

궁 gōng

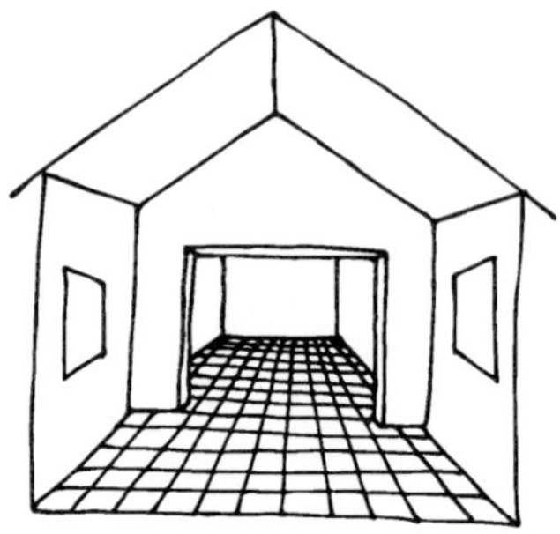

宮의 갑골문은 이다. 바깥의 은 가옥의 외부 윤곽을 나타내고, 안쪽 두 개의 口는 앞뒤에 있는 두 개의 공간을 나타낸다. 바로 '전당후실(前堂後室: 앞은 대청, 뒤는 안방)'의 구조를 표현한 것이다. 『설문해자(說文解字)』에서 宮을 "방이다[室也]"라고 해석한다. 宮의 본의(本義)가 '집'이며, 궁궐만을 가리키는 것이 아님을 말해준다. 『시경(詩經)』「빈풍(豳風)」「칠월(七月)」의 "또 가서 집 짓는 일을 한다[上執入宮功]"라는 시구에 나오는 宮이 바로 일반 가옥이다. 『전국책(戰國策)』「소진이련횡세진(蘇秦以連橫說秦)」에서 소진(蘇秦)이 뜻을 이루고 고향으로 돌아오자 "소식을 들은 부모는 집을 치우고, 거리를 청소하고, 음악을 연주하고, 술자리를 마련하고, 삼십 리 떨어진 들판으로 마중을 나갔다[父母聞之. 清宮除道, 張樂設飲, 郊迎三十里]"라는 기록이 있다. 여기서 '청궁(清宮)'은 '집을 청소하다'는 뜻이다. 『사기(史記)』「서문표치업(西門豹治鄴)」의 "이를 위하여 강가에 재계할 집을 마련하였다[爲治齋宮河上]"라는 기록에 나오는 宮은 강가에 임시로 지은 작은 집을 가리키는 것이며 궁궐을 말하는 것이 아니다. 진한(秦漢)시대에 宮은 점차 제왕(帝王)의 전용으로 사용되었는데, 예를 들면 '황궁(皇宮)'이다. 나중에 宮은 '문화궁(文化宮: 문화센터)'같은 대중오락 활동의 장소로 인신(引申)되었다.

門 塾 庭 堂 室

문 mén　숙 shú　정 tíng　당 táng　실 shì

‘전당후실(前堂後室: 앞은 대청, 뒤는 안방)’의 건축 구조는 후대에까지 이어졌다. 가옥은 門, 塾, 庭, 堂, 室 등으로 구성된다. 門의 갑골문은 이며, 두 짝의 문을 나타낸다. ‘호(戶)’의 갑골문은 이며, 외짝문을 나타낸다. 塾은 본래 옛날 문 안팎의 양쪽에 있던 방을 나타내다가, 나중에 민간에서 가르치는 곳을 가리키게 된다. 庭은 广으로 구성되며 廷이 성부(聲符)이다. 본의(本義)는 대청 계단 앞의 뜰이다. 堂은 중국 전통 가옥에서 특별한 지위를 차지하고 있다. 공간적으로 堂은 가옥에서 중심적인 위치를 차지하고 있으며, 주요 건물의 중앙에 있다. 양쪽에 ‘상(廂: 곁채)’이 있고, 뒤쪽에 ‘室(안방)’과 ‘방(房)’이 있다. 그리고 堂은 일반적으로 지상 토대의 위에 자리 잡고 있다. 요순(堯舜) 때의 堂은 높이가 세 척(尺)이라고 전해진다. 이러한 공간적 위치에 상응하여, 堂은 침실로 쓰이지 않고 가정의 중요한 활동을 하는 장소로 활용되었다. 예를 들면, 의식 거행·손님 접견·가사 결정 등이다. 堂의 특별한 지위는 글자형태에도 반영되고 있다. 堂은 형성자(形聲字)이다. 부수(部首)는 土이다. 흙은 고대의 기본 건축 자재이기 때문에 각종 건축물을 대표한다. 尙은 성부(聲符)이자 표의(表義) 기능을 겸한다. 尙은 ‘상(上)’이며, ‘높다’·‘초월한다’의 의미가 있다. 이는 堂이 다른 방보다 높은 위치에 있는 것과 일치한다. 건축적인 각도에서 보면 堂은 가정의 상징이다. 그러므로 堂은 조상이 같은 친족관계를 나타낸다. 조상이 같은 형제자매는 '당형제(堂兄弟)'·'당자매(堂姊妹)'라고 부르고, 조상이 같은 숙백(叔伯)은 '당숙백(堂叔伯)'이라 부른다. 이런 호칭은 고대 중국에서 부계 친족이 모여 살던 풍습과 연관이 있다. 『설문해자(說文解字)』에서 室을 "실(實: 가득 차다)이다[實也]"라고 해석한다. 단옥재(段玉裁)는 "고대에는 앞쪽에 대청이 있고, 뒤쪽에 안방이 있다[古者前堂後室]"라고 주를 달았다. 『석명(釋名)』에서도 "室은 실(實: 가득차다)이다. 사람과 물건이 그 안에 가득하다[室, 實也. 人物實滿其中也]"라고 해석한다. 이러한 해석에서 알 수 있듯이 고대 중국의 가옥 내부는 앞에 堂이 있고, 堂의 뒤는 벽이 있었다. 벽 뒤의 중앙에 室이 있고, 室의 동서쪽 양쪽에 '방(房)'이 있었다.

向 窓

향 xiàng 창 chuāng

向의 갑골문은 이다. 은 가옥의 옆모습을 나타내고, 口는 벽에 있는 창을 나타낸다. 『시경(詩經)』「빈풍(豳風)」「칠월(七月)」에 "쥐구멍을 막고 연기를 내뿜으며 북향 창의 틈새를 막는다[穹窒熏鼠, 塞向墐戶]"라는 시구가 있다. 向의 본의(本義)는 '북향 창문'이다. 『시경(詩經)』에 반영된 고대인들의 생활을 보면, 부지런한 농민들은 겨울이 되어서야 야외의 밭에서 집으로 돌아왔다. 집에 오면 먼저 쥐구멍을 막고 연기를 피워 집에서 쥐를 쫓아내고, 또 북쪽을 향해 난 창문을 막고 나뭇가지로 엮은 문에는 진흙을 발라 찬 바람을 막았다.

窓의 고문은 이고, 소전체(小篆體)는 혹은 이다. 『설문해자(說文解字)』에 "담에 있는 것을 '유(牖)'라고 하고, 집에 있는 것을 '창(囪)'이라 한다. 상형이다. … 窓은 또한 穴로 구성되며, 은 고문이다[在牆曰牖, 在屋曰囪, 象形. 窗, 或從穴, , 古文]"라고 해석한다. 窓의 소전체(小篆體)와 고문은 지붕 천창의 모양을 나타낸다. 고대인들은 동굴에 살 때 벽에는 신경 쓰지 않았지만, 실내 공기를 환기하기 위해 동굴 위 창문을 열어야 했다. 이것이 窓의 원래 뜻이다. 즉 천창(天窓)이다. 훗날 평지에 가옥을 짓고 지붕에 창문을 만들었는데, 이것이 진정한 의미의 천창(天窓)이 되었다.

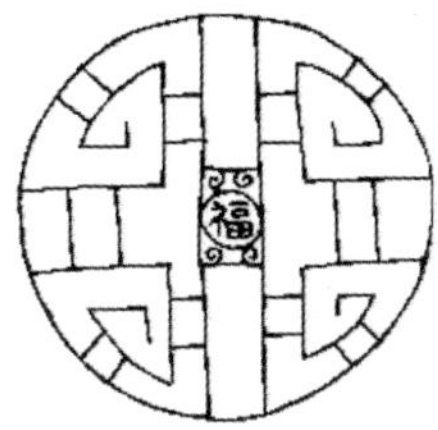

높은 대를 받친 정루(亭樓)

高 京

고 gāo 경 jīng

高와 京의 갑골문은 높은 대 위에 세워진 정루(亭樓)의 모양을 나타낸다. 高의 갑골문은 혹은 이며, 높은 대 위에 지은 정루를 나타낸다.

京의 갑골문은 이며, 高와 다른 점은 高는 아래에 좌우 두 기둥이 받치고 있다는 것이다. 京은 두 기둥 사이에 하나의 기둥이 더해져 높은 건물임을 나타내었다가, 나중에는 높은 건물의 특징을 근거로 '나라의 수도'를 표현하게 되었다. 갑골문에서 정루(亭樓) 모양으로 형용사 高와 명사 京을 나타내고 있어, 상(商)나라 때 정루(亭樓) 양식의 건축이 등장했음을 알 수 있다.

囗

위 wéi

囗는 사방이 둘러싸인 형태로써 일정한 지역을 나타낸다. 囗는 고문자에서 '사람들이 사는 지역이나 영토로서 보호해야 할 장소'를 표시하는 데 많이 사용된다. 衛의 금문(金文)은 이다. 圍의 갑골문은 이고, 금문(金文)은 이다. 가운데 구건(構件) 囗는 일정 구역을 나타내며, 사방의 발자국이 이곳을 둘러싸고 있어 수비나 보호의 뜻을 나타낸다. '국(國)'과 '역(域)'의 갑골문은 모두 으로 쓴다. 戈와 囗의 두 구건(構件)으로 이루어지며, 囗는 일정한 구역을 나타내고, 戈는 무기이다. 전체 자형은 무기로 지키는 지역을 나타낸다. 나중에 '국(國)'은 바깥에 구건(構件) 囗를 더하여 경계를 강조하였다. '역(域)'은 표의구건(表義構件) 土를 추가하여 수비할 땅을 강조하였다.

城 郭 堞 池

성 chéng 곽 guō 첩 dié 지 chí

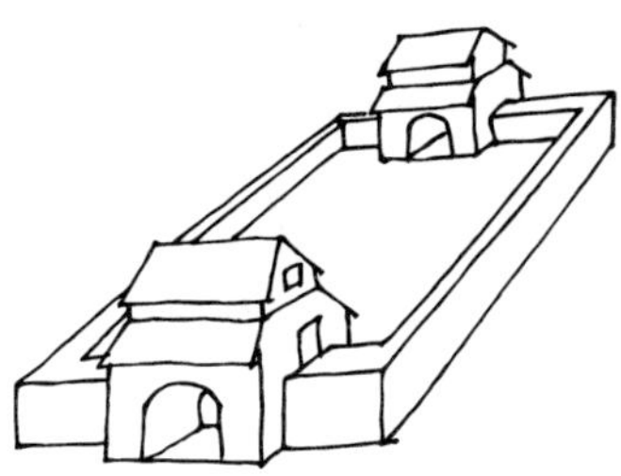

중국 선민들이 자신의 땅을 지키는 가장 흔한 방법은 방어기능을 갖춘 성벽을 쌓고, 성벽 위에 적의 동태를 살피는 망루를 세우는 것이었다. '용(墉)'의 금문(金文)은 이다. 가운데 구건(構件) 囗는 성벽을 나타내고, 위아래 두 구건(構件)은 성벽 위에서 망을 보는 데 쓰이는 망루(望樓)를 나타낸다. 글자 전체는 성벽 위에 망루가 있는 모양이며, '용(墉)'의 본의(本義)는 성벽이다. 『설문해자(說文解字)』에는 고문 을 수록하고 있다. 가운데 구건(構件)은 내외부를 두 겹으로 하여 내성과 외성을 나타내고 있다. 즉, 城과 郭이다.

城의 금문(金文)은 이며, 주문(籒文)은 이다. 각각 과 을 표의구건(表義構件)으로 구성한다. 나중에 土를 표의구건(表義構件)으로 구성한 城을 만들었다. 본의(本義)는 '도읍 사방을 방어하기 위한 성벽'이다.

郭의 소전체(小篆體)는 이다. 또한 을 표의구건(表義構件)으로 구성한다. 본의(本義)는 외성(外城)이다. 즉 성의 외곽에 쌓은 성벽이다. 「목란시(木蘭詩)」에 "서로 부축하여 외성으로 간다[出郭相扶將]"라는 시구가 있다. 이 외에도 '도(堵)'의 주문(籒文) 와 '원(垣)'의 주문 은 모두 을 표의구건(表義構件)으로 삼았다. 모두 이 '망루가 있는 성벽'을 나타냄을 증명한다. 고대 성벽 축조의 목적은 방어를 통한 안보에 있었음을 쉽게 이해할 수 있다. 이러한 사실은 고문헌과 주석에서 많은 기록이 남아있다. 『묵자(墨子)』「칠환(七患)」에 "이른바 城은 방위를 위해 세운 것이다[城者, 所以自守也]"라는 기록이 있다. 『시경(詩經)』「대아(大雅)」「첨앙(瞻卬)」에 "재능 있는 남자는 왕 노릇을 하고, 재능 있는 여자는 나라를 망친다[哲夫成城, 哲婦傾城]"라는 시구가 있다. 정현(鄭玄)은 '성은 나라이다[城猶國也]'라고 주석을 달았다. 공영달(孔穎達)은 "나라가 있는 곳에는 반드시 성을 쌓고 거주한다[國之所在, 必築城居之]"라고 주를 달았다. 중국은 예로부터 각 제후국의 국경에 성벽을 쌓았고, 경내의 크고 작은 성읍에도 성벽을 쌓았다. 성벽에는 성루가 있었는데, 성루는 망을 보는 곳일 뿐만 아니라 병기와 군수물자를 저장하고 비바람과 적의 화살을 피하는 용도로 사용되었음을 알 수 있다. 진(秦)나라는 중국을 통일한 후에 각 제후국의 성벽을 연결하여 만리장성(萬里長城)을 쌓았다.

성벽에는 성루(城壘) 외에도 성첩(城堞: 몸을 숨겨 적을 공격할 수 있도록 성 위에 낮게 쌓은 담)을 쌓았다. 堞의 의미는 성 위에 '톱니처럼 생긴 낮은 벽'이다. 이 글자의 소전체(小篆體)는 이다. 『설문해자(說文解字)』에 "성벽 위의 성첩이다. 土로 구성되며 葉이 성부(聲符)이다[城上女垣也, 從土葉聲]"라고 해석한다. 단옥재(段玉裁)는 "고대 성벽은 흙으로 만들었다. 오늘날처럼 벽돌을 사용하지 않았다. 흙의 윗면 사이에 벽돌을 덧대어 사격 구멍으로 삼아 비상시를 대비했다. … 오늘날 '첩(堞)'으로 쓴다[古之城以土, 不若今之以專也. 土之上間加以專牆, 爲之射孔,以伺非常 … 今字作堞]"라고 주를 달았다.

성첩(城堞)과 관련된 한자에는 '비(陴)'도 있다. '비(陴)'의 갑골문은 이고, 주문(籒文)은 이다. 왼쪽 구건(構件)은 성루가 있는 성벽을 나타내고, 오른쪽 구건(構件)은 손으로 갑옷을 들고 있는 것을 나타낸다. 갑옷과 방패는 모두 고대의 방어 무기이다. 고대에 성을 쌓아 방어하다가 적이 공격할 때는 장병들이 방패를 들고 방어하였음을 알 수 있다. 나중에 성 위에 일정한 간격으로 성첩(城堞)이 구축되면서, 병사들은 자신을 보호하면서 손에는 무기를 들수 있었다. '비(陴)'의 소전체(小篆體)는 이다. 『설문해자(說文解字)』에 "성벽 위의 성첩이다[城上女牆俾倪也]"라고 했다. '비예(俾倪)'는 성첩(城堞)의 다른 이름이다.

성을 쌓으려면 대량의 흙과 돌이 필요하다. 흙을 파면 구덩이가 생기는데, 이 구덩이 역시 적을 방어하는 용도로 사용할 수 있다. 성곽을 따라 크고 깊은 도랑을 파고 가파르게 만들어서 물을 채운 것이 해자(垓子)이다. 해자(垓子)를 뜻하는 한자의 부수(部首)

는 주로 土(혹은 阜)와 水로 이루어지는 두 종류로 나눌 수 있다. 예를 들면. '지(池)'·'참(塹)'·'호(壕)'·'호(濠)'·'황(湟)'·'황(隍)' 등이다. 성어 '고성심지(高城深池: 높은 성벽과 깊은 해자)'와 '금성탕지(金城湯池)'는 모두 방어시설(성벽과 해자)이 튼튼하다는 말이다.

壘 軍

루 lěi 군 jūn

성(城)을 공격하고 야전(野戰)하는 것은 고대 전쟁의 가장 주요한 두 가지 방식이다. 위에서 언급한 '성곽과 해자'는 성을 공격하는 것에 대응하는 시설물이다. 일정한 구역을 둘러싼 영구적이고 폐쇄적이며 방어적인 건축물이었다.

또 다른 형태인 야전(野戰)에 대응하는 것은 보루(堡壘)이다. 보루(堡壘)는 교전 전에 임시로 야외에 쌓은 방어시설이며, 높이와 두께 및 완성도는 성벽에 못 미치며 건축방식도 다르다. 보루의 축조 방식은 壘의 소전체(小篆體) 에 나타난다. 위쪽 구건(構件)은 돌이나 흙덩어리를 쌓은 형태이다. 이처럼 건축방식이 겹겹이 쌓이는 것임을 알 수 있다. 보루(堡壘)는 비록 임시 건물이었지만, 야외의 넓고 평탄한 전장에서 전차의 공세를 막을 때 매우 효과적이었다.

제갈량(諸葛亮)이 군대를 이끌고 북벌을 감행하면서 촉(蜀)나라 군대는 여러 차례 전쟁을 일으켰다. 이때 사마의(司馬懿)는 보루를 지키며 전투에 응하지 않았다. 결국 제갈량이 죽을 때까지도 촉(蜀)나라 군대는 나아가지 못하였다. 보루는 일반적으로 개방적인 형태이며 지형의 유리함을 고려하여 한쪽을 막았다. 나중에 폐쇄된 보루도 생겨났다. 고대 전장에서는 군대가 주둔하여 숙영

할 때, 이 '폐쇄적인 보루'의 형태를 본떠서 전차로 둘러싸고 보루로 삼았다. 軍의 고문자형 이 바로 이러한 특징을 반영한다. 가운데 구건(構件)은 車이고, 바깥쪽 구건(構件)은 둘레의 모양을 나타낸다. 이 형태는 전차가 군대의 임시 주둔지를 둘러싸고 있는 모양이다. 車의 형태는 전차를 배열하여 막사를 만드는 방식이 고대에 매우 보편적이었음을 보여준다.

4. 고대의 교통

수상교통(水上交通)

중국 고대인들이 홍수를 피하려고 수면 위로 드러난 산 구릉에 거주할 때, 다른 지역과 서로 연결하기 위해서는 수로에 의존해야 했다. 그러므로 다양한 수상 교통수단을 활용할 수밖에 없었다.

桴

부 fú

桴는 처음에 '부(泭)'로 썼다. 소전체(小篆體)는 이고, 『설문해자(說文解字)』에 "나무를 엮어 물을 건너는 것이다. 水로 구성되며 付가 성부(聲符)이다[編木以渡也. 從水付聲]"라고 해석한다. 여러 개의 대나무 또는 원목을 평평하게 배열하여 수상 교통 수단으로 사용한 것이다. 나중에 '부(桴)'를 쓰였다. 공자는 일찍이 "자신의 주장이 받아들여지지 않으면 뗏목을 타고 바다로 떠내려갈 것이다[道不行, 乘桴浮於海]"라고 하였다.

兪

유 yú

『설문해자(說文解字)』에서 兪에 대해 “나무를 쪼아 속을 비워서 배를 만든다[空中木爲舟也]”라고 해석한다. 중국의 고고학 발굴을 근거할 때, 신석기 유적에서 출토된 것은 대부분 독목선이었다. 예를 들면, 1975년에 복건성(福建省) 연강현(連江縣)에서 녹나무로 만든 독목선 한 척이 발굴되었다. 배의 길이는 7.1m였다. 전문가의 고증에 따르면, 이 배는 6천 년 전에 사용되던 유물이다.

舟

주 zhōu

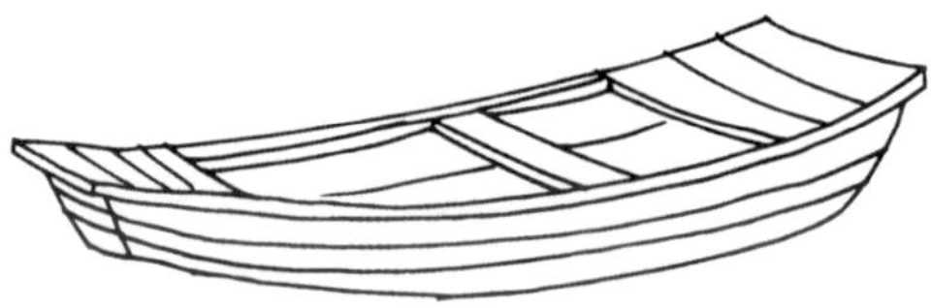

舟의 갑골문에는 ,  등의 형태가 나타난다. 서주(西周) 금문(金文)은 ,  등이다. 舟의 고문자 형태에 근거하여 당시 목선(木船)의 형태를 알 수 있다. 네모난 머리부분과 네모난 꼬리부분을 갖추고, 끝부분은 위쪽으로 치우치고 가로축이 있었다. 후대 삼판선(三板船)의 형태와 유사하다. 늦어도 상(商)나라 때에 목선(木船)이 이미 성숙한 형태를 갖추었음을 알 수 있다. 舟의 소전체(小篆體)는 이며, 『설문해자(說文解字)』에 “배이다. 옛날 공고(共鼓)와 화적(貨狄)은 통나무를 파서 배를 만들었고, 나무를 깎아 노를 만들어서 물을 건너는 데 썼다[船也. 古者共鼓, 貨狄刳木爲舟, 剡木爲楫, 以濟不通]”라고 해석한다.

전설에 따르면, 배의 발명가였던 공고(共鼓)와 화적(貨狄)은 처음에 통나무를 파내는 방법으로 배를 만들었고, 나무를 베어서 노를 만들었다고 한다.

물에 의지하여 살았던 고대인들에게 배는 매우 중요했다. 그러므로 舟는 이후의 새로운 한자를 만들 때 중요한 구건(構件)으로 사용되었다. 『설문해자(說文解字)』에서 舟를 부수로 삼은 한자는 16개이며, 단순한 구건(構件)으로 삼은 한자는 10개가 넘는다. 예를 들면, '전(前)'의 갑골문은 이다. 위쪽 구건(構件)은 한쪽 발을 나타내고, 아래쪽 구건(構件)은 작은 배를 나타낸다. 글자 전체의 형태는 배를 타고 전진하는 것을 나타낸다. 『설문해자(說文解字)』에서 '전(前)'을 "걷지 않고도 앞으로 나아갈 수 있는 것을 전(前)이라고 한다. 止가 舟 위에 있는 형태로 구성된다[不行而進謂之前, 從止在舟上]"라고 해석한다. '조(造)'의 고문은 이다. 舟가 부수(部首)이다. '조(造)'의 방식이 걷거나 배를 타는 것이었음을 나타낸다. '리(履)'의 소전체(小篆體)는 이다. 『설문해자(說文解字)』에 "발이 의지하는 것이다. 尸·彳·夊로 구성된다. 배는 신발 모양과 같다. … 는 고문이며, 頁과 足으로 구성된다[足所依也, 從尸從彳從夊, 舟像履形. … , 古文履, 從頁從足]"라고 해석한다. 『설문해자(說文解字)』에서는 신발을 '리(履)'의 본의(本義)로 보았고, 신발의 모양이 배 모양과 유사한 특징을 근거로 舟로 구성되었다고 설명한다. 사실 '리(履)'의 본의(本義)는 '실천'이다. 글자 형태에 나타난 舟와 足은 모두 '실천'과 연관이 있는 표의구건(表義構件)이다. 그러므로 '리(履)'의 고문자 형태 또한 당시에 舟가 '이동'의 중요한 수단이었음을 나타낸다.

榷 橋 梁

각 què 교 qiáo 량 liáng

고대인들이 깊은 물을 건널 때 의존한 도구는 배였고, 물이 얕은 곳에서는 수면 위로 드러난 돌을 의존했다. 이런 상황은 고문자의 글자 형태에도 반영되어 있다. 갑골문 는 가운데가 물이고, 양쪽에 돌이 있다. 글자 전체는 개울 위로 드러난 돌을 나타낸다. 이 돌은 얕은 개울에서 사람들이 물을 건널 때 사용했던 통로이다. 이것을 '석강(石矼: 징검다리)'라고도 한다. 고대인들은 개울을 건널 때 다리로 통과하기도 했다. 榷의 본의(本義)는 외나무다리이다. 『설문해자(說文解字)』에서 "물 위의 횡목이다. 물을 건너는 데 쓴다[水上橫木, 所以渡者也]"라고 해석한다. 榷은 물줄기를 가로지르는 외나무다리이며, 양 끝에 돌을 쌓아 그 위에 가로로 나무를 얹은 것이 특징이다. 개울이 너무 넓어서 나무로 연결할 수 없을 때는 개울 사이에 큰 받침돌을 설치해서 받침돌 사이에 나무를 올려서 연결했다. 『설문해자(說文解字)』에 수록된 梁의 고문은 이며, 이러한 다리의 특징을 반영하고 있다. 왼쪽 구건(構件)은 물을 나타내고, 오른쪽 부분은 상하 두 개의 구건(構件) 木과 가운데 구건(構件) 一로 구성되어 있다. 나무와 나무가 서로 연결되어 있음을 나타내며, 중간에 있는 一은 연결한 위치를 나타낸다. 이 외에도 『설문해자(說文解字)』에서 橋를 "물 위의 다리이다. 木으로 구성되며 喬는 성부(聲符)이다[水梁也. 從木喬聲]"라고 해석한다. 喬를 성부(聲符)로 삼은 한자는 대부분은 '높고 구불구불하다'의 의미를 포함한다. 橋라고 이름 지어서 수면보다 높으면서도 구불구불한 특징을 반영한다.

육상교통(陸上交通)

道

도 dào

道·'도(途)'는 모두 辵을 부수(部首)로 삼는다. '착(辵)'의 갑골문은  혹은 이며, 한 발로 길을 걷는 것을 나타낸다. 소전체(小篆體)는 이고, 간체자는 辶이다. 그러므로 辵을 부수로 삼는 한자는 대부분 도로나 보행(步行)과 관련이 있다. 인류 사회의 초기에는 대지에 초목이 무성하고 인류의 생산력이 매우 낮아서 도로를 건설할 수 없었다. 그러므로 『석명(釋名)』에서 "道는 밟는 것이다. '로(路)'는 드러나는 것이다. 사람이 밟아서 만들어진 것을 말한다[道, 蹈也. 路, 露也. 言人所踐蹈而露見也]"라고 해석한다. 초기의 길은 많은 사람들이 많이 밟아서 생겨난 것임을 알 수 있다.

인공도로 건설의 기원은 매우 오래되었다. 대우(大禹)가 일찍이 "구주의 땅을 개척하여, 구주의 길을 뚫는다[開九州, 通九道]"다고 한다. 상주(商周)시대에는 상(商)나라 왕실과 제후국, 그리고 제후국 간의 관계가 매우 강화되었다. 이러한 관계를 지속하기 위해서는 도로 교통이 매우 중요했다. 춘추시대(春秋時代)에 단양공(單襄公)은 주(周) 정왕(定王)의 명을 받아 송(宋)나라를 방문하였고, 송나라에서 진(陳)나라를 거쳐 초(楚)나라로 방문하였다. 『국어(國語)』「주어(周語)」에 "단양공은 다시 진(陳)나라를 경유하여 초나라를 방문하였다. 벌써 새벽에 큰 심성(心星)을 볼 수 있는 10월이 되었지만, 도로에는 잡초가 무성하여 통행할 수 없었다. 사신의 접대를 담당하는 관원은 국경에서 영접하지 않았고, 사공(司空)은 도로 상황 확인을 위해 순찰하지 않았고, 호수는 제방을 쌓지 않았으며, 강에는 다리가 없고, 야외에는 곡물이 쌓여 있고, 타작 작업도 방치되었고, 길가에 나무를 심지 않았고, 밭에는 곡식이 드문드문 있었다[遂假道于陳, 以聘于楚. 火朝覿矣, 道茀不可行, 候不在疆, 司空不視塗, 澤不陂, 川不梁, 野有庾積, 場功未必, 道無列樹, 墾田若藝]"라는 기록이 있다. 단양공은 이러한 상황을 보고, 주(周) 정왕(定王)에게 "진후(陳侯)가 흉재를 당하지 않으면, 나라는 반드시 망할 것입니다[陳侯不有大咎, 國必亡]"라고 보고하였다. 단양공이 진나라가 망할 거라고 판단한 중요한 근거 중 하나가 10월에도 도로에 풀이 가득하였고, 도로의 양쪽에는 길을 보호하는 나무가 없었다는 점이다. 교통과 국운이 밀접한 관계가 있었음을 알 수 있다.

行 術 街 衢 歧 馗

행 xíng 술 shù 가 jiē 구 qú 기 qí 구 kuí

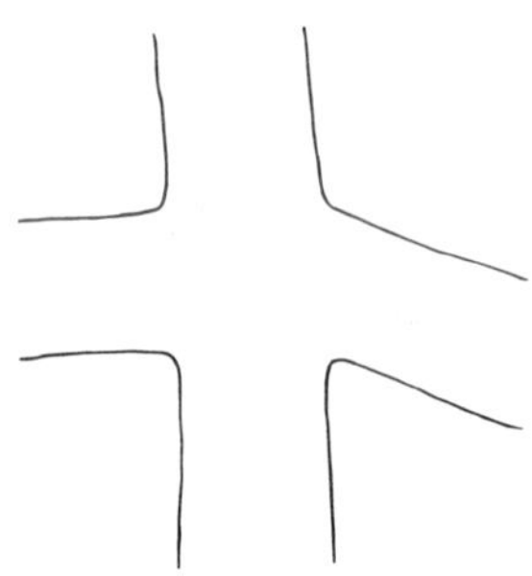

行의 갑골문은 彳亍이고, 서주(西周) 금문(金文)은 彳亍이다. 사통팔달의 도로를 나타내며, 본의(本義)는 도로이다. 行을 부수(部首)로 삼는 글자의 본의(本義)는 도로의 고유 명칭이다. 行의 형체가 구현한 사통팔달의 특징을 나타낸다. 예를 들면, 術의 본의(本義)는 성읍 중의 도로이며, 기예·방법의 뜻으로 인신(引申)되었다. 街의 본의(本義)는 양쪽에 건물이 있는 큰길이다. 衢의 본의(本義)는 종횡으로 교차하는 사통팔달의 거리이다.

歧는 止로 구성된다. 止의 갑골문은 止이고, 발의 모양을 나타낸다. 止을 부수로 삼는 글자는 보행이나 도로와 관련된 글자이다. 歧의 성부(聲符)는 支이다. 支를 성부(聲符)로 삼는 글자의 의미는 '갈라짐'의 특징을 가지고 있다. 예를 들면, '지(枝)'·'지(肢)'는 모두 본체에서 갈라진 것이다. 歧도 큰길에서 갈라진 갈림길을 나타낸다.

馗는 九와 首로 구성된다. 『설문해자(說文解字)』에서 "아홉 방향으로 통하는 거리이다. 거북이 등과 같으므로 馗이라 한다[九達道也. 似龜背, 故謂之馗]"라고 해석한다. 물론 '구(九)'는 명확한 숫자를 가리키는 것이 아니고, 길이 종횡으로 교차하는 모습이 거북이 등의 무늬와 비슷함을 나타낸다. 馗는 '규(逵)'로도 쓰인다.

蹊 徑 阡 陌

혜 xī 경 jìng 천 qiān 맥 mò

산간 들의 길은 주로 사람들이 많이 밟아서 낸 것이다. 그러므로 대부분 足을 부수(部首)로 삼고, 혹은 彳, 辵, 止를 부수로 삼는다. 예를 들면, 蹊(혹은 徯)는 지름길로 가려는 사람이 정도(正道)를 마다하고 다니는 사도(邪道)이다. 이 길은 사람만 통행하고 차는 다니지 못한다. '桃李不言, 下自成蹊(복숭아와 자두는 말이 없으나, 그 아래에는 저절로 길이 생긴다)'의 蹊는 복숭아와 자두를 따는 사람이 밟는 오솔길을 말한다. 徑은 彳을 부수(部首)로 삼는다. 彳은 사통팔달의 길을 나타내는 行의 생략형이다. 그러므로 彳을 부수로 삼는 글자는 대부분 도로나 보행과 관련이 있다. 徑의 성부(聲符) 巠의 금문(金文)은 이다. 베틀의 날실을 나타낸다. 그러므로 巠을 성부(聲符)로 삼는 글자는 모두 '가늘고 곧고 길다'의 특징을 가진다. 徑이 가리키는 길도 이러한 특징을 가진다. 지름길을 가려는 사람이 걷는 이 오솔길은 일반 도로에 비해 가늘고 곧은 길이다.

'진(畛)'은 田으로 구성된다. 『설문해자(說文解字)』에서 "논밭의 오솔길이다[井田間陌也]"라고 해석한다. 『시경(詩經)』「주송(周頌)」「재삼(載芟)」의 "천 명이 함께 땅을 갈고 김을 매고, 움푹한 지대와 좁은 길을 가야 하네[千耦其耘, 徂隰徂畛]"라는 시구는 서주(西周) 시대 농업의 생산 노동 장면을 묘사하고 있다. 이 시구의 '진(畛)'은 '논밭의 좁은 길'이라는 뜻이다. '천맥(阡陌)'도 '논밭의 좁은 길'이라는 뜻이다. 논밭의 길은 주로 밭둑 위에 있고, 농작물이 자라는 밭보다 조금 높기 때문에 阝를 부수로 삼는다. 남북 방향의 작은 길을 阡이라고 하고, 동서 방향의 작은 길을 陌이라고 한다.

행동방식

彳　　征

척 chì　　정 zhēng

앞에서 언급한 것처럼, '행(行)'의 갑골문과 서주(西周) 금문(金文)은 사통팔달의 길을 나타내며, 본의(本義)는 '길'이다. '길'이라는 의미에서 '길을 걷다'의 의미로 인신(引申)되었다. 그러므로 '걷다'는 의미를 나타내는 한자는 彳을 부수로 삼는다.

征의 갑골문은 이다. 왼쪽 구건(構件) 彳은 도로를 나타내고, 오른쪽 구건(構件) 正은 발 모양의 止와 목적지를 나타내는 口의 두 구건(構件)으로 이루어져 있다. 글자 전체는 '목표를 향해 나아가고 있음'을 나타낸다. 본의(本義)는 원행(遠行)이다. 예를 들면, '장정(長征)' 등이다. '왕(往)'의 본의(本義)는 '간다'이다. 예를 들면, '왕래(往來)'·'왕반(往返)' 등이다. '徐'의 본의(本義)는 '천천히 간다'이다. 예를 들면, '서행(徐行)' 등이다. '徒'의 본의(本義)는 '보행(步

行)'이다. '배회(徘徊)'의 본의(本義)는 '한 곳을 왔다 갔다 한다'이며, '망설이다' 혹은 '사물이 어떤 범위에서 왔다갔다하다'로 인신(引申)되었다. 예를 들면, '독자배회(獨自徘徊)' 등이다.

步 涉

보 bù 섭 shè

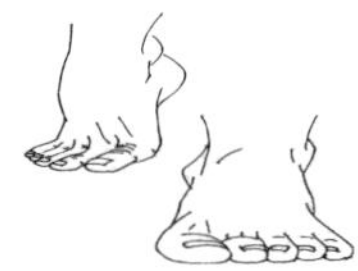

步의 갑골문은 이다. 서주(西周) 금문(金文)은 이고, 길을 걸을 때 좌우 두 발이 앞뒤로 내딛는 것을 나타낸다. 본의(本義)는 '걷다'·'보행하다'이다. 예를 들면, '산보(散步)'·'보행가(步行街)' 등이다.

물속을 걷는 것을 涉이라고 한다. 涉의 갑골문은 이며, 금문(金文)은 이다. 두 개의 발자국이 물가에 있는 것을 나타낸다. 본의(本義)는 '걸어서 물을 건너다'이다. 예를 들면, '발산섭수(跋山涉水: 산을 넘고 물을 건너다)' 등이다.

走 跑

주 zǒu 포 pǎo

走의 갑골문은 이다. 위쪽 구건(構件)은 '한 사람이 뛰면서 양팔을 앞뒤로 흔드는 것'을 나타내고, 아래 구건(構件)은 한쪽 발을 나타낸다. 이 글자의 의미가 발과 관계가 있음을 나타낸다. 본의(本義)는 '달리다(跑)'이다. 성어(成語) '주마관화(走馬觀花: 말 타고 꽃 구경하다)'의 走는 '달리다'의 의미이다. 走를 부수(部首)로 삼는 한자는 '달리다'는

의미와 관련이 있다. 예를 들면, '취(趣)'의 본의(本義)는 '작은 걸음으로 빨리 달린다'이다. '초(超)'의 본의(本義)는 '뛰어 오르다'이다. '월(越)'의 본의(本義)는 '넘는다'이다. '간(趕)'의 본의(本義)는 '쫓는다'이다. '부(赴)'의 본의(本義)는 '나아간다'이다.

奔
분 bèn

奔의 서주(西周) 금문(金文)은 이다. 위쪽 구건(構件)은 '주(走)'의 위쪽 구건(構件)과 같고, 아래는 세 개의 발이다. 세 개의 발로 '빨리 달리다'의 특징을 부각하였다. 본의(本義)는 '빨리 뛴다'· '질주'이다.

교통수단

車 輅 輦 輚 軒 輧 輜
거 jū　로 lù　련 niǎn　잔 zhàn　헌 xuān　병 píng　치 zī

車의 서주(西周) 금문(金文)은  혹은 이다. 고대의 수레를 나타낸다. 두 개의 바퀴와 한 개의 차축, 그리고 '사람이 타는 곳'을 포함한다. 수레는 형태와 용도에 따라 여러 종류로 나눌 수 있다. 輅는 천자와 황후가 탄 호화로운 마차를 가리킨다. 輦의 금문(金文)은 이다. 두 사람이 수레를 끄는 모양을 나타낸다. 본의(本義)는 인력거이다. 나중에 황제나 황실 사람이 탄 수레를 가리키게 된다. '잔(輚)' 또는 '잔거(棧車)'

라고도 한다. 輚과 '잔(棧)'은 동원사(同源詞)이다. 輚은 사대부가 탄 수레이며, 대나무를 엮어서 만든 것이 특징이다. 휘장이 달린 잔거(棧車)는 침거(寢車: 침대차)로도 쓰인다. 軒은 대부 이상의 귀족이 타는 수레이다. 『설문해자(說文解字)』에서 軒을 "수레 끌채는 구부러져 있고, 휘장이 있다[曲輈藩車]"라고 해석한다. 이 수레의 특징은 수레의 끌채가 위로 구부러져 있고, 삼면에 휘장이 있다는 것이다. 輧과 輜는 모두 휘장이 달린 수레이다. 앞에 휘장이 달린 수레가 輧이며, 앞뒤로 휘장이 쳐진 수레는 輜이다. 輜의 끌채는 길게 사람이 타는 공간 뒤쪽까지 쭉 뻗어 있어서 승하차할 때 발을 디딜 수 있다. 전국시대 손빈(孫臏)은 '치거(輜車)'의 폐쇄성을 이용해 자신이 제(齊)나라 군대를 지휘한 사실을 효과적으로 은폐하여 '위(魏)나라를 포위하여 조(趙)나라를 구함(圍魏救趙)'을 실현하였다.

기원전 354년, 위(魏)나라 군대는 조(趙)나라의 도성 감단(邯鄲)을 포위하였다. 두 나라가 1년 넘게 전투를 치르면서 조나라가 쇠약해지고 위나라도 지쳤다. 이때 제(齊)나라가 조나라의 구조 요청에 응하였다. 제(齊)나라에서는 전기(田忌)를 장수로 임명하고 손빈(孫臏)을 군사(君師)로 파견하여, 8만 명의 군사를 거느리고 조나라를 구하러 갔다. 전기(田忌)는 처음에는 곧장 감단(邯鄲)으로 가려고 했다. 그러나 손빈(孫臏)은 헝클어진 실을 억지로 풀 수 없는 것처럼 다른 사람의 싸움에 직접 뛰어들면 안 된다고 생각했다. 군대를 보내 포위를 풀려면 급소를 찔러야 했다. 손빈(孫臏)은 전기(田忌)에게 지금 위나라 정예부대가 조나라에 집중돼 있어 내부가 약함을 언급했다. 만약 군대를 이끌고 위나라의 도성 대량(大梁)으로 진군한다면, 위나라는 조나라를 포기하고 자국을 구할 것이고, 이때 제나라 군대가 위나라 군대가 지나갈 마릉(馬陵)에서 매복하면 위군을 크게 물리칠 수 있다고 건의했다. 전기(田忌)는 손빈(孫臏)의 건의를 받아들였고, 손빈을 밀폐된 치거(輜車)에 앉혀 전투를 지휘하게 하였다. 결국 위나라 군대는 대패하였고, 조나라의 포위는 풀렸다. 손빈은 위나라를 공격하여 조나라를 구하였는데, 이는 중국 역사상 가장 유명한 전투 중 하나이며, 후일 '삼십육계(三十六計)' 중의 중요한 계략으로 손꼽혔다. 손빈이 치거(輜車)에 앉아 전투를 지휘한 것은 치거(輜車)의 사방이 폐쇄되어 자신을 은폐할 수 있었기 때문이다. 이때 위나라의 방연(龐涓)은 이 상황을 알 수 없었다.

轀　輬

온 wēn　량 liáng

轀과 輬은 모두 와거(臥車)이다. '온거(轀車)'는 밀폐형으로 비교적 따뜻하다. 轀과 '온(溫)'은 동원(同源) 관계이다. '량거(輬車)'는 옆에 창문이 있어 시원하며, '량(凉)'과 동원(同源) 관계이다. 후에 이 두 종류의 수레가 상여를 실을 때만 사용되면서 하나로 합쳐서 '온량거(轀輬車)'라고 불렀다. 기원전 210년, 진시황(秦始皇)이 순찰을 나갔다가 도중에 병으로 죽었을 때, 진시황의 시신은 바로 '온량거(轀輬車)'에 실려 도성 함양(咸陽)으로 갔다. 승상 이사(李斯)는 황제가 외지(外地)에서 죽었다는 소식이 전해지면 황자(皇子)들과 각지의 세력들이 변을 일으킬 것을 우려하여 한동안 이 사실을 알리지 않았다. 이사(李斯)와 호해(胡亥)·조고(趙高) 외에는 이 소식을 아는 사람이 없었다. 당시는 여름이라 진시황의 시신은 금방 부패하고 악취가 났다. 남들의 눈을 속이기 위해, 조고(趙高)는 수행원들에게 황제가 먹을 전복 한 섬을 수레에 싣도록 명령하여 시체에서 나는 썩은 냄새를 숨겼다. 그리고 하루에 한 번 태연한 얼굴로 수레 밖으로 나가 황제께 인사를 하여 남의 이목을 피하였다. 함양에 도착한 후에 호해(胡亥)가 진(秦)나라 2대 황제가 되었다.

轞 轈 轛 軘

함 jiàn　초 cháo　충 chōng　돈 tún

轞은 죄수를 호송하는 수레이다. '함(檻)'과 동원(同源) 관계이다. 원래 '함(檻)'으로 쓰이며 '함거(檻車)'라고도 했다. '함(檻)'은 가축과 짐승의 울타리를 가리키고, 또한 죄수 호송 수레를 가리키기도 한다. 나중에 轞을 만들어 죄수 호송 수레의 전용자로 썼다.

轈는 '초거(轈車)'라고도 한다. '초(巢)'와 동원(同源) 관계이다. 『설문해자(說文解字)』에서 "병사는 높은 수레에 거주지를 만들어 적을 망보는 데 쓴다[兵高車加巢以望敵也]"라고 해석한다. 적의 상황을 파악하는 정찰 수레다.

轛은 고대의 성곽을 함락하는 데 사용된 수레다.

軘은 주둔하여 수비하는 일종의 병거(兵車)를 가리킨다. '둔(屯)'과 동원(同源) 관계다.

轎

교 jiào

轎는 車로 구성되며, 喬가 성부(聲符)이다. 본래 '교(橋)'로 썼다. 轎와 '교(橋)'는 동원(同源) 관계이다. 『정자통(正字通)』에서 "轎는 '교(橋)'와 통하고, 오늘날의 '견여(肩輿)'이다. 그 가운데 부분이 다리와 같다[轎與橋通, 蓋今之肩輿, 謂其中如橋也]"라고 해석한다. 청(淸)나라 유정섭(兪正燮)은 "轎는 '교(橋)'이다. 모양이 다리처럼 가운데가 비어 있고 바닥에서 떨어져 있다[轎者, 橋也. 狀如橋中空離地也]"라고 하였다. 현대 학자 장순휘(張舜徽)가 "轎를 '교(橋)'라고 한 것은 사람의 어깨에 얹어서 다리가 수면 위로 올라간 것과 같기 때문이다. 속칭 '견여(肩輿)'이다"라고 하였다. 轎와 '교(橋)'의 공통점은 공중에서 떠 있는 것이다. 轎의 속칭이 '견여(肩輿)'인 것은 모양이 '수레의 사람이 타는 곳'과 비슷하기 때문이다. 그러나 바퀴가 없어서 여러 사람이 어깨에 메고 다녀야 한다.

7장

한자로 본 중국 고대 병기와 형법

인간 사회에는 전쟁이 끊임없이 발생한다. 초기 인류는 전쟁이 발생하면, 자연에서 막대기와 돌을 구해서 무기로 사용했다. 사회가 발전하면서 인류는 점차 다양한 병기를 발명하였다. 본 장에서는 고대 문자와 다양한 병기를 근거로 원시시대의 병기·짧은 병기·긴 병기·발사용 병기·방어용 병기를 소개하고자 한다. 형법(刑法)은 국가의 통치 질서를 유지하는 중요한 수단이기 때문에 국가가 설립되면 형법이 만들어진다. 본 장에서는 '법(法)'·'형(刑)'과 관련된 고문자 형태를 근거로 그 속에 담긴 문화적 함의를 심층적으로 분석하여 중국의 고대 형구(刑具)와 각종 형법(刑法) 수단을 요약하고자 한다.

1. 고대의 병기

원시시대 병기

干

간 gàn

아인슈타인은 “제3차 세계대전에서 어떤 무기로 싸울지는 모르겠지만, 제4차 세계대전은 곤봉과 돌을 사용할 것이다”라고 하였다. 핵무기가 인류에게 파멸적인 재앙을 가져올 것이라는 뜻이다. 핵무기 전쟁 이후에 인류는 원시사회부터 다시 시작되고 전쟁에서 몽둥이와 돌멩이를 무기로 사용하게 될 것이다.

몽둥이 무기는 고대 문자의 형태에 생동감 있게 반영되어 있다. 干의 갑골문은 이고, 금문은 이다. 끝이 갈라져 있는 나무 몽둥이를 나타낸다. 중간 부분의 짧은 가로선이나 점은 몽둥이의 본체 부분을 나타낸다. 干의 본의(本義)는 ‘나무의 중심 부분’, 즉 몽둥이이다. 몽둥이는 고대인들이 사냥하고 전쟁할 때 사용하던 중요한 무기였다는 것이 ‘몽둥이’를 나타내는 구건(構件)으로 구성된 고대 문자에서 반영되고 있다. 예를 들면, ‘수(狩)’의 갑골문은 이다. 끝이 갈라진 몽둥이와 사냥개가 조합된 형태에서 몽둥이가 중요한 사냥 도구임을 알 수 있다. ‘복(攴)’의 갑골문은 이며, 손으로 몽둥이를 들고 있는 것을 나타낸다. ‘공(攻)’·‘구(救)’·‘정(政)’·‘경(更)’ 등의 고문자는 형태에 구건(構件) ‘지(支)’를 포함한다. 이 한자에 나타나는 구건(構件) ‘지(支)’는 손으로 몽둥이를 든 모습을 나타낸다. 끝이 갈라진 몽둥이도 있고, 끝이 갈라지지 않은 몽둥이도 있다. 몽둥이가 중요한 공격용 무기임을 나타낸다. 그리고 ‘한(捍)’의 이체자(異體字)인 戰의 금문(金文)은

이다. 이 글자의 왼쪽 구건(構件) 干의 금문(金文)은 이다. 몽둥이가 중요한 방어용 무기로도 사용되었음을 나타낸다. 그러므로 '간(干)'은 나무의 본체뿐만 아니라 무기의 명칭으로도 사용되었다. 예를 들면, '간과(干戈)'·'간척(干戚)' 등의 단어에서 '간(干)'은 방패류 방어무기를 가리킨다.

길이가 짧은 병기

斤 斧

근 jīn 부 fǔ

중국 고대의 병기는 '긴 병기'와 '짧은 병기'로 구분된다. 짧은 병기는 도끼·칼·검·비수 등이다. 斧는 짧은 손잡이가 달려 있고 찍어내는데 사용하는 무기이다. 斤으로 구성되며 父는 성부(聲符)이다. 의부(義符)인 斤의 갑골문은 이며, 구부러진 손잡이가 달린 도끼를 나타낸다. 왼쪽의 뾰족한 끝은 도끼날의 측면을 나타내고, 오른쪽 곡선은 구부러진 손잡이를 나타낸다. 이런 도끼는 고대의 물건을 베는 도구이다. 斧와 斤은 모두 고대에 흔히 쓰이던 도구이며 자르고 패는 도구이다. 『맹자(孟子)』「양혜왕상(梁惠王上)」의 "삼림 벌채에는 정해진 시간이 있다[斧斤以時入山林]"라는 말은 斧와 斤이 벌목에 사용되었음을 설명한다. 후에 도끼는 점차 병기(兵器)로 변했다. 예를 들면, '월아부(月牙斧)'·'봉두부(鳳頭斧)' 등이다. 무기의 통칭으로 사용되던 兵의 갑골문은 이다. 양손으로 구부러진 손잡이가 달린 도끼를 들고 있는 것을 나타낸다. 斤은 사물을 베는 도구일 뿐만 아니라 중요한 병기(兵器)이기도 하다. 斤을 부수로 삼은 한자는 대부분 도끼와 관련이 있다. 예를 들면 '장(斨)'은 네모진 도끼이다. '참(斬)'·'작(斫)'·'착(斮)'·'단(斷)'·'사(斯)' 등의 본의(本義)는 모두 도끼와 관련된 동사(動詞)이다.

鉞 戊 戚 歲 我

월 yuè　술 xū　척 qī　세 suì　아 wǒ

도끼와 비슷한 병기에는 鉞, 戉, 戚, 歲, 我 등이 있다.

鉞은 처음에 戉로 썼다. 금문(金文)은  혹은 이다. 날 부분이 둥글게 굽어있고 긴 손잡이가 달린 큰 도끼를 나타낸다. 鉞은 중국 선진시대(先秦時代)의 무기이고, 손잡이가 긴 도끼이다. 무게가 일반 도끼보다 무겁다. 일찍이 신석기시대(新石器時代) 양저문화(良渚文化) 유적지에서 옥으로 만든 鉞이 발견되었다. 鉞은 당시에 성스러움을 상징했다. '무(戊)'의 상(商)나라 금문(金文)은 이며, '월(戉)'에 비해 날 부분이 안쪽으로 구부러졌다.

戌의 갑골문은 이고, 금문(金文)은 이다. 날이 곧은 긴 손잡이의 큰 도끼를 나타낸다.

戚의 금문(金文)은 이고, 본의(本義)는 양쪽에 이빨이 있는 긴 손잡이의 큰 도끼이다. 『산해경(山海經)』「해외서경(海外西經)」에 "형천(刑天)은 황제(黃帝)와 권력을 다투고, 황제는 형천의 머리를 잘라 상양산(常羊山)에 묻었다. 형천은 두 유두를 눈으로 삼고, 배꼽을 입으로 삼아 방패와 큰 도끼를 들고 휘둘렀다[刑天與帝爭神, 帝斷其首, 葬之常羊之山. 乃以乳爲目, 以臍爲口, 操干戚以舞]"라는 신화가 기록되어 있다. 여기의 '척(戚)'이 바로 큰 도끼이다.

歲의 갑골문은 이며, 금문(金文)은 혹은 이다. 칼날 양 끝의 뾰족한 모서리를 위로 말아 감싼 도끼의 모양이다. 자형 중간에 있는 두 개의 점은 둘러싸서 만들어진 두 개의 구멍을 나타낸다.

我의 갑골문은 이며, 서주 금문(金文)은 이다. 칼날에 톱니가 있는 도끼를 나타낸다. 이 무기는 상(商)나라부터 전국시대까지 성행했던 짧은 병기이다. 긴 손잡이를 달면 전쟁에서 사람을 벨 때 쓸 수 있다.

도끼는 형체가 무겁고 유연성이 부족해서 결국은 의장용으로 사용되었고, 권력을 상징했다. 춘추전국시대에는 왕이 장수에게 정벌권을 줄 때 도끼를 하사하는 형식으로 군사관련 권력을 부여하였다. 『회남자(淮南子)』「병략훈(兵略訓)」에 "왕이 친히 황월(黃鉞)을 들었는데, 꼭대기 부분을 들어 손잡이를 장군에게 건네주며 '지금부터 하늘까지 장군이 다스려라'라고 하였다. 또 도끼의 꼭대기 부분을 들고 손잡이를 장군에게 넘겨주며 '이 아래에서부터 심연까지 장군이 다스려라'라고 하였다[主親操鉞, 持頭, 授將軍其柄, 曰: '從此上至天者, 將軍制之' 複操斧, 持頭, 授將軍其柄, 曰: '從此下至淵者, 將軍制之']"라는 기록이 있다. 이 기록은 임금이 장군에게 군사 권력을 수여할 때의 의식을 매우 구체적으로 기록하였다. 즉, 최고 군사권력의 상징인 '부(斧)'와 鉞을 장군에게 넘겨주는 상황을 기록하고 있다.

刀 劍

도 dāo　검 jiàn

刀의 갑골문은 이고, 금문(金文)은 이며, 소전체는 이다. 굽은 형태의 칼을 나타낸다. 刀는 한쪽 면에 긴 날이 있는 짧은 병기이다. 刀는 생산 도구나 병기로 사용되었다. 그러므로 刀를

의부(義符)로 삼는 한자가 매우 많다.

원시사회의 중국인들은 돌·조개껍데기·동물 뼈를 이용해 다양한 모양의 칼을 만들었다. 상(商)나라 때 청동으로 만든 칼이 등장하기 시작하였다. 최초의 청동 칼은 작으면서 넓었으며, 날끝이 위쪽으로 치솟은 돌칼[石刀]처럼 생겼다. 청동 칼이 돌칼에서 발전했음을 나타낸다. 청동 칼은 주로 기물을 자르고 소와 양을 잡거나 호신용으로 사용되었고, 당시에는 아직 전쟁에서 쓰이지는 않았다. 서주(西周) 시대에는 청동으로 만든 큰 칼(大刀)이 등장하였다. 이 칼은 자루가 짧고 칼이 길었고 두툼한 칼등과 날카로운 칼날이 있었다. 칼자루의 끝이 둥글고 납작해서 '환병도(環柄刀)'라고도 불렸다. 북경(北京) 창평현(昌平縣) 백부(白浮)의 서주(西周) 목곽묘(木槨墓)에서 청동도 두 자루가 출토되었다. 칼 하나는 길이 41cm이고, 칼등이 약간 구부려져 있었다. 다른 칼은 길이 24cm로 스케이트 날의 모양과 같았다. 당시 청동 칼은 강도가 약해서 물건을 자를 때 부러지기 쉬웠다. 진한(秦漢)시대에 강철(鋼鐵)이 생산되면서 칼의 제작 공정이 개선되었다. 우선 칼몸이 길어지고 전쟁용 칼과 허리에 차는 칼이 구분되어 생산되었다. 허리에 차는 칼은 스타일이 독특하고 장식이 아름다웠다. 전쟁용 칼은 강도가 단단하고 칼을 만드는 기술이 중시되었다. 여러 나라의 전쟁에서 수레의 사용은 점차 줄어들었고, 기마병 활용이 많아졌다. 그러므로 단순하게 찌르는 병기는 효력을 발휘하기에 충분하지 않았고, 자르고 휘두르는 데 유리한 강철 칼의 품질에 대한 요구 사항이 점점 더 높아졌다. 사서(史書)의 기록에 따르면, 삼국시대(三國時代) 유비(劉備)는 장인에게 5,000개의 칼을 만들도록 명령하였고, 손권(孫權)은 1,000개의 칼

을 만들도록 명령하였으며, 사마염(司馬炎)도 8,000개의 칼을 한꺼번에 만들도록 명령하였다고 한다. 이 칼은 군대의 전투용 무기로 사용되었고, 당시에 칼은 이미 주요 병기 중의 하나가 되었다. 가장 통용되던 칼은 '환수도(環首刀)'이다. 이런 종류의 칼은 곧은 칼등과 곧은 칼날로 이루어져 있다. 칼등이 두껍고, 칼자루는 평평하면서 타원 고리 모양이며, 길이는 1m 정도이다. 기마전에서 잡아당겨서 베는 데 편리하여 실전성이 강한 짧은 병기이다. 전쟁터의 격투기에서는 많은 장수들이 창과 단도를 함께 쓰고, 멀리서 찌르고 가까이서 베는데 위력이 탁월했다. 서한(西漢) 때의 대장 이광(李廣)의 아들 이감(李敢)은 "왼손으로 긴 창을 들고, 오른손으로 단도를 들고 말을 타고 싸웠다[左持長槊, 右執短刀, 躍馬陷戰]" 삼국시대(三國時代) 남쪽 오랑캐의 수령 맹획(孟獲)의 아내 축융부인(祝融夫人)은 비도(飛刀)를 잘 휘둘러서 던지면 백발백중이었다. 그녀는 팔 척의 장표(長標)를 쥐고 등에는 다섯 개의 비도를 꽂고 있었다. 그녀는 장억(張嶷)에게 중상을 입히고 마충(馬忠)을 생포하였다.

강철 칼은 전쟁터에서 사용되었고, 또한 관리 사회에서도 중요시되었다. 한(漢)나라에서는 천자부터 백관(百官)까지 모두 칼을 차고 다녔다. 허리에 차는 칼은 고관 귀족의 신분 등급을 나타냈다. 동한(東漢)에서는 천자와 백관(百官)이 허리에 차던 칼의 형태와 장식은 매우 엄격하게 규정되었고, 이 규정을 어기는 것을 허락하지 않았다. 이 칼은 외형적으로 정교하고 아름다워야 하며, 칼몸 전체에 무늬를 새기고, 칼 고리는 다양한 조수의 무늬를 넣어 주조하였다. 예를 들어, 동한(東漢)시기 중산(中山) 목왕(穆王) 유창(劉暢)이 허리에 차던 칼은 길이가 105㎝이고, 칼몸에는 선이 유려한 금상감 소용돌이무늬와 구름무늬가 있었다. 한(漢)나라와 삼국시대에 황제와 신하는 모두 칼을 중히 여겼고, 일부 사람들은 거금을 아끼지 않고 오랜 기간에 걸쳐 보도(寶刀)를 제련하기도 했다. 수당시대(隋唐時代)에는 '관강법(灌鋼法)'을 대신하여 '백련법(百煉法)'이 사용되면서 칼은 더 단단하고 날카로워졌다. 당(唐)나라의 칼은 의도(儀刀)·장도(障刀)·횡도(橫刀)·맥도(陌刀)의 네 가지 종류가 있었다. 의도(儀刀)는 황실 금위군이 사용하던 무기이다. 장도(障刀)는 일반 관리가 차고 다니던 칼이다. 횡도(橫刀)는 군대의 전투용 칼이다. 맥도(陌刀)는 양면 날이 있는 무거운 전투용 칼이다. 당(唐)나라 칼은 한(漢) 민족의 전통적 제작 기술을 유지하려고 노력하였을 뿐만 아니라, 각국과 각 민족간의 경제·문화 교류가 활발해지면서 많은 외래 제조 기술을 흡수하여, 전투용 칼을 더욱 실용화하여 제작하였다. 명(明)나라 군대가 가장 많이 사용한 칼은 '요도(腰刀)'였다. 요도는 칼몸이 좁고 길게 굽었고 날 부분이 길었다. 일본 칼의 장점을 흡수하면서 살상의 위력이 커졌다. 명(明)나라의 유명한 장수 척계광(戚繼光)은 요도(腰刀) 제작을 매우 중시했다. 그의 군사 저서 『연병실기(練兵實紀)』에는 요도(腰刀) 제작 방법에 대한 상세한 연구와 기록이 있다. 청(清)나라에 이르면 칼의 종류가 더욱 번잡해졌다. '요도(腰刀)'·'곤배쌍도(滾背雙刀)'·'비도(脾刀)'·'쌍수대도(雙手帶刀)'·'배도(背刀)'·'와도(窩刀)'·'원앙도(鴛鴦刀)'·'선미도(船尾刀)'·'할도(割刀)'·'요풍도(繚風刀)' 등이 있다.

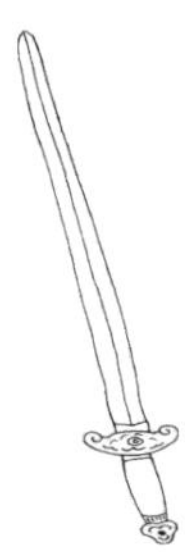

劍의 주문(籀文)은 劍이며, 刀로 구성되고 僉이 성부(聲符)이다. 소전체는 劍이다. 刃으로 구성되며 僉이 성부(聲符)이다. 『설문해자(說文解字)』에 "사람이 착용하는 병기이다"라고 해석한다. 劍의 본의(本義)는 고대 병기의 일종이다. 이런 병기의 특징은 양면에 날이 있고 끝이 뾰족하며, 가운데 능선이 있고, 짧은 손잡이가 달린 짧은 병기이다. 본래 '백병지군(百兵之君)'이라는 아름다운 이름이 있었다. 오늘날은 펜싱용으로 사용되는데, 검고 가늘며 긴 몸체에 끝에는 작은 공이 달려 있고 날은 없다.

전설에 의하면 검(劍)이 만들어진 것은 헌원(軒轅) 황제(黃帝)시대부터라고 한다. 『사기(史記)』「황제본기(黃帝本紀)」에 "황제가 수산의 구리를 채취하여 검을 주조하고, 천문 고자로 새겼다[帝采首山之銅鑄劍, 以天文古字銘之]"라는 기록이 있다. 또한 『관자(管子)』「지수(地數)」에서 "갈노산의 홍수가 지나간 후 금속광석이 드러나자 치우가 이것을 얻어서 검·갑옷·창·미늘창을 만들었다[而葛盧之山發而出水, 金從之. 蚩尤受而制之, 以爲劍鎧矛戟]"라는 기록이 있다. 검의 역사는 매우 길고 오래되었음을 알 수 있다. 후대에 '짧은 병기의 원조(短兵之祖)'라고 불렸다. 상(商)나라부터 검을 만들었다는 기록이 있다. 최초의 검은 청동으로 만들었는데, 버드나무 잎 모양이거나 날카로운 삼각형이었다. 『주례(周禮)』「고공기(考工記)」에 검을 만드는 법을 상세히 기록하고 있다. 한(漢)나라 이후 청동검은 점차 '강철 검'으로 대체되었고 정형화되었다. 검의 몸통에는 능선이 있고 양쪽 날이 있으며, 앞에는 검의 끝부분이 있고 중간에 검수(劍首)가 있고 뒤에는 기둥이 있으며 기둥 끝의 고리 부분을 '심(鐔: 날밑)'이라고 한다. 그 밖에도 검집·술띠 등의 부속 장신구가 있다.

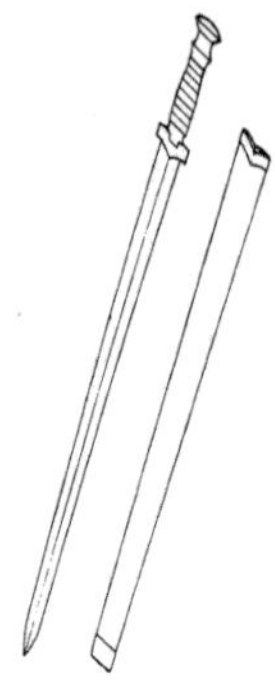

劍

동한 이후에 검은 점차 전쟁터에서 사용되지 않고 의장이나 무술을 연마하기 위해 쓰였다. 수당(隋唐)시대에는 '허리에 차는 칼'이 성행하였다. 『수서(隋書)』「의례지(儀禮志)」의 기록에 의하면, 수(隋)나라 '허리칼'에는 상당히 엄격한 의례 규정이 있었다고 한다. 당(唐)나라 문인 묵객(墨客)은 검을 상무(尙武)의 영예를 나타내거나 청운(靑雲)의 뜻을 토로할 수 있는 장신구로 보았다. 훗날 검은 도교(道敎)와 결합하여 도사들이 손에 드는 법기(法器) 중의 하나가 되었다.

보검(寶劍)과 관련된 '간장막야검(干將莫邪劍)' 이야기는 매우 유명하다. 초(楚)나라 간장(干將)과 막야(莫邪) 부부는 초왕(楚王)의 검을 주조하여 3년 만에 완성하였다. 초왕은 화가 나서 그를 죽이려 하였다. 검은 자웅(雌雄)의 두 자루가 있었다. 당시 아내 막야(莫邪)는 임신하여 곧 출산을 앞두고 있었다. 남편은 "초왕의 검을 3년 만에 성공하였다. 초왕이 화를 내고 있으니, 내가 가면 반드시 죽임을 당할 것이다. 당신이 낳은 아이가 만약 남자아이라면, 아이가 성인이 되었을 때 그에게 이렇게 말해라. '집을 나서서 남산을 보면 소나무가 돌 위에 자라고 있을 것이다. 그곳의 뒤쪽에 검이 있다'"라고 말하였다. 그리고 간장(干將)은 한쪽 검을 들고 초왕을 만나러 갔다. 초왕은 화를 내며 사람을 시켜 검을 자세히 살펴보게 하였다. 검을 살핀 사람이 '검은 암검 한 자루와 수검 한 자루의 쌍으로 이루어져 있습니다. 암검은 가져왔지만, 수검은 가져오지 않았습니다'라고 말하였다. 초왕이 노하여 간장(干將)을 죽였다.

막야(莫邪)가 낳은 아들의 이름은 적(赤)이었다. 나중에 자라서 어머니에게 아버지가 어디 계시느냐고 물었다. 막야(莫邪)는 "네 아버지는 초왕의 검을 만들어 3년 만에 성공하였다. 초왕이 노하여 그를 죽였다. 그가 떠날 때 '집을 나서서 남산을 보면 소나무가 돌 위에 자라는 곳이 있을 것이고, 그 위에 검이 있다'고 너에게 전하라 하였다'"라고 하였다. 적(赤)은 이 말을 듣고 집을 나와 남쪽을 바라보니 산은 없었고, 마당 앞 소나무 기둥 아래에

숫돌 하나가 보이자 도끼로 숫돌 뒤쪽을 부수어 수검을 얻었다. 보검(寶劍)을 얻은 적(赤)은 초왕에게 복수하려고 하였다.

초왕은 꿈에서 미간이 한 척 정도 넓은 남자가 자신에게 복수를 하겠다고 하는 것을 보았다. 초왕은 천금을 걸고 이 남자를 잡으려고 하였다. 이 소식을 듣고 적(赤)은 산속으로 도망쳐 슬픈 노래를 불렀다. 한 협객이 이것을 보고 "나이도 어린데 왜 이렇게 슬프게 우느냐"고 물었다. 적(赤)은 "나는 간장과 막사의 아들이다. 초왕이 내 아버지를 죽였으니 복수하고 싶다"고 하였다. 협객은 "초왕이 당신의 머리를 천금으로 사겠다고 한다. 네 머리와 검을 모두 내게 맡기면 내가 복수해 주겠다"고 하였다. 그러자 적은 스스로 목숨을 끊고 머리와 검을 두 손으로 받쳐 들었고, 적(赤)의 시체는 굳어서 쓰러지지 않았다. 협객이 약속을 지키겠다고 하자, 그제서야 시신이 쓰러졌다.

협객은 적(赤)의 머리를 들고 초왕을 만나러 갔다. 초왕은 크게 기뻐하였다. 협객은 "용사의 머리이니 큰 국솥에 삶아야 한다"라고 하였다. 초왕은 그의 말대로 하였다. 적(赤)의 머리는 사흘 밤낮을 삶아도 제대로 끓여지지 않았고, 오히려 국솥 밖으로 튀어나와 눈을 부릅떴는데, 그 눈은 분노로 가득 차 있었다. 협객은 "이 아이의 머리가 삶아지지 않는다. 대왕께서 직접 솥 옆에 가서 보시면 틀림없이 푹 삶아질 것이다"라고 하였다. 초왕이 솥의 곁으로 다가와 솥안을 볼 때, 협객이 검으로 초왕을 내리치자 초왕의 머리가 탕에 떨어졌고 협객도 자신의 머리를 잘라 탕에 빠뜨렸다. 세 개의 머리 삶아지자 분간할 수 없었다. 그래서 국을 세 부분으로 나누어 매장하였고, 통칭하여 '삼왕묘(三王墓)'라 하였다. 현재 이 묘는 하남성(河南省) 여남현(汝南縣) 서남쪽에 있다.

길이가 긴 병기

戈 戟 矛 殳

과 gē　　극 jǐ　　모 máo　　수 shū

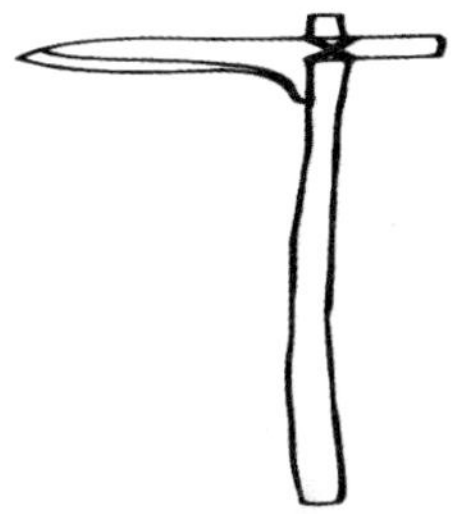

戈

戈의 상(商)나라 금문(金文)은 이며, 갑골문은 이다. 고대 병기인 창을 나타낸다. 가운데의 긴 세로선은 창 손잡이를 나타내고, 윗부분 왼쪽 부분은 창날이며, 오른쪽은 창날의 장식품을 나타낸다. 하단은 창 손잡이의 물미(鐓)를 나타내고, 상단의 짧은 횡선은 가장귀를 나타낸다. 고대인들은 창 날을 잘 고정시키기 위해서 창의 자루로 쓸 나무를 채취할 때 가지 부분을 보존하였다. 戈는 쪼는 병기이며, 고대 전쟁의 공격용 병기이다. 이러한 사실은 戈로 구성된 '간과(干戈)'·'도과(倒戈)'와 같은 쌍음절 단어뿐만 아니라, 戈를 구건(構件)으로 삼은 함체자(合體字)에서 나타난다. 예를 들면, '융(戎)'의 초기 글자 형태는 이며, 사람이 한 손에 창을 들고 다른 한 손에는 방패를 든 모양이다. 나중에 가운데 사람을 나타내는 구건(構件)을 생략하여 금문(金文)에서는 으로 썼다. 본의(本義)는 병기(兵器)이다. '융(戒)'의 갑골문 와 금문(金文) 는 모두 양손에 창을 든 모양을 나타내며, 본의(本義)는 '방어'이다. '벌(伐)'의 갑골문은 이며, 창으로 목을 베는 것을 나타낸다. 본의(本義)는 '베다'이다. '살(殺)'의 갑골문은 혹은 이며, 창으로 사람의 머리를 자르는 모양을 나타낸다. 본의(本義)는 '죽이다'이다. '섬(殲)'의 갑골문은 이며, 창으로 두 사람을 찌르는 것을 나타낸다. 본의(本義)는 '모두 죽이다'이다. '하(何)'의 갑골문은 이며, 사람이 창을 메고 있는 것을 나타낸다. 본의(本義)는 '메다'·'짊어지다'이다. 무기는 매우 다양하게 나타났고, 어깨에 메는 것도 많았다. 이러한 글자들이 모두 戈를 구건(構件)으로 채택한 것은 당시에 창(戈)이 많이 쓰였음을 나타낸다. 이외에도 '전(戰)'·'감(戡)'·'집(戢)'·'절(截)'·'착(戳)'·'희(戲)'·'혹(或)' 등의 한자가 모두 戈를 부수(部首)로 삼고 있어서 당시 창의 중요성을 나타내고 있다.

矛

矛는 고대의 공격용 병기이며, 긴 손잡이와 날이 있다. 矛의 금문(金文)은 이며, 손잡이가 없이 찌르는 용도의 병기인 창의 끝부분을 나타낸다. 오른쪽의 원은 창끝의 측면에 설치된 고리 구멍을 나타낸다. 이 구멍은 창끝을 자루에 단단히 묶을 때 밧줄을 꿰는 곳이다.

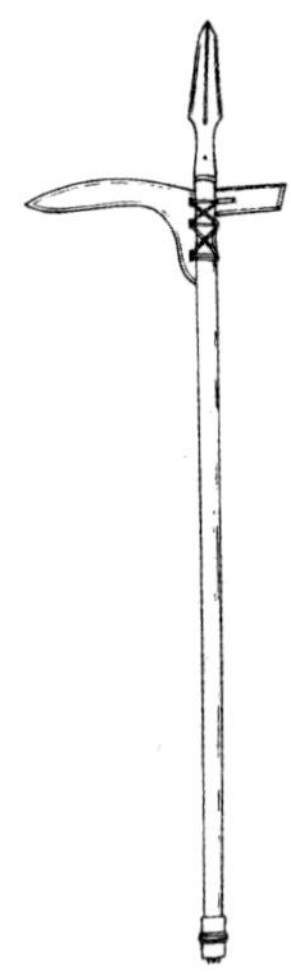

戟

戈의 꼭대기에 창끝을 달면, 찌를 수도 있고 가로로 칠 수도 있는 戟이 된다. 최초의 戟은 戈와 '모두(矛頭: 창끝)'를 함께 설치하였다. 나중에 가로와 세로로 날을 세운 戟이 등장하였다.

殳[27]는 공격용이며 날이 없는 무기이다. 殳의 갑골문은 이며, 손에 殳를 들고 있는 모습을 나타낸다. 글자 형태로 볼 때, 이 병기의 특징은 끝이 굵고 크다는 것이다. 출토된 문물을 보면, 진(秦)나라의 殳는 길이가 3미터 이상 되는 것도 있다. 殳는 상고시대부터 군대의 무기로 널리 쓰였다. 나중에 끝부분을 모가 나고 날이 없는 금속으로 개조해 살상력을 키웠다. 『시경(詩經)』「위풍(衛

27) [역주] '殳'는 일반적으로는 원시사회의 사냥용 대나무 몽둥이에서 발전한 것이며, 끝이 모가 나고 날이 없는 병기이다.

風)」「백혜(伯兮)」의 “내 남편은 긴 창을 손에 쥐고 있는데, 그는 왕의 선봉이라네[伯也執殳, 爲王先驅]”라는 시구에 나오는 殳가 바로 이 병기였다. 당시 군대에서 널리 사용하였음을 알 수 있다. 또한, 殳는 부수로써 많은 한자의 구건(構件)으로 사용되었다. 예를 들면, ‘구(毆)’·‘단(段)’·‘전(殿)’·‘훼(毁)’·‘은(殷)’·‘의(毅)’ 등이다. 이 한자들의 본의(本義)는 ‘타격하다’와 연관된다.

발사하는 병기

弓

궁 gōng

弓의 갑골문은 이며, 금문(金文)은 이다. 활시위를 당기는 활대를 나타낸다. 소전체(小篆體)는 이다. 본의(本義)는 ‘활을 쏘다’ 혹은 ‘쏘는 데 쓰이는 도구’이다. 활은 일찍부터 전쟁에 사용되었고, 『상서(尙書)』·『시경(詩經)』·『좌전(左傳)』에 관련 기록이 있다. 활은 주로 활을 쏠 때 쓰인다. 예를 들면, ‘사(射)’의 갑골문은 이며, 화살이 활시위에 있는 것을 나타낸다. 금문(金文)은 이며, 손 모양의 구건(構件)을 붙여 손으로 활을 당겨 화살을 쏘는 것을 나타낸다.

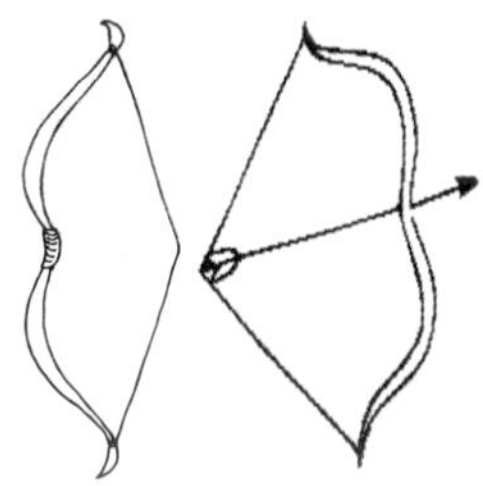

弓

쏜 화살을 ‘시(矢)’라 한다. ‘시(矢)’의 갑골문은 이며, 금문(金文)은 이다. 윗부분은 화살촉이고, 가운데가 화살대이고, 아래는 화살이 날아갈 때 균형을 잡아 주는 화살 꼬리이다. 화살은 주로 적을 살상하는 무기이고, 화살의 위력은 화살촉에서 결정된다. 『좌전』「소공26년(左傳·昭公二十六年)」에 다음과 같은 이야기가 있다. 제(齊)나라 장수 자연첩(子淵捷)과 노(魯)나라 장수 성자(聲子)가 만났을 때 자연첩(子淵捷)이 활을 당겨 화살을 쏘았다. 화살이 수레의 끌채 쪽으로 날아가자, 성자(聲子)가 재빨리 방패로 막았는데, 화살이 방패 속으로 3척(尺)이나 들어갔다. 자연첩(子淵捷)의 신력을 알 수 있다. 성자(聲子)가 이에 질세라 방패를 내려놓고 활을 당겨 화살을 쏘았다. 먼저 말을 쏘기 위해 자연첩(子淵捷) 전차의 말을 조준하였다. 화살이 날아가 말의 목에

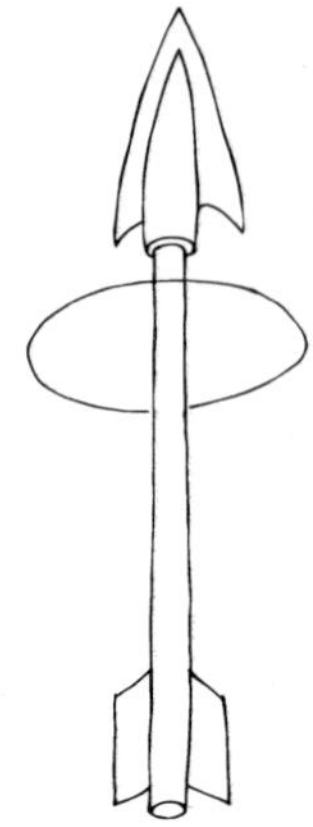

묶인 가죽띠를 꿰뚫자 말이 바로 쓰러져 죽었다. 화살촉이 없어지면 살상력이 크게 약해진다. 『맹자(孟子)』「이루 하(離婁下)」에 다음과 같은 이야기가 있다. 자탁유자(子濯孺子)와 유공지사(庾公之斯)는 모두 활의 고수였고, 각자 자신의 주인을 위해 온 힘을 다해 싸웠다. 공교롭게도 전장에서 자탁유자(子濯孺子)가 갑자기 병이 나서 "오늘 병이 발작해서 활을 들 수 없다. 내가 죽겠구나"라고 말하였다. 그는 수레를 모는 사람에게 "나를 쫓는 사람은 누구냐"고 묻자, 수레를 모는 사람이 '유공지사(庾公之斯)'라고 대답하였다. 자탁유자(子濯孺子)는 이를 듣고 "내가 살 수 있겠다!"라고 말하였다. 수레를 모는 사람이 "유공지사(庾公之斯)는 위나라의 활을 잘 쏘는 고수인데 오히려 살 수 있다니요? 어찌 그러합니까?"라고 물었다. 자탁유자(子濯孺子)가 "유공지사(庾公之斯)는 윤공지타(尹公之他)에게 활을 배웠고, 윤공지타(尹公之他)는 나에게 활을 배웠다. 그는 바른 사람이니, 그가 좋아한 친구도 틀림없이 바른 사람일 것이다"라고 대답하였다. 유공지사(庾公之斯)가 쫓아와서 "선생님은 왜 활을 들지 않으십니까?"라고 물었다. 자약유자(子濯孺子)는 "오늘 내가 병이 나서 활을 들 수

가 없다"라고 답했다. 유공지사(庾公之斯)는 "제가 윤공지타(尹公之他)에게 활을 배웠고, 윤공지타는 선생님에게 활을 배웠는데, 선생님이 가르쳐준 기술로 선생님에게 상처를 줄 수는 없지요. 그러나 오늘 이 일은 국군이 맡긴 일이니, 제가 감히 하지 않을 수도 없습니다"라고 말하면서, 화살을 뽑아 수레바퀴에 두드려 화살촉을 부러뜨리고 자약유자(子濯孺子)에게 화살 네 대를 쏘고 돌아갔다.

화살을 보호하기 위해 화살을 담는 통이 '복(箙)'이다. '복(箙)'의 갑골문은 이고, 금문(金文)은 혹은 이다. 모두 화살통에 화살을 넣은 모양을 나타낸다. 본의(本義)는 화살통(箭筒)이다. 화살을 담는 용기를 뜻하는 '함(函)'도 있다. '함(函)'의 갑골문은 이고, 금문(金文)은 이다. 화살을 담은 화살 주머니를 나타내고, 본의(本義)는 화살을 담은 물건이다. 일반적으로 상자를 가리킨다.

箙

활은 화살뿐만 아니라 탄환을 쏠 때도 사용된다. 이것은 고문자 자형에서 증명된다. '탄(彈)'의 갑골문은 이며, 활시위에 탄환을 올려놓은 것을 나타낸다. 소전체(小篆體)는 이다. 왼쪽 구건(構件)은 弓이고, 오른쪽 구건(構件)은 丸이다. 회의자(會意字)이며, 본의(本義)는 탄환이다. 이러한 사실은 문헌에서도 증거를 찾을 수 있다. 한(漢)나라 유향(劉向)의 『설원(說苑)』「선세(善說)」에 "탄의 모양은 활과 같고, 대나무를 활시위로 삼는다[彈之狀如弓, 而以竹爲弦]"라는 기록이 있다. 이것은 '탄(彈)'이 대나무 조각의 탄력을 이용하여 탄환을 발사하는 병기임을 설명한다. 『좌전(左傳)』「선공2년(宣公二年)」에 "진위공(晉靈公)은 군도를 행하지 않았다 … 그는 높은 대에서 탄궁으로 행인들을 쏘며 탄환을 피하는 모습을 즐겨 봤다[晉靈公不君 … 從臺上彈人, 而觀其辟丸也]”라는 기록이 있다.

이후 기계적인 힘으로 화살을 쏘는 고대의 활이 발명되었는데, 이 활을 ‘노(弩: 쇠뇌)’라고 한다.

炮

포 pào

炮도 일종의 투사 병기이다. 처음에는 돌을 던져 적에게 내려치는 일종의 돌을 던지는 차였다. 또한 ‘포거(抛車)’·‘포석거(抛石車)’·포석기(‘抛石機)’라고도 한다. 이후 한자 軳를 만들었다. 軳는 車와 ‘抛의 생략형’으로 구성되고, 抛는 또한 성부(聲符)이다. 나중에 다시 형성(形聲) 이체자(異體字) ‘포(砲)’를 만들었다. 오늘날에도 장기(將棋)에서 炮를 ‘포(砲)’로 쓸 수 있다. 화약이 발명된 후, 炮에서 발사되던 돌은 살상력이 강한 폭탄으로 대체되었다. 그러므로 ‘포락(炮烙)’의 炮를 빌려 이 의미를 기록하였다.

방어용 병기

盾 干 冑

순 dùn 간 gàn 주 zhòu

盾의 소전체는 이다. 『설문해자(說文解字)』에 ‘방패이다. 몸을 보호하며 눈을 가리는 것이다. 상형이다[瞂也. 所以扞身蔽目. 象形]’라고 해석한다. 방패는 고대 전쟁에서 몸을 보호하고, 적의 칼과 화살을 막을 때 사용했다. 서주(西周) 금문(金文)의 (毋)는 고대 방패의 모습을 형상화한 것이다. 고대 장병은 전장에서 왼

손에 방패를 들어 몸을 보호하고 적의 병기를 막았고, 오른손에는 칼이나 다른 병기를 들고 적을 죽였다. 방패는 고대에 干이라 불렀다. '과(戈)'와 함께 고대 전쟁 무기로 사용되었기 때문에 '간과상견(干戈相見: 무력으로 분쟁을 해결함)' 등의 말이 생겨났다. 중국 최초의 방패는 황제(黃帝) 시대에 발명되었다고 전해진다. 『산해경(山海經)』에는 '형천(刑天)'이라는 영웅에 대한 신화가 있다. 그의 한 손에는 방패를 들고, 다른 한 손에는 도끼를 들고, 끊임없이 휘두르는 웅장한 모습으로 묘사된다. 성어 '자상모순(自相矛盾)'의 출처는 『한비자(韓非子)』「난일(難一)」이다. 초(楚)나라에 방패와 창을 파는 사람이 있었다. 그는 방패에 대해 '내 방패는 정말 단단해서 뚫리지 않는다'라고 말하였다. 그는 또한 '내 창은 날카로워서 뚫지 못할 것이 없다'라고 하였다. 어떤 이가 "그럼 네 창으로 네 방패를 찌르면 어떻게 되느냐?"고 묻자, 물건을 파는 사람은 응대할 수 없었다.

병사가 한 손에 방패를 들어 방어하고 다른 손에는 병기를 들고 공격한다면, 어지러운 전쟁터에서 무언가를 해내기 어려울 것이다. 그러므로 방패가 먼 거리에서 날아오는 화살을 막는데 주로 사용되었을 것이라는 시각도 있다. 짧은 거리의 전투에 적응하기 위해 선민들은 머리에 쓰는 '주(冑)'를 발명하였다.

冑의 금문(金文)은  혹은 이다. 위쪽 구건(構件)은 투구를 나타내고, 아래 구건(構件)은 눈을 강조하여 사람의 머리를 나타낸다. 글자의 전체형태는 사람이 투구를 쓰고 있는 모습이다. 冑의 본의(本義)는 전쟁에서 머리에 쓰던 투구이다. 冑는 머리의 위와 뒷부분뿐만 아니라 얼굴도 가리고 보호한다. 그래서 冑를 쓰면 사람들이 그의 얼굴을 볼 수 없게 된다. 『좌전』「애공16년(左傳·哀公十六年)」에 섭공자고(葉公子高)가 초(楚)나라 백공(白公)의

난을 평정할 때 "(섭공자고(葉公子高)가) 북문에 이르자 누군가 그를 보고 '왜 투구를 쓰지 않습니까? 백성들은 모두 당신을 부모로 여깁니다. 도적의 화살이 당신을 다치게 한다면, 이것은 백성들의 희망을 끊는 것입니다. 왜 투구를 쓰지 않습니까?'고 물었다. 그러자 그는 투구를 쓰고 앞으로 나아갔다. 또 누군가 그를 보고 '당신은 왜 투구를 쓰고 있습니까? 백성들은 당신을 농부가 풍년을 바라는 것과 같이 날마다 바라고 있으니, 당신의 얼굴을 보면 평안을 얻을 것입니다. 백성들은 당신이 아직 살아있다는 것을 알고, 함께 도적을 토벌하려는 마음을 가지고 있습니다. 그들은 또 당신만 바라보며 나라를 위해 일합니다. 당신이 얼굴을 가려 국민의 희망을 끊은 것도 지나치지 않습니까?'라고 반문하였다. 그는 투구를 벗고 앞으로 나아갔다['君胡爲不胄? 國人望君若望慈父母焉. 盜賊之矢若傷君, 是絕民望也, 若之何不胄?' 乃胄而進, 又遇一人, 曰'君胡胄? 國人望君如望歲焉, 日日以幾. 若見君面, 是得艾也. 民知不死, 其亦夫有奮心, 猶將旌君以徇于國, 而反掩面以絕民望, 不亦甚乎?' 乃免胄而進]"라는 기록이 있다. 투구는 화살을 막기 위한 것이지만 얼굴을 가려 보이지 않게 했다는 것을 알 수 있다.

주례(周禮)에 따르면 윗사람을 만나면 투구를 벗어야 한다. 『좌전(左傳)』「희공33년(僖公三十三年)」에 진군(秦君)이 주(周)나라 도성의 북문을 지나자, 좌우의 전사들이 모두 투구를 벗고 전차에서 내려 경의를 표하였다는 기록이 있다. 두 나라가 교전할 때, 한쪽 신하가 상대방의 국군을 만나도 군신의 예를 행해야 한다. 『좌전(左傳)』「성공16년(成公十六年)」에 진(晉)나라와 초(楚)나라가 언릉(鄢陵)에서 전쟁을 할 때, 진(晉)나라의 극지(郤至)가 전투에서 초왕을 만날 때마다 차에서 내려 투구를 벗었다고 한다. 이 일은 미담으로 전해졌다.

介　甲

개 jiè　　갑 jiǎ

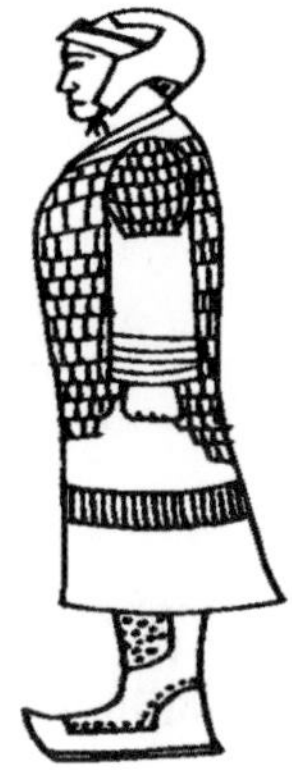

介의 갑골문은 이며, 금문(金文)은 이다. 갑옷을 입은 사람을 나타낸다. 본의(本義)는 갑옷이다. 『사기(史記)』「평진후주부열전(平津侯主父列傳)」 "갑옷과 투구에 서캐와 이가 꾀는데, 백성들의 고통을 호소할 곳이 없다[介冑生蟣虱, 民無所告愬]"의 '개주(介冑)'는 갑옷과 투구를 가리킨다. 고대 전쟁에서는 사람도 갑옷을 입었지만 말도 마갑(馬甲)을 입어야 했다. 『좌전』「성공2년(左傳·成公二年)」에 제(齊)나라와 진(晉)나라가 안(鞌)에서 대전을 벌였을 때, 당시 병력이 우세했던 제후(齊侯)가 적을 얕잡아보고 말에게 마갑을 걸치지 않고 말을 몰아[不介馬而馳之] 공격하다가 대패하였다는 기록이 있다. '개마(介馬)'는 말에게 복면을 씌우고 앞가슴에 호갑을 달아 말꼬리를 묶은 뒤 주머니에 담는 것이다. 말꼬리를 보호하는 주머니는 '마미도(馬尾韜)'라고도 한다. 앞가슴에 달던 갑옷은 주로 말의 가슴과 배를 감싸고 있었는데, 후에 이처럼 소매통이 없는 겹저고리를 '마갑(馬甲)'이라고 부르게 되었다. '마갑(馬甲)'의 모양은 조끼와 같지만, 조끼보다 두툼하고, 대부분 겉면과 안면이 있었다.

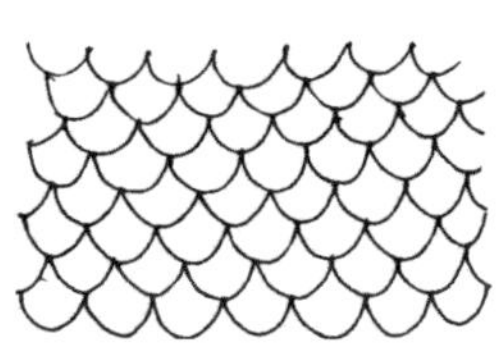

甲의 갑골문은  혹은 이며, 인갑(鱗甲)의 형태를 나타낸다. 본의(本義)는 인갑(鱗甲)이다. 예를 들면 '갑골(甲骨)'과 같은 것이다. 후에 갑옷이라는 뜻으로 인신(引申)되었다. '갑주(甲冑)'·'회갑(盔甲)' 등에서 갑옷을 나타낸다. 방어

용 무기인 갑옷은 주(周)나라 이전에는 가죽으로만 만들어졌으며 조각 같은 장식은 없었다. 서주(西周)시대에 보호 효과를 높이기 위해 가죽 갑옷에 청동 장식을 달았다. 전국시대(戰國時代)에는 철갑이 출현하였다. 진한(秦漢) 시대에는 혁갑(革甲)·철갑(鐵甲)·동갑(銅甲)을 함께 사용하였다. 보호할 수 있는 부위가 많아졌고, 보호 부분은 가슴·등·복부 등이다. 남북조(南北朝)시대에는 다리를 보호하는 '퇴군(腿裙)'과 팔을 보호하는 '피박(披膊)'과 '간수(簡袖)'가 차례로 생겼났서 갑옷과 한 세트를 이루었다. 당나라 때 더욱 정교한 갑옷이 나타났는데 '세린갑(細麟甲)'·'오추갑(烏錘甲)'·'쇄자갑(鎖子甲)' 등이다. 당(唐)나라 갑옷을 기반으로 송(宋)나라의 갑옷과 투구는 비교적 완벽해졌다. 갑옷의 재질은 철·가죽·종이 세 가지로 나뉘는데 철갑이 가장 귀했다. 남송(南宋) 중기 이후에는 갑옷의 무게가 다소 가벼워졌지만 갑엽(甲葉)의 수가 증가하였다. 이는 갑옷의 질이 향상되고 더 정교해졌다는 것을 의미한다. 갑옷은 수천 년 동안 사용되었으며 형태와 구조가 지속적으로 개선되었으며 갑옷을 만드는 재료도 다양해지고 보호 기능도 갈수록 개선되었다.

武

무 wǔ

武의 갑골문은 이며, 止와 戈의 두 구건(構件)으로 이루어진다. 止는 발의 형태를 나타내며 보행을 의미한다. 戈는 무기이다. 글자 전체는 무기를 들고 정벌한다는 의미이다. 나중에 '지(止)'는 '멈춘다'의 의미로 인신되었고 가장 많이 쓰이는 의항(義項)이 되었다. 춘추전국시대의 초(楚)나라 장왕(莊王)은 武의 구성

의미에 대해 새롭게 해설하였다. 그는 "武이라는 것은 공업을 세우고, 전란을 제지하는 것이다. 그러므로 止와 戈로서 武를 구성한다[夫武, 定功戢兵. 故止戈爲武]"고 해석했다. 초(楚)나라 장왕(莊王)의 이 해석은 유가(儒家) 사상과 맞물려 있고, 허신(許愼)이 이 해석을 근거로 소전(小篆) 자형의 武를 해석하였다. 이 해석은 武의 해석법으로 전해졌다.

2. 고대의 형법

'법(法)'과 '형(刑)'

法

법 fǎ

法의 소전체는 이며, 세 개의 구건(構件)으로 이루어진다. 왼쪽 상단의 水는 '물처럼 평등해야 한다'는 뜻이고, 아래 구건(構件)은 去이며, 오른쪽 상단의 구건(構件)은 해치(獬豸)라는 신수의 형상을 나타낸다. 전설에 의하면 해치(獬豸)는 사람의 싸움에서 뿔로 나쁜 사람을 찔러버린다고 한다. 그래서 '직변수(直辨獸)'·'촉사(觸邪)'라고도 한다. 사람들의 충돌이나 분규에서 해치(獬豸)는 뿔로 무리한 쪽을 가리키고 죄가 많은 사람을 뿔로 찔러 죽여서 범법자가 무서워했다고 한다. 요(堯)임금의 형관(刑官)이었던 고도(皐陶)는 일찍이 해치를 길러서 죄를 판별하는 데 활용했다고 한다. 판결이 힘든 어려운 사건을 해치(獬豸)에게 맡기면 정확한 판단이 내려졌다고 한다. 따라서 고대에 해치(獬豸)는 공정한 법 집행의 화신이 되었다. 고대 법관이 썼던 모자는 '해치관(獬豸冠)'이라고도 한다. 法은 이 세 개의 구건(構件)을 합성한 것이다. 해치(獬豸)로 죄를 지은 자에게 가서 부딪쳐 재판을 물처럼 공평하게 행하는 것이다. 신령을 활용하여 옳고 그름을 심판하는 이런 형법 제도는 세계 각 민족사회 형법의 역사가 공통으로 겪었던 단계이다.

刑

형 xíng

刑의 소전체는 㓝이다. 왼쪽 구건(構件)은 井이며, 옛날 사람들은 우물에 상덕(常德)이 있다고 여겼다. "평미레를 사용하지 않아도 저절로 평평하게 할 수 있다. 물을 많이 취하여도 줄지 않고, 물을 적게 취하여도 넘치지 않는다[不概自平, 多取不損, 少汲不盈]"는 공평과 법율의 상징이다. 오른쪽의 구건(構件) 刀는 형구(刑具)이다. 분쟁하는 쌍방을 위압하는 권위 있는 힘이 있다.

刑과 法 두 한자의 구조는 법이 가져야 할 형평성과 악을 응징하는 기능을 모두 부각시키고 있다.

고대의 형구(刑具)

幸

행 xìng

갑골문 㚔는 고대의 수갑과 같은 형구이다. 해서(楷書)에서 幸이 되었다. 㚔도 다른 구건(構件)처럼 합체자(合體字)를 구성할 수 있다. 예를 들면, '집(執)'의 갑골문은 執이다. 왼쪽 구건(構件)은 고대의 수갑과 같은 형구를 나타내고, 오른쪽 구건(構件)은 양손이 형틀에 눌리고 무릎을 꿇은 사람의 모습으로 체포의 의미를 나타낸다. '보(報)'의 갑골문은 이며, 세 개의 구건(構件)으로 구성된다. 왼쪽 구건(構件)은 고대의 수갑과 같은 형구이고, 가운데 구건(構件)은 두 손을 제압당하고 무릎을 꿇은 죄인을 나타내고, 오른쪽 구건(構件)은 한 손으로 죄인을 누르고 있는 것을 나타낸다. 글자 전체의 형태는 '죄인을 체포한다'는 뜻을 나타낸다. '어(圉)'의 본의(本義)는 '죄인을 구금하는 감옥'이다. 갑골문은 혹은 이다. 는 형구와 감옥이 합쳐진 것이다. 는 형구에 묶인 죄인과 감옥이 합쳐진 것이다. 구건(構件) 幸을 포함한 고문자의 형태에서 幸의 갑골문은 고대에 손을 묶는 데 사용된 형구를 나타내고 있다.

辛

신 xīn

辛의 상(商)나라 금문(金文)은 이며, 형을 집행할 때 쓰던 칼을 나타낸다. 고대의 죄와 관련된 한자들은 대부분 구건(構件) 辛을 포함하고 있다. 예를 들면, '첩(妾)'의 갑골문은 혹은 이다. 위의 구건(構件)은 칼을 나타내고, 아래는 女이다. 여자가 무릎을 꿇고 앉아 머리에 형구를 쓴 것을 나타내어 죄를 지은 여자를 의미한다. 에는 압박의 상징인 손이 구건(構件)으로 들어가 있다. 포로로 잡히거나 범죄를 저질러 자유를 빼앗기고 타인을 위해 봉사해야 하는 여자 노예를 나타내고 있다. 그러므로 『설문해자(說文解字)』에서 '첩(妾)'을 "죄가 있는 여자이다. 시종으로서 주인을 섬기는 자이다[有罪女子, 給事之得接於君者]"라고 해석한다. 후에 고대 남자가 받아들인 정처(正妻) 이외의 여자를 가리켰다. '복(僕)'의 갑골문은 이며, 머리에 형틀을 쓴 죄인이 두 손으로 키를 들고 일하는 모습을 나타낸다. 하인을 의미한다. '벽(辟)'의 갑골문은 이다.『설문해자(說文解字)』에서 “법이다. 卩과 辛으로 구성된다. 그 죄를 다스리는 것이다. 口로 이루어지며, 법을 행하는 자이다[法也. 從卩從辛, 節制其罪也. 從口, 用法者也]”라고 해석한다. 이 중 구건(構件) 卩은 절제를 나타내며, 辛은 죄를 나타낸다.

罪

죄 zuì

罪는 원래 辠로 쓴다. 自와 辛의 두 구건(構件)으로 이루어진다. 辛은 형을 집행할 때 쓰던 칼을 나타낸다. 진시황이 辠를 罪로 바꿨다. 진시황은 굳이 이 글자를 고집한 원인에 대한 이야기가 전해온다. 진(秦)나라가 육국(六國)을 멸망시킨 후, 영정(嬴政)이 대신들을 소집하여 제호(帝號)를 의논하였다. 천하의 존귀한 존재인 영정(嬴政)에게 가장 어울리는 존호를 찾기 위한 대신들의 의론이 분분하였다. 중국 고대에 천황(天皇)·지황(地皇)·태황(泰皇)이 있었는데, 이를 ‘삼황(三皇)’이라 하였다. 한 대신이 ‘삼황(三皇)’중 태황이 가장 높고 존귀하며 귀하다며 영정(嬴政)을 ‘태황’이라 불러야 한다고 하였다. 한 대신은 고대에 오제(五帝: 황제(黃帝)·전욱(顓頊)·제곡(帝嚳)·당요(唐堯)·우순(虞舜))가 있었는데, 오제(五帝)의 공적이 영정의 공적에 미치지 못한다고 하였다. 결국 ‘삼황(三皇)’의 ‘황(皇)’과 ‘오제(五帝)’의 ‘제(帝)’를 가져와서 ‘황제’로 부르게 되었다. 영정(嬴政)은 첫 번째 황제이므로 ‘시황제(始皇帝)’라고 불렀다. ‘황(皇)’의 소전체 皇이 ‘신(辠)’과 비슷하여 진시황은 매우 불길하게 생각하였다. 이에 이 글자를 폐기하라고 명령하였다. 그리고 ‘고기 잡는 죽망(竹罔)’을 나타내는 罪를 빌려 ‘범죄’의 ‘죄’를 기록하게 되었다.

3. 고대의 오형

중국 고대의 오형(五刑)은 다섯 가지 형벌을 가리킨다. 오형(五刑)이 가리키는 것은 시대에 따라 달랐다. 서한(西漢)시대 문제(文帝) 이전에는 오형(五刑)이 '묵(墨)', '의(劓)', '월(刖)', '궁(宮)', '대벽(大辟)'을 가리켰다. 수당(隋唐) 이후의 오형(五刑)은 '태(笞)', '장(杖)', '도(徒)', '류(流)', '사(死)'를 가리켰다. 오형(五刑)의 특징은 대부분 자형에서 드러난다.

黥

경 qíng

黥은 剠 혹은 으로도 쓰인다. 각각 黑·京·刀의 세 구건(構件) 중 두 개의 구건(構件)으로 구성된다. 黑과 刀는 표의(表意) 기능을 하며, '경형(黥刑)'의 특징과 형 집행 도구를 부각시킨다. 사람의 이마나 얼굴에 범죄를 나타내는 표식을 새기고 검은 먹으로 채워 색이 바래지 않도록 하는 것이다. 京은 발음을 나타내는 구건(構件)이다. '경형(黥刑)'은 또한 '묵형(墨刑)', '묵벽(墨辟)', '경묵(黥墨)'이라고도 한다.

오대(五代) 이후, '경형(黥刑)'은 일률적으로 침으로 집행했고, 유형(流刑)과 결합하여 '자배(刺配)'가 되었다. 『수호전(水滸傳)』의 임충(林沖)이 이런 형벌을 받았다.

劓

의 yì

劓의 갑골문은  혹은 이다. 코를 나타내는 구건(構件) 自와 형구(刑具) 刀로 구성된다. '칼로 코를 자른다'는 의미를 나타낸

다. 소전체는 이며, 『설문해자(說文解字)』에서 “코를 자른다[刑鼻也]”로 해석되었다.

刖
월 yuè

刖의 갑골문은 이다. 오른쪽 구건(構件)은 한 손에 톱을 들고 있는 모습이고, 왼쪽 구건(構件)은 톱 옆의 다리가 짧게 표현되어 톱으로 다리를 자르는 처형 장면을 나타내고 있다.

『한비자(韓非子)』「화씨(和氏)」의 기록에 의하면, 춘추시대 화씨벽(和氏璧)의 발견자는 두 차례나 ‘월형(刖刑)’을 받았다. 초(楚)나라 사람이 산에서 박옥(璞玉)을 얻어 초(楚)나라 무왕(武王)에게 바쳤다. 무왕은 옥을 잘 아는 자에게 옥을 판별하라고 명하였는데, 가치 없는 돌이라고 하였다. 무왕은 속았다고 여겨 박옥을 바친 자를 ‘월형(刖刑)’으로 왼쪽 다리를 잘랐다. 초(楚)나라 문왕(文王)이 즉위하자 그 사람은 다시 박옥(璞玉)을 문왕에게 바쳤다. 문왕도 옥을 잘 아는 자에게 보냈고, 다시 가치 없는 돌이라고 하였다. 문왕은 역시 속았다고 여겨, ‘월형(刖刑)’으로 그의 오른쪽 다리를 잘랐다.

고대에는 ‘월형(刖刑)’과 유사하게 사람의 슬개골을 도려내는 형벌이 있었다. 슬개골은 ‘빈골(髕骨)’이라고 하였기 때문에 ‘빈형(臏刑 혹은 髕刑)’이라고 한다. 전국시대 유명한 군사(軍事) 손빈(孫臏)의 이름이 ‘빈형(臏刑)’을 당해서 붙여진 것이다.

宫　刑

궁 gōng　형 xíng

‘궁형(宫刑)’은 ‘음형(淫刑)’, ‘부형(腐刑)’, ‘잠실형(蠶室刑)’이라고도 한다. 죄인의 생식기를 잘라내는 형벌이다. 豕는 갑골문에 로 나타나며, 큰 배와 작은 꼬리가 특징인 돼지의 형태를 나타낸다.

갑골문 는 돼지 복부 쪽에 돼지의 생식기를 나타내는 선이 있다. 이 선은 수퇘지의 특징을 나타내기 때문에, 해서체(楷書體) ‘가(豭)’이다. 『설문해자(說文解字)』에 “‘가(豭)’는 수퇘지이다[豭, 牡豕也]”라고 해석한다. ‘가(豭)’는 후기에 만들어진 형성자(形聲字)이다.

갑골문 는 (豭)와 비교하면, 복부 아래의 선이 복부와 연결되어 있지 않다. 수퇘지의 생식기가 잘려 나갔음을 나타내어 ‘거세한 수퇘지’를 가리킨다. 고대에 범죄자을 게세하는 형벌이 바로 ‘궁형(宫刑)’이었다. ‘궁형(宫刑)’은 또한 ‘탁(椓)’, ‘탁(斀)’, ‘탁(斀)’이라고도 한다.

갑골문 는 ‘궁형(宫刑)’의 특징을 매우 형상적으로 표현한다. 왼쪽 구건(構件)은 남자 생식기를 나타내며, 오른쪽 구건(構件)은 궁형을 집행하는 칼을 나타낸다.

궁형의 최초 시행 대상은 간음죄를 범한 남녀였다. 『상서(尙書)』에 “남녀가 간통하면, 궁형을 처한다[男女不以義交者, 其刑宫]”라는 기록이 있다. 나중에는 다른 중범죄자도 궁형에 처했다.

역사적으로 궁형을 받았던 가장 유명한 인물은 『사기(史記)』의 저자 사마천(司馬遷)이다.

大 辟

대 dà　　벽 bì

‘대벽(大辟)’은 사형(死刑)이며, ‘육(戮)’·‘팽(烹)’·‘거열(車裂)’·‘기시(棄市)’ 등으로 나눈다.

‘육(戮)’은 ‘육(剹)’으로도 쓴다. 戈 혹은 刀를 표의구건(表意構件)으로 삼는다. 칼·도끼·창 등으로 죄인을 죽이는 것을 의미한다.

‘팽(烹)’은 灬로 구성된다. 灬는 火의 변형(變形)이다. ‘팽(烹)’은 ‘삶는다’는 뜻이다. ‘팽형(烹刑)’은 ‘팽살(烹殺)’이라고도 하며 일종의 혹형(酷刑)이다. 집행자는 먼저 죄인의 옷을 모두 벗기고, 죄인을 큰 솥에 밀어 넣고 땔감 위에 올려 삶는다. 신마소설(神魔小說) 『봉신방(封神榜)』에서 주(周)나라 문왕(文王)의 아들 백읍고(伯邑考)는 달기(妲己)의 모함을 받아 상(商)나라 주왕(紂王)에 의해서 ‘팽형(烹刑)’을 당한다. 백읍고(伯邑考)는 큰 솥에 넣어져 국으로 삶아졌다. 『사기(史記)』의 기록에 의하면, 항우(項羽)도 유방(劉邦)의 아버지를 삶아 죽이겠다며 유방(劉邦)을 위협했지만, 유방(劉邦)이 신경 쓰지 않는다고 하자 항우는 이 생각을 접었다.

‘거열(車裂)’은 민간에서 말하는 ‘오마분시(五馬分屍)’이다. 죄인의 머리와 팔다리를 각각 5대의 수레에 묶고 말이 수레를 끌면서 몸을 찢는 형벌이다. 진(秦)나라 상앙(商鞅)이 이 형벌에 처해져 죽었다고 한다.

‘기시(棄市)’는 사람들이 많이 모이는 번화가에서 죄인을 사형시키고 길거리에 시체를 내버리는 형벌이다.

수당(隋唐) 이후의 오형(五刑)에서 ‘태(笞)’와 ‘장(杖)’은 모두 형구(刑具)로 죄인을 때리는 것이다. 두가지 형벌의 차이점은, ‘태(笞)’은 작은 가시나무로 만든 형구(刑具)로 죄인의 엉덩이를 때리는 것이고, '장(杖)'은 굵은 가시나무를 꼬아 만든 형구(刑具)로 죄인의 등과 엉덩이 그리고 다리를 때리는 것이다. '도(徒)'는 죄인을 강제 노역시키는 것이다. '류(流)'는 죄인을 변두리로 유배하고 고향으로 돌아하는 것을 허락하지 않는 것이다. 수당(隋唐) 이후의 사형(死刑)에는 '교살(絞殺)'과 '참수(斬首)'가 있다. 송(宋)나라 이후에는 '능지(凌遲)'가 추가되었다. 명청(明淸)시대에는 '효수(梟首)'가 추가되었다. '교(絞)'의 부수는 '糸'이다. '교살(絞殺)'은 죄인을 밧줄로 목매달아 죽이는 형벌이다. '참(斬)'은 '車'와 '斤'의 두 구건(構件)으로 구성된다. '斤'은 고대 형구(刑具)인 부월(斧鉞: 도끼)를 의미하고, '車'는 죄수를 가두는 수레를 의미한다. 두 구건(構件)을 결합하여 만든 '참(斬)'은 죄인을 감옥에서 형장으로 이송하여 도끼로 죽이는 형벌을 나타낸다. '능지(凌遲)'는 '陵遲'로도 쓴다. 본의(本義)는 구릉의 산세가 점차 완만해지는 것이다. 죄인을 서서히 죽이는 형벌로 인신(引申)되었다. 이런 형벌은 속칭은 '천도만과(千刀萬剮)'로 불리는 중국의 혹형 중 하나이다. 사형 집행자는 작은 칼로 수형자의 살을 수백에서 수천 조각으로 한 조각씩 잘라낸다. '능지(凌遲)'의 집행은 매우 까다롭고, 만약 죄인이 빨리 사망하면 집행에 실패하였음을 의미했다. 죄인은 몇 시간 동안의 고통을 겪다가 숨이 끊어져 죽게 된다. '효(梟)'의 소전체 는 새의 머리를 나무에 매단 것을 나타낸다. '효수(梟首)'는 죄인의 머리를 높은 장대에 꽂아 대중이 지나가는 곳에 매달아 전시함으로써 경계하는 것이다. '효(梟)'는 나중에 부엉이 같은 새를 칭하기도 하였다.

4. 기타 형법

炮 烙

포 pào　　락 lào

'포락(炮烙)'은 놋쇠 기둥에 기름을 바르고 아래쪽에서 숯불로 가열한 뒤, 죄인이 놋쇠 기둥 위를 걷게 하여 죄인이 불구덩이에 빠져 산 채로 타 죽게 하는 혹형이다.

刵

이 èr

刵는 耳와 刀의 두 구건(構件)으로 구성된다. 『설문해자(說文解字)』에서 "귀를 자른다[斷耳也]"라고 해석한다. 본의(本義)는 귀를 자르는 형벌이다.

髡 耐

곤 kūn　　내 nài

髡은 髟와 兀의 두 구건(構件)으로 구성된다. 髟는 머리카락을 나타내며, 兀은 사람 머리를 나타내는 元의 생략형이다. 본의(本義)는 삭발이다.

耐는 耏로 쓰기도 한다. 소전체는  혹은 이다. 耐의 고금(古今) 모든 자형에 구건(構件) 而를 포함한다. 而의 소전체는 이다. 『설문해자(說文解字)』에서 '턱의 털이다. 털의 모양을 나타낸다[頰毛也, 像毛之形]'고 해석한다. 따라서 耐의 본의(本義)는 턱의 수염을 제거하는 것이다. 『설문해자(說文解字)』에서 '삭발에

못 미치는 형벌이다[罪不至髡也]'라고 해석한다. 삭발보다 가벼운 형벌이라는 뜻이다.

오늘날에는 머리카락이나 턱의 수염을 깎는 것이 매우 흔한 일이다. 그러나 고대에는 삭발이나 면도가 일종의 형벌이었다. 고대 중국 사람들은 머리와 수염을 불가침의 신성한 물건으로 여겼다. 머리카락과 수염을 깎는 것이 고통은 없었지만 매우 치욕스럽게 여겼다.

고대 중국 사람들은 "신체와 털과 살갗은 부모에게서 받은 것이며, 감히 훼손하지 않는 것이 효도의 시작이다[身體髮膚, 受之父母, 不敢毁傷, 孝之始也]"고 여겼고, "부모가 아이를 온전하게 낳으면, 아이는 마땅히 자신을 다시 온전하게 부모에게 돌려줘야 한다. 이것을 효라고 할 수 있다[父母全而生之, 子全而歸之, 可謂孝矣]"라고 생각했다. 또한 "백 가지 선행 중에 효도가 가장 으뜸이다[百善孝爲先]"라고 생각했기 때문에 삭발과 면도는 사람들에게 심한 모욕을 주고 치욕감을 줄 수 있었다. 그래서 고대에서 삭발과 면도가 모두 가벼운 형벌이 되었다.

罰 貲

벌 fá 자 zī

罰의 소전체는 이다. 『설문해자(說文解字)』에서 "작은 죄이다. 刀와 詈로 구성된다. 칼로 사람을 해치지는 않았지만, 칼을 들고 욕하였기에 마땅히 처벌받아야 한다[罪之小者. 從刀從詈. 未以刀有所賊, 但持刀罵詈, 則應罰]"라고 해석한다.

罰은 '형(刑)'보다 가벼운 처벌로 주로 경제적인 제재로 나타난다. 『상서(尙書)』「요전(堯典)」에서 "금전으로 형벌을 속죄한다[金

作贖刑]"라는 기록이 있다. 한(漢)나라 공안국(孔安國)이 "금은 황금이다. 잘못이 있으므로 형벌을 선고하고, 금전을 내서 속죄한다[金, 黃金. 誤而入刑, 出金以贖罪]"라고 해석한다.

'속형(贖刑)'은 경제적인 처벌이다. '속형(贖刑)'은 서주(西周) 시대부터 생겨나서 이후의 모든 시기에 있었다. 동방삭(東方朔)은 '금 천근 돈 천만'으로 소평군(昭平君)를 사형에서 구했다는 전설이 있다. 물론 속형(贖刑)이 누구에게나 적용되는 것은 아니었고, 관리나 노약자에게만 적용되었다. 한(漢)나라의 비장군(飛將軍) 이광(李廣)은 흉노와의 교전에서 패하여 포로로 잡혔다가 도망쳤다. 법에 따라 참수당해야 했지만, 그는 속금(贖金)을 내어 사형을 면하고 관직에서 파면되었다. 한(漢)나라 사마천(司馬遷)이 궁형(宮刑)에 처해졌을 때, 그는 돈으로 속죄할 수 있었지만, 돈이 부족하여 속죄하지 못하였다.

속형(贖刑)은 통치자가 백성의 재산을 긁어모으는 데도 도움이 되고, 부자가 형벌을 피할 수 있게 하는 부자의 구세주이기도 하다.

그러나 모든 죄가 속죄될 수 있었던 것은 아니다. 『상서(尙書)』「여형(呂刑)」에 "만약 오형으로 판단하기 어려우면, 오벌로 바로잡는다[五刑不簡, 正於五罰]"라는 기록이 있다. 즉, 범죄자의 범죄가 명확하지 않아 오형(五刑)을 선고할 수 없는 경우에만 벌금을 부과한다. 이후 각 시대는 속형(贖刑)에 대한 규정이 있었고, 송(宋)나라와 명(明)나라 때 특히 엄격하였다.

진(秦)나라 때의 벌금은 貲라고 하였다. 『설문해자(說文解字)』에서 貲를 "작은 벌은 금전으로 속죄한다. 貝로 구성되며 此는 성부(聲符)이다. 『한율(漢律)』에 국민이 부역에 복무하지 않을 경우, 22전의 벌금을 물도록 규정한다[小罰以財自贖也, 從貝此聲. 漢律: 民不繇, 貲錢二十二]"라고 해석한다. 『수호지진묘죽간(睡虎地秦

墓竹簡)』「진률18종(秦律十八種)」에서 “명령을 따르지 않으면 하나의 ‘갑(甲)’을 물린다[不從令者貲一甲]”라는 기록이 있다. 『수호지진묘죽간(睡虎地秦墓竹簡)』「효률(效律)」에 “2,200전 이상인 경우 관리와 농부에게 방패 하나에 처한다[過二千二百錢以上, 貲官嗇夫一盾]’라는 기록도 있다. 貲는 돈뿐만 아니라 갑·방패 같은 무기일 수 있음을 나타낸다.

8장

한자로 본 단위명사

고대 한어(漢語)는 초기에 양사(量詞)는 없었지만, 각종 단위명사(單位名詞)가 있었다. 시대마다 사물에 대한 호칭은 변화한다. 예를 들면, 오늘날의 '년(年)'을 하(夏)나라 때는 '세(歲)'라 하고, 상(商)나라 때는 '사(祀)'라고 하고, 주(周)나라 때에 이르러 '년(年)'이라 했다. 단위명사(單位名詞)의 의미도 시대마다 다르다. '척(尺)'이나 '장(丈)'과 같은 길이 단위명사(單位名詞)가 가리키는 실제 길이는 주(周)나라와 한(漢)나라가 다르다. 본 장에서는 고대 문자의 형태를 단서로 삼아 상용 시간 단위명사(單位名詞), 길이 단위명사(單位名詞), 중량 및 용적 단위명사(單位名詞)의 의미와 변화를 정리하고자 한다.

1. 기년 명사

'년(年)'·'세(歲)'·'사(祀)'는 모두 현대 한어(漢語)에서 자주 사용하는 단어이다. '년(年)'은 주로 시간 명사로 쓰인다. '세(歲)'는 주로 나이를 나타내는 양사(量詞)로 쓰인다. '사(祀)'는 주로 제사를 뜻한다. 이 세 단어는 모두 고대 한어(漢語)에서 지구가 태양을 한 바퀴 도는 시간, 즉 한 해를 뜻하는 약 365일을 의미했다. 이 세 단어가 시간 명사로 사용된 시대는 다르다. 하(夏)나라는 '세(歲)'라고 했고, 상(商)나라는 '사(祀)'라고 했고, 주(周)나라는 '년(年)'이라고 했다. 세 개의 명사는 각각의 역사와 문화적 특성을 반영하고 있다.

歲
세 suì

歲의 서주(西周) 금문(金文)은 이며, 본의(本義)는 목성(木星)이다. 목성은 '세성(歲星)'이라고도 한다. 중국 최초의 기년법(紀年法)은 하(夏)나라의 '세성(歲星)' 기년(紀年)이다. '세성(歲星)' 기년(紀年)은 목성의 운행 법칙을 근거로 삼는다. '세성(歲星)'은 황도(黃道) 부근에서 약 12년 동안 하늘을 한 바퀴 돈다. 중국 사람은 황도(黃道) 부근의 하늘을 12개의 별자리로 나누었다. '세성(歲星)'은 매년 별자리 하나씩 이동했다. 그러므로 '세(歲)'는 '세성(歲星)'이 하나의 별자리를 지나는 시간을 나타낸다. 하(夏)나라는 '세성(歲星)'의 운행을 기년(紀年)의 근거로 삼았다. 하(夏)나라가 천문현상에 대한 관측과 연구를 매우 중시하였음을 알수 있다. 오늘날까지도 하력(夏曆)이 사용되고 있어 하(夏)나라 천문 연구의 높은 수준을 알 수 있다.

祀

사 sì

祀는 『설문해자(說文解字)』에서 “제사가 그침이 없다[祭無已也]”라고 해석한다. 상(商)나라에는 제사를 매우 중시하였고 제사의 종류도 많았다. 제사의 시기와 대상은 규정되어 있었고, 한 주기의 제사를 지내고 나면 꼭 1년이 되었다. 그러므로 한 차례의 제사 주기를 나타내는 ‘사사(祀祠)’로 기년(紀年)을 정했다.

年

년 nián

年의 갑골문은 이다. 사람이 볏짚을 메고 있는 모양으로 수확의 풍성함을 나타낸다. 황하(黃河) 지역의 곡식은 일반적으로 1년에 한 번 수확한다. 주(周)나라에서는 곡물의 성장과 수확 주기를 기년(紀年)의 기준으로 삼았다. 주(周)나라에는 곡물의 생육과 수확의 주기를 기년(紀年)의 근거로 사용하여, 당시 사회생활에서 농업생산의 위상이 매우 중요했음을 나타낸다.

2. 계절 명사

時

시 shí

時의 갑골문은 이다. 위쪽 구건은 止의 갑골문 형태이며, 발이 바깥으로 나가는 모습을 나타낸다. 아래의 구건은 '日'이다. 문자 구성의미는 '태양의 운행'이다. 『설문해자(說文解字)』에서 "時는 네 계절이다[時, 四時也]"라고 해석한다. 본의(本義)는 계절이다. 고대 중국인들이 계절을 구분한 근거가 태양 운행이었음을 알 수 있다.

春
춘 chūn

春의 갑골문은 혹은 이다. 의 왼쪽 가운데는 태양의 모양이고, 위아래는 모두 풀 모양이며, 오른쪽은 갓 난 풀 같다. 의 왼쪽은 태양의 모양이고, 오른쪽은 땅에서 막 올라온 풀이다. 본의(本義)는 봄이다. 옛사람들이 봄을 위해 글자를 만들 때 봄의 밝은 햇살과 초목이 발아하는 특징을 파악하여 구체적인 이미지로 표현하였음을 알 수 있다.

夏
하 xià

夏의 금문(金文)은 이며, 사람 모양을 나타낸다. 양쪽 구건은 양손을 나타내고, 아래쪽 구건은 양발을 나타낸다. 본의(本義)는 중원지역의 고대 부락의 이름이다. 즉 '화하(華夏)'의 夏이다. '여름'을 기록하는 夏는 가차(假借)된 것이다.

秋

추 qiū

秋의 갑골문은 혹은 이며, 메뚜기 모양을 나타낸다. 『설문해자(說文解字)』에서 수록한 고문자형은 이다. 이 자형은 메뚜기 모양의 구건(構件)에 구건(構件) 火와 구건(構件) 禾를 덧붙였다. 가을이 지나가면서 메뚜기는 겨울잠을 자게 된다. 이때가 메뚜기를 태워 죽이는 가장 좋은 시기이다. 그러므로 메뚜기를 불태우는 모습으로 가을을 나타낸다. 또한 구건(構件) 禾를 추가하여 가을이 곡식이 익는 계절임을 나타낸다.

冬

동 dōng

冬의 갑골문은 혹은 이다. 줄의 양쪽 끝에 매듭이 있는 모양으로 마지막 부분을 나타낸다. 겨울은 한 해의 끝자락이기 때문에 이 글자로 '겨울'을 기록한다. 겨울은 추운 계절이기 때문에 얼음을 나타내는 구건(構件) 仌을 추가하였다. 冬의 소전체는 이다. 『설문해자(說文解字)』에서 "네 계절의 마지막이다. 仌와 夂로 구성된다. 夂는 '종(終)'의 고문이다. 은 고문이며, 日로 구성된다[四時盡也. 從仌從夂. 夂, 古文終字, 古文冬從日]"라고 해석한다.

3. 시간 명사

日
일 rì

日의 갑골문은 이며, 태양을 나타낸다. 본의(本義)는 해이다. 해가 있는 시간은 대낮이기 때문에 日은 '대낮'도 의미한다. 일출과 일몰이 약 24시간 주기로 이루어지기 때문에 日은 또한 '밤낮'을 의미한다.

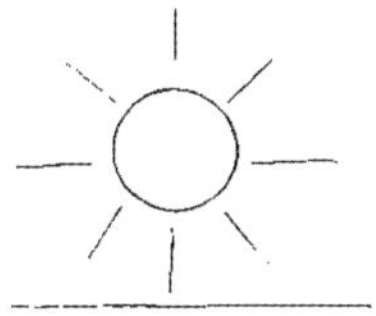

月
월 yuè

月의 갑골문은 이며, 초승달 모양을 나타낸다. 본의(本義)는 달이다. 달은 찬 것과 이지러진 것이 있으며, 옛날 사람들은 달의 변화 주기를 시간 단위로 사용하였고, 이것이 바로 음력의 한 달이다.

旦 朝 昃 昏 暮 朔 霸 朏 望
단 dàn 조 cháo 측 zè 혼 hūn 모 mù 삭 shuò 패 bà 비 fěi 망 wàng

시간을 기록하는 데 사용하는 명사는 종종 '日'과 '月'을 표의구건(表義構件)으로 구성한다.

旦의 갑골문은 이며, 위쪽 구건(構件)은 태양을 나타내고, 아래쪽 구건(構件)은 땅을 나타낸다. 태양이 방금 지평선 위로 올라왔다는 의미이며, 본의(本義)는 아침이다. 소전체는 이다. 아래쪽

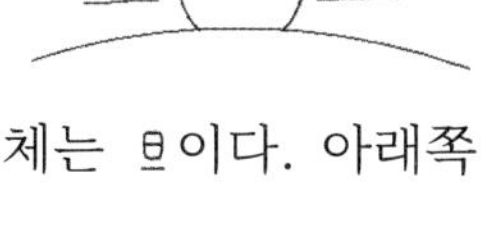

횡선은 지평선을 나타낸다.

朝의 갑골문은 이며, 해와 달이 모두 풀밭 속에 있는 것을 나타낸다. 해가 풀밭 중간에 떴지만, 달이 아직 사라지지 않은 시간을 나타낸다. 즉 아침을 의미한다.

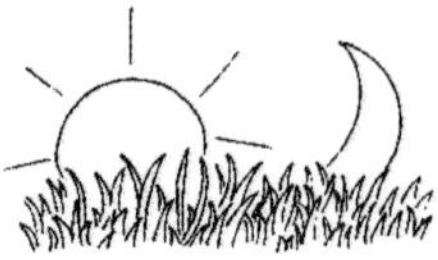

昃의 갑골문은 이다. 왼쪽 아래의 구건(構件)은 日이고, 오른쪽 위의 구건(構件)은 옆으로 기울어진 사람의 모습이다. 해가 이미 서쪽으로 기울어버린 시간, 즉 오후를 나타낸다.

昏의 갑골문은 혹은 이다. 은 氐와 日의 두 구건(構件)으로 구성되며, 소전체는 이다. 『설문해자(說文解字)』에서 "해가 어두워진 것이다. 日과 '氐의 생략형'으로 구성된다. 氐는 아랫니다[日冥也. 從日氐省. 氐者, 下也]"라고 해석한다. 昏의 구조의미는 해가 낮은 곳으로 떨어지는 시간, 바로 황혼 무렵을 나타낸다.

暮의 갑골문은 이며, 해가 풀숲으로 지는 모습으로 해질녘의 시간을 나타낸다. 본의(本義)는 저녁이다. 나중에 표의구건(表意構件) 日을 추가하여 暮로 쓴다.

朔은 月을 부수로 삼는다. 본의(本義)는 월상(月相)의 명칭이다. 달이 태양과 지구 사이에 위치하여 태양과 동시에 출몰하여 지구에서 달을 보지 못하는 때를 가리킨다. 음력 매월 첫째날이다.

霸의 서주(西周) 금문(金文)은 이다. 月을 부수로 삼고, 본의(本義)는 월상(月相)의 명칭이다. 달이 막 빛을 발하는 때를 가리키는데, 일반적으로 음력 초이튿날이나 초사흗날이다.

朏의 고문자형은 이며, 月과 出의 두 구건(構件)으로 이루어진다. 본의(本義)는 달이 아직 밝지 않는 때이며, 음력 초이튿날을 가리킨다.

望의 갑골문은 이며, 사람이 높은 곳에 올라 눈을 들어서 멀리 바라보는 것을 나타낸다. 본의(本義)는 멀리 바라보는 것이다. 음력 보름날은 달이 가장 둥글고, 달과 태양이 각각 동쪽과 서쪽에 위치하며 서로 멀리서 바라보기 때문에 음력 보름날의 월상(月相)을 望이라고 한다.

4. 길이 명사

중국 고대인들은 주변 사물의 길이를 측정할 때, 인체 특정 부분의 길이를 사물의 길이를 측정하는 기준으로 종종 사용하였다. 허신(許愼)이 『설문해자(說文解字)』에서 상세히 설명하고 있다.

寸

촌 cùn

寸의 소전체는 이며, 又와 一로 구성되어 있다. 又는 오른손을 나타내고, 一은 지사부호(指事符號)로서 '손목의 맥 짚는 곳'을 가리킨다. 『설문해자(說文解字)』에 "촌(寸)은 10분(分)이다. 사람의 손바닥 끝에서 1촌(寸)의 길이만큼 물러나 맥박이 뛰는 곳을 촌구라 한다[寸, 十分也. 人手卻一寸動脈謂之寸口]"라고 해석한다. 즉 손바닥에서 손목까지의 길이가 1촌(寸)이다. 이 길이는 사람마다 다르다. 그러므로 중간 키의 사람의 촌구(寸口)에서 손목까지의 거리를 1촌(寸)으로 정했다. 촌(寸)의 길이가 인체(人體)의 부위로 규정되었음을 알 수 있다.

尺

척 chǐ

『설문해자(說文解字)』에 “尺은 10촌(寸)이다. 사람의 손바닥 끝에서 10분(分)을 물러나 맥박이 뛰는 곳이 촌구이다. 10촌(寸)은 1척(尺)이다[尺, 十寸也. 人手卻十分動脈爲寸口, 十寸爲尺]”라고 해석한다. 『대대예기(大戴禮記)』「왕언(王言)」에 “손가락을 펴면 촌(寸)을 알 수 있고, 손을 펴면 척(尺)을 알 수 있다[布指知寸, 布手知尺]”라고 한다. 고대 중국의 1촌(寸)이 보통 사람 중지(中指)의 가운데 한 마디의 길이에 해당함을 알 수 있다. 1척(尺)은 손바닥을 쫙 벌린 뒤 엄지손가락 끝에서 중지 끝까지의 길이에 해당한다.

咫

지 zhǐ

『설문해자(說文解字)』에 “중간 키 부녀의 손바닥 길이가 8촌(八寸)이며, 지(咫)라고 한다. 주(周)나라의 척(尺)이다[中婦人手長八寸, 謂之咫, 周尺也]”라고 한다. 해석한다. 주(周)나라의 1척(尺)이 1지(咫)이다. 즉 8촌(寸)이다.

尋

심 xún

尋의 갑골문은 혹은 이다. 두 손을 쭉 뻗어서 사물의 길이를 재는 것을 나타낸다. 尋은 일종의 길이 단위이며, 표시하는 길이는 한 사람이 두 팔을 벌렸을 때, 한 손의 중지 끝에서 다른 손의 중지 끝까지의 길이이다. 이 길이는 대략 사람의 키와 맞먹으며, 보통 사람의 키는 7척(尺)이나 8척(尺)이다(서주(西周)와 진(秦)나라의 1척(尺)은 오늘날의 23.1㎝이며, 7척(尺)은 184.8㎝이다). 따라서 1심(尋)의 길이를 7척(尺)으로 보는 사람도 있고, 8척(尺)으로 보는 사람도 있다.

常

상 cháng

常은 巾으로 구성되며 尙이 성부(聲符)이다. 『설문해자(說文解字)』에서 '상(裳)'의 이체자(異體字)로 해석한다. 그러나 巾으로 구성된 한자의 의미가 깃발과 관련이 있는 경우가 많고 고문헌에 '깃발'의 의미로 常을 사용한 경우가 많아서, 常의 본의(本義)는 깃발의 이름으로 여겨진다. 常은 수레에 세워지고 높이에 일정한 기준이 있기 때문에, 이 기준이 높이의 등급 표시가 되면서 길이 단위로 발전되었다. 고대 문헌에 "8척(尺)을 심(尋)이라고 하고, 심(尋)의 2배를 상(常)이라고 한다[八尺爲尋, 倍尋爲常]"는 표현이 종종 나타난다. 보통 1상(常)이 1장(丈) 6척(尺)에 해당한다는 것을 알 수 있다.

仞

인 rèn

仞은 높이나 깊이를 측정하는 단위이다. 어원을 고찰하면, 仞은 '인(人)'과 발음이 같아서 의미가 통하는 동원(同源) 관계이다. 仞의 길이 단위가 사람의 키에서 유래되었고, 최초에는 사람의 키를 기준으로 삼았다. 키는 사람마다 차이는 있지만, 일반적으로 고대인의 키는 7척에서 8척 정도였다. 그러므로 仞의 실제 길이에 대해서는 의견이 분분하다.

毫 釐

호 háo 리 lí

중국 고대인들의 길이 개념은 대부분 인체를 기준으로 삼았다. 즉 '가까이는 몸에서 취하는[近取諸身]' 방법을 취했다. 또한 고대인들은 자연물을 기준으로 길이 단위를 측정하는 기준으로 삼았다. 주로 곡식이나 실 등을 기준으로 삼았다.

곡식을 기준으로 삼는 것은 주로 곡물의 알갱이 등을 길이의 단위로 삼고 있다. 『회남자(淮南子)』「천문훈(天文訓)」에 "추분 후에 벼 이삭의 까끄라기가 딱딱하게 여무는데, 이것이 여물면서 벼가 익는다. 율(律)의 수는 12개이므로, 12개 까끄라기는 1속(粟)이다. 12속(粟)이 1촌(寸)이다[秋分蔈定, 蔈定而禾熟. 律之數十二, 故十二蔈而當一粟, 十二粟而當一寸]"라는 기록이 있다. 여기서 '표(蔈)'는 벼 이삭의 까끄라기이며, '표(蔈)'은 껍질을 벗기지 않은 쌀인 낟알이다. 즉, 벼 이삭의 열두 개 까끄라기 길이의 합이 낟알 하나의 길이이다. 열두 알의 낟알을 하나씩 직선으로 배열하면 길이가 1촌(寸)이 된다. '표(蔈)'와 '속(粟)'은 매우 작아서 길이를 측정하는 기준으로 사용하면 사용이 편리하며 오차가 작아서 비교적 정확하다는 장점이 있다.

실을 기준으로 삼은 것은 잠사(蠶絲)와 모발을 길이의 단위로 삼은 것이다. 『손자산경(孫子算經)』 권상(卷上)에 "도(度)는 홀(忽)에서 기원한다. 홀(忽)이 무엇인지 알고 싶다면, 누에가 실을 토하면 홀(忽)이 된다. 10홀(忽)이 1사(絲)이며, 10사(絲)는 1호(毫)이며, 10호(毫)는 1리(釐)이며, 10리(釐)는 1분(分)이다[度之所起,起於忽. 欲知其忽, 蠶吐絲爲忽. 十忽爲一絲, 十絲爲一毫, 十毫爲一釐, 十釐爲一分]"라는 기록이 있다. 毫는 毛를 부수로 삼고, 본의(本義)는 조수(鳥獸) 몸의 길고 날카로운 털이다. '리(釐)'는 毛를 부수로 삼고, 본의(本義)는 '모우(牦牛)'나 '말의 신체에 난 긴 털'이다. 釐로도 쓰이며, 오늘날은 간화(簡化)되어 '리(厘)'로 쓴다. 즉, 10가닥의 잠사(蠶絲)를 하나씩 직선으로 배열하면 길이가 1사(絲)가 되고, 10사(絲)의 길이가 1호(毫)이며, 10호(毫)의 길이가 1리(厘)이고, 10리(厘)의 길이가 1분(分)이다.

5. 중량 명사와 용적 명사

중국 고대인들은 사물의 양을 계산할 때는 주로 '멀리는 다양한 물건에서 취하는[遠取諸物]' 방법을 채택한다. 이러한 방법은 크게 두 가지 있다. 하나는 곡식을 기준으로 삼는 것이고, 다른 하나는 기물(器物)을 기준으로 삼는 것이다.

곡식을 기준으로 삼는 것이 바로 곡물 알갱이를 계량 기준으로 삼는 것이다. 『회남자(淮南子)』「본경훈(本經訓)」에 "곡식 한 알의 무게를 기본 계량의 기준으로 삼는다. 12알의 무게는 1분(分)이며, 12분(分)은 1수(銖)이며, 12수(銖)은 반 량(兩)이다[其以爲量, 十二粟而當一分, 十二分而當一銖, 十二銖而當半兩]"라는 기록이 있다. 중국 고대인들은 또한 기장 한 알의 무게를 계량 기준으로 삼았다. 『손자산경(孫子算經)』 권상(卷上)에 "저울은 기장에서 기원한다. 기장 10알의 무게는 1류(絫)이며, 10류(絫)는 1수(銖)이며, 24수(銖)는 1량(兩)이며, 16량(兩)은 1근(斤)이다[稱之所起, 起於黍. 十黍爲一絫, 十絫爲一銖, 二十四銖爲一兩, 十六兩爲一斤]"라는 기록이 있다. 즉, 1근(斤)은 기장 38,400알의 무게이다.

중국 고대인들은 자연물을 질량 단위의 기준으로 삼았을 뿐만 아니라, 인공적으로 만든 기물을 질량 단위의 기준으로 삼았다.

吨

둔 dūn

吨은 원래 鐓로 썼다. 金을 부수로 삼고, 본의(本義)는 '모(矛)·극(戟) 등 고대 긴 병기 하단의 평평한 구리 덮개'이다. 나중에 '달구질용 망치'로 인신(引申)되었다. 『설문해자(說文解字)』에 "천근의 망치이다[一千斤椎]"라고 해석한다. 鐓은 무게가 무거웠기 때문에 점차 무거운 사물을 측정하는 단위가 되었다. 이외에 '균(鈞)'·'석(石)' 등도 고대의 상용 계량 단위이다. 1균(鈞)은 약 30근(斤)이며, 4균(鈞)은 1석(石)이다. 즉, 1석(石)은 120근(斤)이다.

勺

작 sháo

勺

勺의 소전체는 [illegible]이다. 외부 윤곽은 손잡이가 달린 숟가락을 나타내고, 가운데의 짧은 횡선은 숟가락에 담긴 물건을 나타낸다. 본의(本義)는 '물건을 뜨는 도구'이다. 나중에 정량의 勺을 만들어 계량기로 사용하였다. 계량 단위에서 1勺은 100분의 1리터이다. 『손자산경(孫子算經)』 권상(卷上)에서 "양(量)의 시작은 속(粟)에서 기원한다. 6속(粟)은 1규(圭)이며, 10규(圭)는 1촬(撮)이며, 10촬(撮)은 1초(抄)이며, 10초(抄)는 1작(勺)이며, 1작(勺)은 1합(合)이다[量之所起, 起於粟. 六粟爲一圭, 十圭爲一撮, 十撮爲一抄, 十抄爲一勺, 十勺爲一合]"라는 기록이 있다. 그중 비교적 작은 계량 단위는 좁쌀의 알갱이를 표준으로 한다. '규(圭)'는 좁쌀 6알이다. '촬(撮)'의 본의(本義)는 "손가락 세 개로 집다"이고, '초(抄)'의 본의(本義)는 "손바닥으로 물건을 모으다"이다. 여기서는 계량 단위로 사용되며 각각 좁쌀 60알과 600알에 해당한다. 이미 출토된 진한(秦漢)시대 계량기 위의 명문(銘文)과 실측상황으로 볼 때, 당시의 1승(升)은 지금의 200㎖ 정도이다. 즉, 1작(勺)이 2㎖ 정도이다.

合
합 hé

合

合의 갑골문은 이다. 아래 구건(構件)은 그릇을 나타내고, 위의 구건(構件)은 뚜껑을 나타낸다. 글자 전체는 그릇에 뚜껑을 덮은 모습이다. 合은 본래 소형의 상용 용기이다. 작은 사물을 계측하는 데 편리하기 때문에 계량기가 되었다. 1합(合)의 용적은 약 20㎤로 오리알 1개와 맞먹는 크기이다.

斗 升
두 dòu 승 shēng

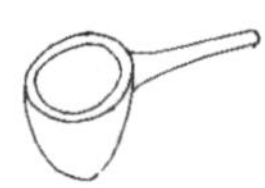
斗

斗의 금문(金文)은 이며, 升의 금문(金文)은 이다. 는 고대의 계량기 斗의 모양을 나타낸다. 위쪽은 계량기의 주체 부분이고, 아래는 손잡이다. 升의 금문(金文) 은 와 유사하다. 다만 점을 하나 추가하였을 뿐이다. 斗와 升은 모두 고대에 가장 상용하던 계량기이다. 10합(合)은 1승(升)이고, 10승(升)은 1두(斗)이다. 즉, 1승(升)의 용적은 1,000㎤이며, 1두(斗)는 10,000㎤이다. '곡(斛)'도 斗를 부수로 삼으며, 본의(本義)는 계량기이다. 『설문해자(說文解字)』에 "곡(斛)은 10두(斗)이다[斛, 十斗也]"라고 해석한다. 남송(南宋)시대 이후에는 5斗가 1곡(斛)으로 바뀌었다.

기물(器物)에서 발전한 계량의 명칭에는 '두(豆)', '부(釜)', '종(鐘)', '부(缶)' 등이 있다. 여기서는 일일이 열거하지 않는다.

9장

한자에서 인체까지:
고대인이 인식한 인체

중국 고대인들이 한자를 만들 때, '가까이는 여러 몸에서 취하는[近取諸身]' 방법은 매우 자주 사용하던 방법이다. 그러므로 인체 부위를 나타내는 고문자가 많다. 예를 들면, '이(耳)'·'목(目)'·'구(口)'·'자(自)'·'수(首)'·'우(又)'·'지(止)' 등의 한자는 사람의 귀·눈·입·코·머리·오른손·발의 모양을 나타내는 것이다. 중국 고대인들은 자신의 신체 부분에 대해 비교적 명확하게 인식하였고, 한자를 만드는 근거로 삼았을 뿐만아니라 질병과 치료법에 대한 인식도 가지고 있었다. 본 장에서는 '질(疾)'과 '병(病)' 두 글자의 고문자형에서 시작하여 자형에 포함된 풍부한 문화적 함의를 분석한다. 아울러 고대 의료분야에서 '무술과 의술이 같은 기원을 가지고 있음[巫醫同源]'과 약물·침술 등 몇 가지 분야에 대해 간단히 소개한다.

1. 한자와 인체

머리

首　頁

수 shǒu　혈 yè

首의 갑골문 는 사람의 머리를 나타낸다. 위쪽은 머리카락이며, 아래는 얼굴이다. 얼굴에서 눈을 돋보이게 부각한다. 금문(金文)은 이고, 소전체는 로 변하였다. 首의 본의(本義)는 머리이다. 頁의 본의(本義)도 머리이다. 頁의 갑골문은 이고, 사람이 무릎을 꿇고 앉아 있는 것을 나타낸다. 머리가 두드러지게 부각되어 있다. 금문(金文)은 이고, 소전체는 로 변하였다.

안면 기관

面

면 miàn

面의 갑골문은 이다. 소전체는 이고, 사람의 얼굴을 나타낸다. 외곽은 얼굴의 윤곽을 나타내고, 안쪽 부분은 눈을 나타낸다. 눈을 강조한 것은 사람의 이목구비에서 가장 눈에 띄는 것이 눈이기 때문이다. 面의 본의(本義)는 얼굴, 즉 전체 안면이다. 오늘날 얼굴을 의미하는 '검(臉)'의 본의(本義)는 양쪽 볼이다.

두목(杜牧)의 「동짓날 어린 조카 아의에게 보내는 시(冬至日寄小侄阿宜詩)」의 "머리는 둥글고 근육과 뼈는 튼튼하며, 양쪽 볼은 밝고 빛난다[頭圓筋骨緊, 兩臉明且光]"라는 시구에서 '양검(兩臉)'은 양쪽 볼을 의미한다. '검(臉)'은 나중에 전체 안면을 나타내는 의미로 인신(引申)되어 상용의(常用義)가 되었다.

目
목 mù

目의 갑골문 혹은 은 눈을 나타낸다. 나중에 으로 변하였고, 소전체는 으로 변하였다. 目의 본의(本義)는 눈이다. 예를 들면, '目不轉睛'은 '눈 한 번 깜빡하지 않고 보다'의 의미이다.

自
자 zì

自의 갑골문 는 코를 나타낸다. 소전체에서는 로 변하였다. 自의 본의(本義)는 코이다. 自를 부수로 삼는 한자의 본의(本義)는 코와 관련이 있다. 예를 들면, 鼻의 본의(本義)는 코이다. '취(臭)'의 본의(本義)는 '코로 냄새를 분별하다'이고, 息의 본의(本義)는 '호흡'이며, 코와 관련이 있다.

耳
이 ěr

耳의 갑골문 혹은 는 귀를 나타낸다. 금문(金文)은 이고, 소전체는 이다. 본의(本義)는 '귀'이다. 耳를 부수로 삼는 한자의 본의(本義)는 귀와 일정한 관련이 있다. 예를 들면, '농(聾)'·'총(聰)'·'용(聳)'·'탐(耽)'의 본의(本義)는 귀와 관련된 형용사이다. '문(聞)'·'령(聆)'·'료(聊)'·'섭(聶)'의 본의(本義)는 귀와 관련된 동사이다.

口
구 kǒu

口의 갑골문은 ㅂ이고, 금문(金文)은 ㅂ이며, 소전체는 ㅂ이다. 입을 벌린 모양을 나타낸다. 口를 부수로 삼는 한자의 본의(本義)는 입과 관련이 있다. 예를 들면, '설(舌)'의 갑골문은 이며, 금문(金文)은 이다. 벌어진 입으로 혀를 내미는 모양을 나타낸다. 혀는 끝이 갈라져 있는 뱀의 혀를 나타낸다. '설(舌)'의 본의(本義)는 혀이다. '순(脣)'의 『설문해자(說文解字)』에 수록된 고문(古文)은 이며, 頁로 구성되며, 辰이 성부(聲符)이다. 소전체 는 肉으로 구성되며, 辰이 성부(聲符)이다. '진(辰)'은 발음을 표기하는 기능뿐만 아니라 의미를 표기하는 기능도 겸하고 있다. '진(辰)'의 갑골문 혹은 은 무명조개가 껍데기에서 나오는 모양을 나타낸다. 본의(本義)는 '무명조개'이다. 무명조개의 껍데기가 닫혔다가 열리다가 하는 모습은 사람의 입술과 유사하다. 그러므로 '진(辰)'은 발음도 표기하고 의미도 나타낸다. 입술(脣)은 입에 붙어있기 때문에, 해서(楷書)에서는 口와 辰으로 구성된 唇으로 변하였다.

齒 牙
치 chǐ 아 yá

齒의 갑골문 는 입을 벌리고 이를 드러내는 것을 나타낸다. 드러난 치아는 입술 뒤에 있는 앞니이다. 그러므로 齒의 본의(本義)는 앞니이다. '웃어도 앞니를 드러내지 않음[笑不露齒]'·'입술이 없으면 앞니가 시리다[脣亡齒寒]'의 齒는 앞니를 가리킨다. 牙의 소전체는 이며, 『설문해자(說文解字)』에서 "큰 이이다[牡齒也]"

라고 해석한다. 즉 뒤의 어금니이다. 중국의 고대 음운학(音韻學)에서는 성모(聲母)를 발음 부위에 따라 '순(脣)'·'치(齒)'·'설(舌)'·'아(牙)'·'후(喉)'의 오음(五音)으로 구분하였다. 그 중 '치음(齒音)'과 '아음(牙音)'은 현대 한어(漢語)에서 각각 '설첨음(舌尖音)'과 '설근음(舌根音)'이라 한다. 이것은 齒와 牙가 고대한어에서 의미가 다르다는 것을 나타낸다. 언어의 발전에 따라, 齒와 牙는 병렬식 합성어 '아치(牙齒)'로 조합되었고, 齒와 牙의 의미가 점차 혼동된다. '아고(牙膏: 치약)', '아쇄(牙刷: 칫솔)', '발아(拔牙: 발치하다)', '양아(鑲牙: 의치)', '건치(健齒)', '우치(齲齒: 충치)' 등의 단어에서는 앞니와 어금니 뿐만아니라 모든 치아를 가리키게 되었다.

須

수 xū

須의 금문(金文) 는 사람 얼굴에 수염이 난 것을 나타낸다. 나중에 '수(鬚)'로 썼다. 본의(本義)는 '수염'이다. 나중에 '동식물이나 기타 물체에 있는 수염 모양의 사물'로 인신(引申)되었다. 예를 들면, '근수(根須: 수염뿌리)', '화수(花須: 꽃술)'·'촉수(觸須)' 등이다.

眉

미 méi

眉의 갑골문은 이고, 금문(金文)은 이다. 目으로 구성되고, 目의 위쪽 구건(構件)은 눈썹을 나타낸다. 본의(本義)는 눈썹이다. 소전체는 이다.

목

領 頸 項

령 lǐng 경 gěng 항 xiàng

領, 頸, 項은 모두 頁을 부수로 삼는다. 頁의 본의(本義)는 머리이다. 그러므로 領, 頸, 項의 본의(本義)도 사람 머리와 관련이 있다. 領의 본의(本義)는 목이며, 목 전체를 가리킨다. 『시경(詩經)』「위풍(魏風)」「석인(碩人)」의 "목이 나무굼벵이와 같다[領如蝤蠐]"라는 시구에서 여자의 목이 희고 긴 특징을 구체적으로 묘사하였다. 옷에서 목을 감싸는 옷깃을 '의령(衣領)'이라고 한다. 상의를 집어 드는 가장 좋은 방법은 옷깃을 거머쥐는 것이다. 그러므로 '그물 벼리를 잡고 옷깃을 거머쥐다[提綱挈領]'라는 성어가 생겼고, 나아가 '강령(綱領)'이라는 말이 생겼다. 頸과 項의 본의(本義)도 목이지만, 頸은 주로 목의 앞부분을 가리키며, 項은 목의 뒷부분을 가리킨다. 성어 '망기항배(望其項背)'[28] 중의 項이 목의 뒷부분을 가리킨다.

신체 몸통 부위

身 背 脊 腰 腹 腋

신 shēn 배 bèi 척 jǐ 요 yāo 복 fù 액 yè

身의 갑골문은 이고, 금문(金文)은 이다. 사람의 복부가 튀어나온 모습을 나타내며, 본의(本義)는 '임신'·'태아'이다. 예를 들면, '懷身子[임신하다]' 등의 단어가 있다. 『시경(詩經)』「대아(大

28) [역주] 망기항배(望其項背): 등과 목덜미를 본다는 뜻으로 '거의 따라잡았다'는 의미를 나타낸다. 주로 부정문에서 쓴다.

雅)」「대명(大明)」에 “태임(大任)이 임신하여, 아이를 낳았으니 바로 주문왕이다[大任有身, 生此文王]”라는 시구가 있다. 후에 신체를 가리키는 것으로 인신(引申)되었다.

背의 갑골문은 이다. 두 사람이 등을 맞대고 있는 모습을 나타내고, 본의(本義)는 어깨에서 허리까지의 ‘등줄기’이다.

사람의 등 가운데 있는 등줄기를 나타내는 상형자(象形字)가 두 개 있다. 하나는 ‘려(呂)’이다. 소전체 는 척추뼈가 위아래로 연결된 모습을 나타낸다. 다른 하나는 이다. 중앙 척추뼈와 양쪽 갈비뼈, 그리고 아래쪽 가로선이 허리를 나타낸다.

‘요(要)’의 금문(金文)은 이다. 『설문해자(說文解字)』에 고문(古文) 와 소전체 를 수록하고 있다. 가운데 부분은 사람의 형태이고, 양쪽 부분은 양손을 허리에 댄 모습일 나타낸다. 이 한자의 본의(本義)는 ‘허리’이다. 나중에 표의구건(表義構件) ‘肉’을 덧붙여 ‘요(腰)’를 만들어 사용했다. ‘허리’는 인체의 중간에 있는 중요한 부분이므로 ‘주요 내용’이라는 의미를 나타낸다. 예를 들면, ‘요점(摘要)’·‘요점(綱要)’·‘요점(扼要)’ 등이다. 또한 ‘중요하다’라는 의미로 인신(引申)되었다. 예를 들면, ‘요사(要事: 중요한 일)’, ‘요직(要職: 중요한 직책)’, ‘요긴(要緊: 중요하다)’ 등이다.

腹의 금문(金文)은 이다. 人으로 구성되고, 復가 성부(聲符)이다. 소전체와 해서(楷書)는 肉으로 구성되고, 復가 성부(聲符)이다. 본의(本義)는 갈비 아래의 ‘복부’이다.

腋의 갑골문은 이며, 금문(金文)은 이다. 소전체는 이고, 해서(楷書)는 亦으로 쓴다. 사람의 두 팔 아래에 점 하나를 찍어 겨드랑이 부분을 표시한다. 본의(本義)는 ‘겨드랑이’이다. 이후에 ‘겨드랑이’의 의미는 腋으로 쓴다.

내장(內臟)

臟 腑 心 胃

장 zàng　부 fǔ　심 xīn　위 wèi

臟은 肉으로 구성되고, 藏이 성부(聲符)이다. 중의학(中醫學)에서 '심장'·'간'·'비장'·'폐'·'신장'을 내장이라고 한다. 내장은 체내 속에 숨어있기 때문에, 藏은 표의(表意)의 기능도 겸한다.

腑의 표음구건(表音構件) 府도 표의(表意)의 기능을 겸한다. 府의 본의(本義)는 '문서를 보관하는 곳'이다. 인체의 육부(六腑: 위·대장·소장·삼초(三焦)·방광·쓸개)도 음식물을 보관하는 곳이므로, 府는 의미를 표시하는 기능을 겸하고 있다.

心의 금문(金文)은  혹은 이며, 소전체는 이다. 심장의 단면을 나타낸다. 중국 고대인들은 심장 구조를 정확하게 알고 있었고, 이 지식이 한자에 반영되었다. 중국 고대인들은 심장을 인간 사유(思惟)를 담당하는 기관으로 여겼다. 그러므로 본의(本義)가 사유(思惟)나 심리 활동과 관련이 있는 한자는 대부분 心을 부수로 삼았다. 예를 들면, '사(思)'·'상(想)'·'우(愚)'·'혜(慧)' 등이다. '心靈手巧[영리한 데다 손재주도 있음]'·'心領神會[마음 속으로 깨닫고 이해함]'·'心急如火[마음이 불타는 듯 초조함]'·'憂心如焚[근심 걱정으로 애가 탐]' 등의 성어에서도 심장을 사유기관으로 간주한 관념을 엿볼 수 있다. 중국에 '비간부심(比干剖心: 비간의 심장을 해부하다)'에 관한 이야기가 전해온다. 비간(比干)은 상(商)나라의 왕 태정(太丁)의 아들이고, 어려서부터 총명하고 근면하며 학문을 좋아하였다. 스무 살에는 태사(太師)의 지위에 올라 군주인 제을(帝乙)을 보좌하였고, 어린 임금을 보좌하라는 명을 받고 제신(帝辛: 상(商)나라 주왕(紂王))을 보좌하였다. 40년 이상 관직을 지내며,

세금과 부역을 줄이고 농업과 축산의 발전을 장려하며, 제련(製鍊)과 주조(鑄造)를 제창하고 부국강병(富國强兵)을 옹호하였다. 상(商)나라 주왕(紂王)은 포악하고 가렴주구(苛斂誅求)하였다. 비간(比干)은 "주상에게 잘못이 있는데 간언하지 않으면 충신이라 할 수 없고, 죽음이 두려워 간언하지 않으면 용감하다고 할 수 없다. 주상께 잘못이 있으나 신하의 권고가 받아들여지지 않으면 목숨을 바치는 것이 충정의 표현이다"고 말했다. 그리고 적성루(摘星樓)에 가서 사흘 동안 간언하며 떠나지 않았다. 주왕(紂王)이 비간(比干)에게 왜 이러냐고 묻자, 비간(比干)은 "인(仁)과 의(義)를 지키고자 함이다"고 하였다. 주왕(紂王)은 크게 노하여, "성인의 심장에는 일곱 개의 구멍이 있다고 들었는데, 과연 그러할까?"라고 하며, 비간(比干)을 죽이고 그의 심장을 잘랐다.

'비간부심(比干剖心)'에 관한 다른 이야기도 있다. 비간(比干)은 달기(妲己: 주왕의 총비)에게 미움을 샀다. 달기가 주왕에게 "저의 명치가 아픕니다. 일곱 개의 구멍이 있는 영롱한 심장으로 이 병을 고칠 수 있다고 합니다"라고 하며, 비간(比干)이 이런 심장을 가지고 있다고 했다. 이에 주왕(紂王)이 비간(比干)을 죽여서 그 심장을 달기에게 주었다는 이야기이다.

胃의 소전체는 이다. 위쪽 구건(構件)은 위장을 나타내고, 중간의 여러 개의 점은 위장 속의 음식물을 나타낸다. 아래쪽 구건(構件)은 肉이다. 본의(本義)는 인간과 동물의 '위장'이다.

사지(四肢)

앞쪽에서도 서술한 바와 같이, '지(支)'를 성부(聲符)로 삼는 한자의 의미에는 '갈라짐'의 특징을 가진다. 예를 들면, '지(枝)'는 나무의 본 줄기에서 갈라져 나온 곁가지이다. '기(歧)'는 큰길에서 갈라진 샛길이다. 마찬가지로 '지(肢)'는 인간의 몸통에서 분리된 신체부분이며, 상체와 하체로 나눈다.

1) 상체(上體)

手　又　寸　肱

수 shǒu　우 yòu　촌 cùn　굉 gōng

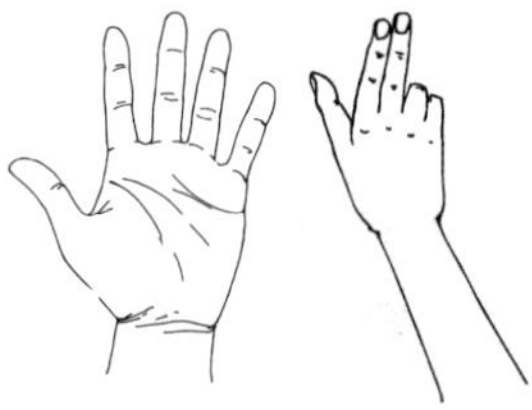

손은 인체에서 가장 중요한 노동 기관이다. 그러므로 고문자에 손을 표현한 구건(構件)으로 구성된 한자가 많다. 갑골문 는 왼손을 나타낸다. 又의 갑골문은 이며, 금문(金文)은 이고, 소전체는 이다. 이 글자는 오른손을 나타낸다. 고대에 3이라는 숫자가 '많다'의 의미였기 때문에, 이 글자에서는 다섯 손가락을 세 개의 선으로 표시한다. 물론 다섯 손가락을 모두 그린 글자도 있다. 手의 금문(金文)은 이며, 소전체는 이다. 다섯 손가락과 손바닥을 표현하여 '손'을 의미한다.

손바닥 아래 1촌(寸) 정도 내려가면 '촌구(寸口: 맥박이 뛰는 곳)'가 있다. 寸의 소전체는 이며, 又와 一의 두 구건(構件)으로 구성된다. 又는 손의 모양을 나타내고, 一은 '촌구(寸口)'의 위치를 가리키는 지사(指事) 부호이다. 『설문해자(說文解字)』에 "촌(寸)은 10분(分)이다. 사람의 손바닥에서 아래로 1촌(寸) 내려가서 맥박이 강하게 뛰는 곳이 촌구이다[寸, 十分也. 人手卻一寸動脈謂之寸口]"라고 해석한다. 1寸은 촌구(寸口)부터 손목까지의 거리이다. 寸의 길이가 인체를 기준으로 정해졌음을 알 수 있다. 구건(構件) 寸은 구건(構件) 又의 변이(變異)이다. 예를 들면, 본의(本義)가 동사인 '대(對)'·'사(寺)'·'도(導)'·'봉(封)'·'내(耐)'·'욕(辱)'·'사(射)'·'위(尉)'·'존(尊)'와 본의(本義)가 명사인 '심(尋)'·'장(將)', 본의(本義)가 형용사인 '수(壽)' 등이다.

肱의 정전(正篆)은 이고, 고문(古文)은 이다. 『설문해자(說文解字)』에서 '팔 위쪽이다. 又로 이루어진다. 고문(古文)의 형태를 따른다. 은 고문 厷이다. 형태를 그린 것이다[臂上也. 從又, 從古文. , 古文厷, 象形]'라고 해석한다. 나중에 표의구건(表意構件) 肉을 덧붙여 로 쓰였다. 肱의 본의(本義)는 '위쪽 팔뚝'이다. 예를 들면, '굉고(肱股)'은 '팔뚝과 허벅지'를 가리키고, 보좌를 능한 신하를 비유한다. '팔 전체'라는 의미로 인신(引申)되었다. 예를 들면, '곡굉이침(曲肱而枕: 팔을 굽혀서 베다)'의 肱은 팔뚝이 아닌 '전체 팔'을 가리킨다.

2) 하체(下體)

止 足 脛 胯

지 zhǐ 족 zú 경 jìng 과 kuà

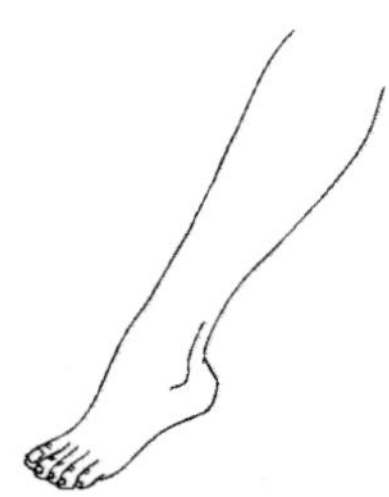

止의 갑골문은 이며, 사람의 발을 나타낸다. 위쪽 세 갈래 선이 발가락을 나타낸다. 3으로 '많음'을 표시한다. 아래 부분은 발바닥이다. 이 한자의 본의(本義)는 '발'이다. 止를 부수로 삼는 한자의 구조의미는 대부분 발과 관계가 있다. 예를 들면, '보(步)'의 갑골문은 이고, 서주(西周) 금문(金文)은 이며, 걸을 때 좌우 두 발이 앞뒤로 내딛는 것을 나타낸다. '무(武)'의 갑골문은 이고, 止와 戈의 두 구건(構件)으로 구성된다. 止는 발을 나타내고, 戈는 무기이며,

한자의 전체 형태는 '무기를 들고 전쟁하러 간다'의 의미를 표현하고 있다.

足의 갑골문은 이고, 종아리와 발이 맞닿아 있는 것을 나타낸다. 본의(本義)는 '하체(下體)'이며, 또한 '발목뼈 아랫부분'을 가리킨다. 금문(金文)은 이며, 소전체는 이다. 足을 부수로 삼는 한자의 본의(本義)는 대부분 발과 관련이 있다. 예를 들면, '종(踵)'의 본의(本義)는 발꿈치이다. '마견접종(摩肩接踵)'이라는 성어의 의미는 사람들의 어깨끼리 부딪히고 발끝이 다른 사람의 발뒤꿈치에 닿을 정도로 '사람이 많고 붐비다'는 것을 나타낸다.

脛은 肉으로 구성되며, 巠이 성부(聲符)이다. '경(巠)'의 서주(西周) 금문(金文)은 이다. 아랫부분이 베틀의 선반을 나타내고, 윗부분은 베틀의 세로줄을 나타낸다. 본의(本義)는 '베틀의 세로줄'이다. 베틀의 세로줄은 곧고 가늘고 긴 특징을 가지고 있다. 따라서 '경(巠)'을 성부(聲符)로 삼은 한자는 대부분 '곧고 가늘고 길다'는 특징을 가지고 있다. 예를 들면, 『설문해자(說文解字)』에서 '경(莖)'을 "식물의 줄기이다[枝柱也]"라고 해석한다. 식물의 줄기는 곧고 가늘고 긴 특징을 가진다. '경(脛)'의 본의(本義)는 '다리의 아랫부분'이며, 곧고 가늘고 긴 특징을 가지고 있다. 『설문해자(說文解字)』에서 '경(徑)'을 "걷는 길이다[步道也]"라고 해석한다. 서개(徐鍇)는 "차가 다닐 수 없으므로 보도(步道)라고 한다[道不容車, 故曰步道]"라고 주를 달았다. '경(徑)'은 비교적 좁고 질러가는 길인데 곧고 가늘고 긴 특징을 가지고 있다. 『설문해자(說文解字)』에서 '경(頸)'을 "목이다[頭莖也]"라고 해석한다. 목은 위쪽의 머리와 아래쪽의 어깨보다 곧고 가늘고 긴 특징이 있다.

胯의 소전체는 이다. 『설문해자(說文解字)』에서 "넓적다리이다. 肉으로 구성되고, 夸는 성부(聲符)이다[股也. 從肉夸聲]"라고 해석한다. 성부(聲符) 夸는 의미를 나타내는 기능을 겸하고 있다. '과(夸)'의 갑골문은 이고, 두 다리를 벌린 모습을 나타낸다. 胯은 하체와 몸통이 연결되는 곳이며, 하체의 시작점이라고도 할 수 있다. 그러므로 夸는 의미를 표시하는 기능을 겸하고 있다.

2. 질병

疾 病

질 jí　　병 bìng

疾의 갑골문은 이며, 화살촉이 겨드랑이를 향해 쏜 모양을 나타낸다. 본의(本義)는 '창병(創病: 찔려서 다침)'이다. 화살을 쏘면 상대방을 빠르게 상처입히기 때문에, 疾은 '신속함과 빠름'의 의미가 있다. 예를 들면, '질치(疾馳)' 등이다. 또한 '힘세다'·'맹렬하다'의 의미로 인신(引申)되었다. 예를 들면, '대성질호(大聲疾呼: 큰 소리로 외침)'·'질풍지경초(疾風知勁草: 거센 바람이 불어봐야 어느 풀이 억센지 알 수 있음)' 등에서의 疾이 이러한 의미이다.

病의 갑골문은  혹은 이다. 병든 사람이 침대에 누워 있는 것을 나타낸다. 에 나타난 몇 개의 점은 땀을 나타낸다. 이 한자는 '병이 나다'의 의미이다.

한자의 형태를 보면 疾은 외상(外傷)을 나타낸다. 외상은 비교적 쉽게 치유된다. 그러므로 疾은 가벼운 병을 의미할 때도 쓰인다. 病은 내과 질환이다. 내과 질환은 상대적으로 진단과 완치가 쉽지 않다. 그러므로 고대 문헌에서 病은 중병(重病)을 가리킨다. 예를 들면, 편작(扁鵲)이 채환공(蔡桓公)을 만났을 때, 편작은 처음에는 "주상의 병은 피부에 있습니다[君之疾在腠理]"라고 하였다. 채환공(蔡桓公)의 병이 깊어지자 편작은 "주상의 병은 골수에 있다[君之病在骨髓]"라고 하였다. 이것은 두 단어의 의미 차이를 명확하게 보여준다. 나중에 疾과 病은 쌍음절(雙音節) 합성어 '질병(疾病)'으로 합쳐져서 모든 질병을 포괄적으로 나타내었다.

요컨대, 고대 한어(漢語)에서 疾과 病은 두 개의 단어이며, 차이점은 병의 경중(輕重)에 있다. 현대 한어(漢語)에서는 '질병(疾病)'이 하나의 합성어로 발전되었다.

참고문헌

단행본 :

于省吾,『甲骨文字詁林』, 北京, 中華書局, 1996.

王鳳陽,『漢字學』, 長春, 吉林文史出版社, 1989.

王寧,『漢字構形學講座』, 上海, 上海教育出版社, 2002.

王寧,『說文解字與漢字學』, 鄭州, 河南人民出版社, 1994.

王作新,『漢字結構系統與傳統思維方式』, 武漢, 武漢出版社, 1999.

王筠,『說文釋例』, 北京, 中華書局, 1987.

劉又辛·方有國,『漢字發展史綱要』, 北京, 中國大百科全書出版社, 2000.

劉志成,『文化文字學』, 成都, 巴蜀書社, 2003.

劉志基,『漢字與古代人生風俗』, 上海, 華東師範大學出版社, 1995.

江林昌,『夏商周文明新探』, 杭州, 浙江人民出版社, 2001.

湯可敬,『說文解字今釋』, 長沙, 嶽麓書社, 2001.

許愼,『說文解字』, 北京, 中華書局, 1996.

杜耀西·黎家芳·宋兆麟,『中國原始社會史』, 北京, 文物出版社, 1983.

李運富,『漢字構形原理與中小學漢字教學』, 長春, 長春出版社, 2001.

李運富,『楚國簡帛文字構形系統研究』, 長沙, 嶽麓書社, 1997.

李炳海,『部族文化與先秦文學』, 北京, 高等教育出版社, 1995.

李圃,『古文字詁林』, 上海, 上海教育出版社, 2003.

李圃,『甲骨文文字學』, 上海, 學林出版社, 1996.

何九盈,『漢字文化學』, 瀋陽, 遼寧人民出版社, 2000.

宋兆麟,『巫現——人與鬼神之間』, 北京, 學苑出版社, 2001.

張玉金,『當代中國文字學』, 廣州, 廣東教育出版社, 2000.

張光直,『中國青銅時代』, 北京, 三聯書店, 1999.

張遠,『漢字字義的演變』, 福州, 福建教育出版社, 1996.
張素鳳,『古漢字結構變化研究』, 北京, 中華書局, 2008.
張素鳳,『一本書讀懂漢字』, 北京, 中華書局, 2012.
張素鳳,『漢字結構演變史』, 上海, 上海古籍出版社, 2012.
張舜徽,『說文解字約注』, 鄭州, 中州書畫社, 1983.
陸宗達,『說文解字通論』, 北京, 北京出版社, 1981.
季旭昇,『說文新證』, 福州, 福建人民出版社, 2010.
趙平安,『隸變研究』, 保定, 河北大學出版社, 1993.
趙平安,『說文秦篆研究』, 南寧, 廣西教育出版社, 1999.
趙誠,『二十世紀甲骨文研究述要』, 太原, 書海出版社, 2006.
趙誠,『甲骨文與商代文化』, 瀋陽, 遼寧人民出版社, 2000.
趙誠,『甲骨文字學綱要』, 北京, 商務印書館, 1993.
段玉裁,『說文解字注』, 上海, 上海古籍出版社, 1981.
姜亮夫,『古文字學』, 杭州, 浙江人民出版社, 1984.
姚孝遂,『許慎與說文解字』, 北京, 中華書局, 1983.
夏祿,『文字學概論』, 北京, 線裝書局, 2009.
徐中舒,『甲骨文字典』, 成都, 四川辭書出版社, 1990.
徐中舒,『漢語古文字字形表』, 成都, 四川人民出版社, 1981.
徐复·宋文民,『「說文」五百四十部首正解』, 南京, 江蘇古籍出版社, 2003.
高亨,『文字形義學概論』, 濟南, 齊魯書社, 1981.
高明,『中國古文字學通論』北京, 北京大學出版社, 1996.
唐蘭,『中國文字學』, 上海, 上海古籍出版社, 2001.
唐蘭,『古文字學導論』, 濟南, 齊魯書社, 1981.
黃侃,『文字音韻訓詁筆記』, 上海, 上海古籍出版社, 1983.
黃德寬,『古文字譜系疏證』, 北京, 商務印書館, 2007.

黃德寬,『漢字理論叢稿』, 北京, 商務印書館, 2007.
黃德寬·常森,『漢字闡釋與文化傳統』, 合肥, 中國科學技術大學出版社, 1995.
淳于懷春,『漢字形體演變概論』, 瀋陽, 遼寧大學出版社, 1989.
梁東漢,『漢字的結構及其流變』, 上海, 上海教育出版社, 1991.
葛本儀·王玉新,『漢字認知研究』, 濟南, 山東大學出版社, 2000.
董蓮池,『說文部首形義新證』, 北京, 作家出版社, 2007.
董蓮池,『說文解字考正』, 北京, 作家出版社, 2005.
蔣紹愚,『漢語詞彙語法史論文集』, 北京, 商務印書館, 2001.
蔣善國,『漢字學』, 上海, 上海教育出版社, 1987.
裘錫圭,『漢字學概要』, 商務印書館, 1988.
雷漢卿,『「說文」“示部”字與神靈祭祀考』, 成都, 巴蜀書社, 2000.
詹鄞鑫,『漢字說略』, 瀋陽, 遼寧教育出版社, 1991.
詹鄞鑫,『神靈與祭祀』, 南京, 江蘇古籍出版社, 1992.
(미국) 루이스 헨리 모건,『古代社會(Ancient Society)』, 北京, 三聯書店, 1978.
潘鈞,『現代漢字問題研究』, 昆明, 雲南大學出版社, 2004.
陳婷珠,『殷商甲骨文字形系統再研究』, 上海, 上海人民出版社, 2010.
黃文傑,『秦至漢初簡帛文字研究』, 北京, 商務印書館, 2008.

단편논문 :

王立軍,「漢字形體變異與構形理據的相互影響」,『語言研究』 권3, 2004.
王寧,「系統論與漢字構形學的創建」,『暨南學報』 권2, 2000.
王貴元,「漢字形體演化的動因與機制」,『語文研究』 권3, 2010.

王貴元,「漢字構形系統及其發展階段」,『中國人民大學學報』 권1, 1999.

齊元濤,「『說文』小篆構形系統相關資料的電腦測查」,『古漢語研究』 권1, 1996.

李運富,「從楚文字的構形系統看戰國文字在漢字發展史上的地位」,『徐州師範大學學報』 권3, 1997.

李運富,「漢字的形體演變與整理規範」,『語文建設』 권3, 1997.

李運富,「論漢字職能的變化」,『古漢語研究』 권4, 2001.

李運富,「漢字語用學論綱」,『勵耘學刊(語言卷)』 권1, 2005.

李運富,「論漢字的記錄職能(上、下)」,『徐州師範大學學報』 권1, 권2, 2003

李運富,「論漢字的字際關係」,『語言』, 2002.

李運富,「論漢字結構的演變」,『河北大學學報』 권2, 2007.

李孝定, 「從六書的觀點看甲骨文」,『漢字的起源與演變論叢』 권6, 1986.

張雲豔,「現代漢字的結構類型」,『山西大同大學學報』 권5, 2008.

張素鳳,「"王"字的文化蘊涵」,『中華活頁文選』 권9, 2005.

張素鳳,「漢字演變中的理據重構現象」,『河北學刊』 권4, 2008.

張素鳳,「"孟"字的文化意蘊」,『文史知識』 권4, 2006.

張素鳳,「"美""尾"與遠古服飾審美的演變」,『漢字文化』 권3, 2005.

張素鳳,「談古漢字構形變化規律」,『河北學刊』 권2, 2007.

張素鳳,「談記錄職能對漢字形體結構的影響」,『河北師範大學學報』 권3, 2009.

張素鳳,「釋"帚"」,『中原文物』 권2, 2007.

楊洲·張素鳳,「孔子"仁""聖"思想內涵及其關係探析」,『河北大學學報』 권5, 2009.

張素鳳·張學鵬, 「甲骨文中從“帚”之字考釋」,『中原文物』 권6, 2007.
張曉明, 「二十世紀漢字字形結構研究」, 『語言教學與研究』 권5, 2004.
陳煒湛, 「甲骨文異字同形例」, 『古文字研究』제6집, 1981.
周有光, 「文字演進的一般規律」, 『中國語文』 권7, 1957.
鄭振峰, 「論甲骨文字構形系統的特點及其演變」, 『語言研究』 권3, 2004
孟華, 「漢字兩書論」, 『東方論壇』 권5, 2006.
趙學清, 「戰國東方五國文字的構形系統研究」, 『聊城師範學院學報』 권5, 2001.
趙誠, 「古文字發展過程中的內部調整」, 『古文字研究』 제10집, 1983.
姚萱, 「殷墟花園莊東地甲骨卜辭考釋(三篇)」, 『古漢語研究』 권2, 2006.
黃天樹, 「論漢字結構之新框架」, 『南昌大學學報』 권1, 2009.
黃德寬, 「漢字構形方式.一個歷時態演進的系統」, 『安徽大學學報』 권3, 1994.
黃德寬, 「漢字構形方式的動態分析」, 『安徽大學學報』 권4, 2003.
曾憲通, 「說繇」, 『古文字研究』 제10집, 1983.
郭偉, 「『說文解字』形變字研究」, 蘇州大學 碩士論文,2003.

찾아보기

ㄱ

枷가 126
家가 42, 81
街가 225
嫁가 89
豭가 82, 263
各각 210
榷각 223
干간 237, 252
褐갈 167
甲갑 255
羌강 104
康강 126
介개 255
車거 229
巾건 160
劍검 240
鬲격 196
玦결 141
京경 215
徑경 226
脛경 298
卿경 28
頸경 293
黥경 261
笄계 153
姑고 78
高고 215
褲고 171
衮곤 168
髡곤 266
褌곤 173
工공 32
烄교 64
橋교 223
轎교 232
戈과 247
夸과 172, 300
胯과 298
郭곽 216
冠관 153, 157
盥관 97
幗괵 157
觥굉 205
口구 291
灸구 134, 137
馗구 225
舅구 78
裘구 166
屨구 174
衢구 225
國국 42, 216
君군 21
軍군 219
弓궁 249
宮궁 212
宮刑궁형 263
簋궤 200
鬼귀 70
圭규 144
屐극 176
斤근 238
禽금 102
歧기 225
棄기 85

ㄴ

男남 33
耐내 266
年년 274
碾년 127
農농 115

ㄷ

旦단 277
堂당 213
大辟대벽 264
帶대 169
刀도 240
堵도 217
道도 224
稻도 183
軘돈 232
冬동 276
豆두 200
斗두 285
吨둔 284

ㄹ

羅라 102
烙락 194
梁량 223
輬량 231
糧량 187
呂려 294
力력 33, 116
輦련 229
令령 31
領령 293
靈령 138
隷례 35
禮례 59, 69, 138
醴례 182
輅로 229
耒뢰 116
牢뢰 62, 110
壘루 219
廩름 128
陵릉 95
利리 124
里리 48
理리 140
犁리 112, 113
履리 175, 222

釐리 282
離리 102

ㅁ

磨마 127
襪말 178
望망 277
埋매 67
媒매 89
陌맥 226
麥맥 183
孟맹 63
宀면 211
面면 289
冕면 157
矛모 247
牡모 112
冒모 161
帽모 161
瑁모 144
暮모 277
目목 290
牧목 30
墓묘 93
戊무 239
武무 256, 298
門문 213
米미 187
尾미 104
眉미 292
美미 104
民민 36

ㅂ

傅부 26
璞박 140
班반 144
盤반 202
邦방 41
杯배 204
背배 293
步보 228, 298
保보 26
簠보 200
卜복 53
攴복 237
复복 210
福복 59
腹복 293
箙복 251
複복 164
僕복 35, 259
奉봉 97
封봉 41
燔번 193
伐벌 247
罰벌 267
法법 257
辟벽 259, 264
璧벽 141
弁변 157, 159
兵병 238
兵災병재 149
病병 300
輧병 229
餠병 189
斧부 238
釜부 196
婦부 33, 86
桴부 220
腑부 295
奔분 229
焚분 103, 114
墳분 93
市불 170
朏비 277
鄙비 48
牝빈 112

ㅅ

士사 31
死사 90
社사 45, 55
祀사 66, 274
射사 249
朔삭 277
殺살 247
常상 281
裳상 170
嗇색 127
牲생 60
庶서 192
黍서 183
瑞서 144
舃석 177
舌설 291
褻설 168
殲섬 247
姓성 77
城성 216
聖성 71
巢소 209
宋송 211
涮쇄 195
水災수재 148
殳수 247
手수 297
首수 289
須수 292
狩수 101, 112, 237
叟수 96
穗수 125
菽숙 183
塾숙 213
盾순 252
戌술 239
術술 225
石석 137
昔석 208
涉섭 228
歲세 239, 273
升승 285

丞승 27
尸시 66
示시 54
矢시 249
豕시 112, 263
屎시 121
時시 274
食식 186
媳식 86
臣신 29
辛신 259
身신 293
神신 55
紳신 169
室실 81, 213
心심 295
尋심 280

ㅇ

牙아 291
我아 239
腋액 293
藥약 132
養양 110
圉어 259
漁어 101
堰언 119
域역 216
熬오 195
轀온 231
玉옥 137
沃옥 97
囮와 109
碗완 202
王왕 14
畏외 70
妖요 70
要요 294
腰요 293
舂용 126
墉용 216
又우 297
雩우 69, 117
元首원수 23
垣원 217
瑗원 141
月월 277
刖월 262
鉞월 239
口위 216
胃위 295
爲위 112, 113
圍위 216
衛위 216
戎융 247
兪유 221
糯유 164
殷은 135
飮음 180
宜의 68
衣의 163
劓의 261
毉의 129
醫의 129
以이 117
匜이 97
耳이 290
刵이 266
彝이 64
仞인 281
日일 277
飪임 191
媵잉 80

ㅈ

自자 87, 290
煮자 195
貲자 267
勺작 284
妁작 89
炸작 194
爵작 204
輚잔 229
簪잠 153
葬장 90
璋장 144
漿장 181
臟장 295
宰재 27
箸저 202
炙적 193
耤적 116
前전 222
牷전 60
奠전 59
煎전 194
玷점 139
井정 119
阱정 103
征정 227
庭정 213
鼎정 196
帝제 18, 58
祭제 62
弔조 91
兆조 53
俎조 200
祖조 57
造조 222
琱조 140
朝조 277
足족 298, 299
夂종 276
宗종 58
螽종 123
罪죄 260
舟주 221
州주 43, 208
走주 228
冑주 252
酒주 181
粥죽 188
卽즉 96

曾증 196
蒸증 195
橧증 209
止지 225, 298
池지 216
咫지 280
稷직 57, 183
辰진 291
秦진 126
鎭진 45
疾질 300
銍질 124
執집 258

ㅊ

鬯창 132, 134
倉창 128
窓창 214
幘책 156
天子천자 17
轈초 232
寸촌 279, 297
村촌 48
冢총 95
妻처 83
阡천 226
彳척 227
尺척 280
戚척 239
妾첩 259
堞첩 216
彘체 104
炒초 194
秋추 123, 276
芻추 111
祝축 67
畜축 109
春춘 275
出출 210
衷충 168
幢충 232
贅췌 86
取취 83
娶취 83
昃측 277
雉치 104
齒치 291
輜치 229
沈침 68

ㅌ

琢탁 140
汆탄 195
彈탄 104, 251
帑탕 89
湯탕 180

ㅍ

坡파 119
烹팽 191
珮패 141
覇패 277
砭폄 134
炮포 193, 252
炮烙포락 266
袍포 164
跑포 228
表표 166

ㅎ

何하 247
夏하 275
瑕하 139
厂한 208
斁한 237
熯한 65, 117
函함 251
琀함 141
轞함 232
項항 293
合합 285
奚해 35
行행 225
幸행 258
向향 214
香향 184
鄕향 47
饗향 96
軒헌 229
縣현 44
頁혈 289
協협 116
刑형 258
蹊혜 226
戶호 213
毫호 282
琥호 144
壺호 204
昏혼 277
婚혼 83
禍화 53
火災화재 148
靴화 178
圜환 110, 111, 121, 122
環환 141
璜황 141
梟효 265
后후 11
侯후 24
熏훈 194
犧회 60